U0524806

国家自然科学基金地区科学基金项目

"城镇集中安置下生态移民家庭生计变迁与风险防范研究"（71463008）

贵州省哲学社会科学规划一般项目

"贵州易地扶贫搬迁农户就业质量及影响因素研究"（19GZYB77）

贵州省公共管理一流学科建设经费

贵州省"生态移民与可持续发展"创新团队

贵州财经大学青年教师英才计划

金莲　王永平　黄海燕◎著

生态移民可持续发展研究
——基于贵州省易地扶贫搬迁农户调研的大数据

Research on Sustainable Development of
Ecological Immigrants
——Based on the Survey Data of
Relocated Farmers in Guizhou Province

中国社会科学出版社

图书在版编目（CIP）数据

生态移民可持续发展研究：基于贵州省易地扶贫搬迁农户调研的大数据 / 金莲，王永平，黄海燕著. —北京：中国社会科学出版社，2021.5

ISBN 978-7-5203-8336-3

Ⅰ.①生… Ⅱ.①金…②王…③黄… Ⅲ.①移民—研究—贵州②扶贫—研究—贵州　Ⅳ.①D632.4②F127.73

中国版本图书馆 CIP 数据核字（2021）第 072594 号

出 版 人	赵剑英
责任编辑	刘晓红
责任校对	周晓东
责任印制	戴　宽
出　　版	中国社会科学出版社
社　　址	北京鼓楼西大街甲 158 号
邮　　编	100720
网　　址	http://www.csspw.cn
发 行 部	010-84083685
门 市 部	010-84029450
经　　销	新华书店及其他书店
印刷装订	三河弘翰印务有限公司
版　　次	2021 年 5 月第 1 版
印　　次	2021 年 5 月第 1 次印刷
开　　本	710×1000　1/16
印　　张	23
插　　页	2
字　　数	355 千字
定　　价	128.00 元

凡购买中国社会科学出版社图书，如有质量问题请与本社营销中心联系调换
电话：010-84083683

版权所有　侵权必究

前　言

作为世界性的科学研究前沿领域之一，移民问题已经成为中国改革开放40多年来最热点的社会研究问题之一。生态移民（eco‑migration）也称环境移民（environmental migration），系指原居住在自然保护区、生态环境严重破坏地区、生态脆弱区以及自然环境条件恶劣、基本不具备人类生存条件的地区的人口，搬离原来的居住地，在另外的地方定居并重建家园的人口迁移①，而依此实施的工作即为生态移民工程（易地扶贫搬迁）。2020年我国实现全面小康的重点在贵州，贵州实现全面小康的难点在于生态移民，而生态移民可持续发展是生态移民摆脱贫困、实现全面小康的唯一途径。

贵州地处云贵高原东部，长江、珠江流域上游地带，国土面积17.62万平方千米，其中山地、丘陵占92.5%，是全国唯一没有平原支撑的内陆山区省份。全省喀斯特（出露）面积占61.9%，生态环境脆弱，水土流失、石漠化问题突出。由于特殊的自然地理环境和发展基础，贵州经济社会发展滞后，农村贫困问题突出，且贫困问题和生态环境问题、民族地区发展问题相互交织，是全国农村贫困人口最多、贫困面最广、贫困程度最深的省份之一，扶贫开发任务十分繁重而艰巨。为加快扶贫开发进程，加强生态环境建设与保护，促进城乡协调发展和民族团结进步，确保2020年与全国同步实现全面小康目标，2011年10月贵州省委、省政府做出了实施扶贫生态移民的重大战略决策，并于2012年5月正式启动了200万扶贫生态移民工程。进入"十三五"时

---

① 王放、王益谦：《论生态移民与长江上游可持续发展》，《人口与经济》2003年第4期。

前　言

期，我国进入决战脱贫攻坚、决胜同步小康的关键时期。贵州是全国脱贫攻坚的主战场、决战区和示范区，脱贫攻坚是"十三五"时期统领全省经济社会发展大局的第一民生工程，而易地扶贫搬迁是脱贫攻坚的重中之重、攻坚中的攻坚。易地扶贫搬迁是从根本上解决居住在"一方水土养不起一方人"地区人口贫困问题的战略举措，是一项造福贫困群众的民心工程。2015年12月，贵州省率先在全国打响易地扶贫搬迁"第一炮"，启动了贵州历史上规模空前的易地扶贫搬迁工作。"十三五"时期，共搬迁188万人，其中建档立卡贫困人口150万人，同步搬迁人口38万人。至此，贵州省已经形成了一个规模庞大的生态移民群体。在实践中，贵州省认真贯彻落实国家易地扶贫搬迁政策，聚焦深度贫困地区贫困人口脱贫解困问题，围绕"搬得出、稳得住、能就业、有保障"目标，以"六个坚持"为根本遵循、以"五个三"为生计保障，取得了阶段性胜利，搬迁农户的生产生活条件明显改善，后续发展能力逐步提升，新型城镇化进程加速推进，生态系统修复成效显著，社会和谐氛围日益深厚，打造了易地扶贫搬迁的"贵州样板"。

随着易地扶贫搬迁工程建设和搬迁工作的逐步完成，从"十三五"末期开始，易地扶贫搬迁工作全面进入后续扶持发展和社会综合治理新阶段。贵州省以习近平总书记关于"易地扶贫搬迁不仅要改善人居条件，更要实现可持续发展"的重要论述为理论依据，大胆探索和实践，出台了以构建基本公共服务、培训和就业服务、文化服务、社区治理和基层党建"五个体系"建设为主要内容的《关于加强和完善易地扶贫搬迁后续工作的意见》，形成了由一个主体文件和七个配套文件组成的系统性文件和总体战略安排，贵州因此成为全国率先完善易地扶贫搬迁后续扶持保障机制、率先建立健全易地扶贫搬迁后续扶持发展政策体系的省份。目前，贵州易地扶贫搬迁后续扶持发展虽已初见成效，但是，经济基础薄弱、搬迁人口众多、搬迁时间紧任务重、后续产业培育滞后、社会融入程度低、移民总体素质不高等问题的存在使易地扶贫搬迁可持续发展任务更加艰巨。

实施易地扶贫搬迁工程是深入落实科学发展观、从根本上解决连片特困地区贫困问题的重大战略举措，对于加快转变发展方式，统筹城乡协调发展，实现全面建成小康社会目标具有重要意义。位于集中连片贫困地区的贵州省，是贫困涉及面最广、贫困人口最多、贫困程度最大的贫困地区之一，同时又是少数民族集聚地，且种族类型多，多元文化融合，这给生态移民可持续发展带来困难。如何实现全面脱贫，如何保证全部符合生态移民搬迁条件的贫困人口搬离原居住地，如何确保所有生态移民搬迁至新居住地后能快速适应新环境并长久居住下去，解决这些问题对生态移民可持续发展具有重要意义。

基于此，本书共分为五篇展开研究。第一篇　总论。在阐述生态移民相关理论的基础上，全面梳理国内外关于生态移民可持续发展的研究现状，并进一步总结贵州省易地扶贫搬迁的演进历程与实践成效。第二篇　生态移民可持续发展评价。对生态移民可持续发展的现状做详细的描述性分析，充分揭示贵州省生态移民在家庭收入、消费、债务、就业、培训、子女就学、就医等方面的可持续发展状况，并进一步从实证层面评价经济、社会、生态三个方面可持续发展状况。第三篇　生态移民可持续发展机制。认真总结生态移民可持续发展的模式，阐明生态移民可持续发展意愿，找到生态移民可持续发展重点，充分分析生态移民在政策执行、角色转换、资金投入、移民技能、社保覆盖、社区服务、生态恢复及产业发展方面的缺失或不足，提出生态移民可持续发展的路径及促进生态移民可持续发展的政策保障。第四篇　生态移民可持续发展相关专题。探讨与生态移民可持续发展相关的几个重点问题，包括生态移民的就业适应性、生态移民生计风险的影响因素及策略选择等内容。第五篇　结论。全面总结研究结论，并提出研究展望。

现阶段，我国社会主要矛盾已经转化为"人民日益增长的美好生活需要和不平衡不充分的发展之间的矛盾"，人民群众对未来生活提出了更高的要求，生态移民可持续发展将面临更高层次的挑战。希望通过系统的研究，获得一些有价值的结论和观点，为巩固脱贫成果和实施乡村振兴提供重要参考。

目 录

第一篇 总论

第一章 导论 ... 3
第一节 研究背景与问题提出 ... 3
第二节 研究目的与研究意义 ... 9
第三节 研究思路与研究框架 ... 12
第四节 研究方法与数据来源 ... 15
第五节 研究创新与不足之处 ... 19

第二章 理论基础 ... 21
第一节 可持续发展理论 ... 21
第二节 可持续生计理论 ... 22
第三节 反贫困理论 ... 25
第四节 人口迁移理论 ... 27
第五节 人力资本理论 ... 27
本章小结 ... 28

第三章 文献综述 ... 29
第一节 生态移民的内涵 ... 29
第二节 可持续生计 ... 31
第三节 生态移民可持续发展 ... 33
本章小结 ... 37

第四章 贵州省易地扶贫搬迁的总体情况与实践成效 ... 39
第一节 贵州省易地扶贫搬迁的基本情况 ... 39

第二节 贵州省易地扶贫搬迁的实践成效 ……………………… 47
第三节 贵州省易地扶贫搬迁的现实挑战 ……………………… 54
本章小结 ………………………………………………………… 58

第二篇 生态移民可持续发展评价

第五章 生态移民可持续发展总体状况 …………………………… 61
第一节 贵州省生态移民基本特征 ……………………………… 61
第二节 贵州省生态移民可持续发展现状 ……………………… 64
本章小结 ………………………………………………………… 78

第六章 生态移民经济可持续发展评价 …………………………… 79
第一节 研究方法与变量选择 …………………………………… 79
第二节 影响因素的实证分析 …………………………………… 84
第三节 结论与建议 ……………………………………………… 87
本章小结 ………………………………………………………… 88

第七章 生态移民社会可持续发展评价 …………………………… 90
第一节 有关生态移民社会可持续发展的研究进展 …………… 90
第二节 评价指标体系构建 ……………………………………… 94
第三节 生态移民社会可持续发展现状 ………………………… 97
第四节 模型构建与计算 ………………………………………… 106
第五节 实证结果分析 …………………………………………… 112
第六节 结论与建议 ……………………………………………… 118
本章小结 ………………………………………………………… 119

第八章 生态移民生态可持续发展评价 …………………………… 121
第一节 研究背景和意义 ………………………………………… 121
第二节 生态移民生态可持续发展相关论述 …………………… 125
第三节 贵州省生态移民生态可持续发展现状 ………………… 137
第四节 生态移民政策对生态可持续发展的影响 ……………… 142
第五节 典型案例 ………………………………………………… 145
本章小结 ………………………………………………………… 147

第三篇　生态移民可持续发展机制

第九章　生态移民可持续发展模式 ……………………………… 151
第一节　小城镇发展模式 ……………………………………… 152
第二节　低碳发展模式 ………………………………………… 160
第三节　特色产业发展模式 …………………………………… 164
本章小结 ………………………………………………………… 168

第十章　生态移民可持续发展意愿与发展重点 ………………… 170
第一节　生态移民可持续发展意愿 …………………………… 171
第二节　生态移民可持续发展重点 …………………………… 175
本章小结 ………………………………………………………… 181

第十一章　生态移民可持续发展困境及路径选择 ……………… 182
第一节　生态移民可持续发展困境 …………………………… 182
第二节　生态移民可持续发展路径 …………………………… 189
本章小结 ………………………………………………………… 195

第十二章　生态移民可持续发展政策保障 ……………………… 196
第一节　生态移民就业创业政策保障 ………………………… 196
第二节　生态移民医疗卫生政策保障 ………………………… 201
第三节　生态移民教育政策保障 ……………………………… 203
第四节　生态移民社会福利政策保障 ………………………… 207
第五节　生态移民区域产业发展政策保障 …………………… 209
第六节　生态移民生活环境改善政策保障 …………………… 212
本章小结 ………………………………………………………… 215

第四篇　生态移民可持续发展相关专题

第十三章　生态移民就业适应性研究 …………………………… 219
第一节　文献综述与概念界定 ………………………………… 219
第二节　生态移民就业状况 …………………………………… 228

  第三节 生态移民就业适应性状况 233
  第四节 影响生态移民就业适应性的实证分析 238
  第五节 结论与建议 247
第十四章 生态移民生计风险影响因素研究 249
  第一节 文献综述 249
  第二节 生态移民家庭生计风险的现状分析 253
  第三节 生态移民家庭生计风险的影响因素 260
  第四节 实证分析 272
  第五节 结论与建议 281
第十五章 生态移民生计风险与生计策略选择研究 287
  第一节 分析框架与研究进展 287
  第二节 分析方法 292
  第三节 描述性分析 293
  第四节 实证分析 298
  第五节 结论与政策含义 303

第五篇 结论

第十六章 主要结论 309
第十七章 研究展望 314

附 录

附录一 生态移民家庭调查问卷 319
附录二 移民安置点基本情况调查问卷 329
附录三 贵州省扶贫生态移民工程实施效果评估调查问卷 331

参考文献 341
后 记 357

第一篇 总论

第一章

导　论

第一节　研究背景与问题提出

一　研究背景

20世纪以来，伴随着迅速发展的人类活动，全球的生态经济环境逐渐恶化。20世纪被称为"全球规模环境破坏的世纪"①，人与自然的矛盾日益尖锐，人口数量呈现爆炸式增长，环境问题与贫困问题的结合成为全世界棘手的难题。由于受到干旱、沙漠化、酸雨等环境危机的影响，原居住地的人口无法继续维持生计而导致贫困，不得不暂时或永久地搬离原居住地②，为解决当前受世界关注的经济与环境协调问题，在20世纪初美国科学家考尔斯首次提出"生态移民"概念并导入生态学，认为只有意识到继续在原地居住会对生态环境产生破坏，造成严重的后果，才会产生生态移民。③ 这是一种以保护生态环境为目的的反贫困措施。

---

①　岩佐茂：《环境的思想》，中央编译出版社1997年版。
②　毛谦谦：《陕西生态移民生计资本计量及政策贫困瞄准效率的实证研究》，硕士学位论文，西北农林科技大学，2015年。
③　Henry Chandler Cowles, "The Ecological Relations of the Vegetation of the Sand Dunes of Lake Michigan", Adopted from the New Encyclopedia Britannica, Micropedia, Volume Ⅲ, Ready Reference and Index, Chicago University Press, 1899.

作为世界性的科学研究前沿领域之一,移民问题已经成为中国改革开放40多年最热点的社会研究问题之一。移民包括劳务移民、工程移民、生态移民、技术移民、扶贫移民等多种类型,从地理空间上来看,就是在不同地区之间的迁移。移民对于我国解决"贫困"与"发展"的矛盾具有重要的现实意义,作为发展中国家的中国,人口基数过大、资源短缺、环境承载力下降、贫富差距大等问题在经济建设的过程中日益凸显,"先污染、后治理"的模式虽然使国家的经济实力迅速增长,但带来的资源环境等问题抑制了综合国力的增强。党的十七大报告中曾提出生态环境问题是影响西部贫困地区经济发展的主要原因之一;在党的十八大报告中又将"生态文明建设"放在突出地位,逐步转向资源节约型和环境友好型产业结构、增长方式和消费模式①,以实现中华民族的永续发展。为促进生态环境与经济社会平衡协调发展,西部贫困地区在面临"贫困与发展"的严峻挑战时,积极推进生态移民工程。改革开放以来,中国已经使4亿多人口脱离了贫困线,脱贫人数占发展中国家脱贫人数的75%,在实现减缓贫困与可持续发展统一方面取得了举世瞩目的成就。②所以为了使贫困地区可持续发展,应将反贫困、生态环境保护相结合,把位于生态脆弱区或重要生态功能区的人口迁移出来,首先实现生态移民的可持续发展。生态移民问题研究不仅是一个理论问题,更是一个有针对性的现实问题,所以研究生态移民可持续发展问题是实现贫困地区经济、社会与环境可持续发展的基础和重要举措。生态移民被广泛应用于西部地区生态环境建设和经济扶贫开发中并得到国际社会的赞同,逐渐解决了环境问题和扶贫这两大"难题",实现"双赢",逐渐打破"贫困—人口过快增长—生态环境恶化—更贫困"的恶性循环。改善生态环境和脱贫致富,以人为本,最终实现人口、资源、环境与经济的协调可持续发展。

20世纪80年代初,中国首例生态移民的实践发生于宁夏回族自治

---

① 周鹏:《中国西部地区生态移民可持续发展研究》,博士学位论文,中央民族大学,2013年。

② 景文超:《西部生态脆弱区可持续发展模式研究》,硕士学位论文,西北师范大学,2013年。

区南部山区,由于当地生态环境极端恶化,导致居住地居民无法正常生活,在国家的组织下被迁居外地,实行"吊庄移民"。① 1993 年,"生态移民"这一概念首次出现在任耀武等(1993)研究的三峡库区移民中。② 1994 年,国家实施"八七"扶贫攻坚计划,其中就包括通过易地扶贫来解决贫困问题。2000 年,中国连续发生强沙尘暴造成巨大影响,通过"生态移民"解决贫困问题的理念很快引起共鸣。③ 2001 年,生态移民政策作为中国政府环境政策的配套措施,在内蒙古开始推行。2002 年《退耕还林条例》颁布,首次涉及"生态移民"概念。④ 我国先后在内蒙古、宁夏、贵州、云南等 9 个省区开展以易地扶贫搬迁为核心的生态移民试点工程,这项工程已经成为改善生态环境和消除区域性贫困而采取的一项国家级战略行动。2006 年,国家颁布的《易地扶贫搬迁"十一五"规划》中提出,"易地扶贫搬迁,亦称生态移民,是党和政府在新时期探索实施的一项重要扶贫举措,通过对生活在不适宜人类生存地区的贫困人口实施搬迁,达到消除贫困和改善生态的双重目标"。2010 年,国家颁布的《中国农村扶贫开发纲要(2011—2020 年)》提出"有条件的地方引导向中小城镇、工业园区移民,创造就业机会,提高就业能力",首次将扶贫搬迁与城镇化、工业化相结合。⑤ 2015 年 11 月在党中央召开的扶贫开发工作会议上,习近平总书记重点强调"十三五"规划中将扶贫攻坚目标提上议程,确保 2020 年实现所有贫困地区和贫困人口进入小康社会,提出"五个一批"工程。2018 年,国家发展与改革委员会发布了《中国的易地扶贫搬迁政策》白皮书,提出易地扶贫安置方式要结合新型城镇化和新农村建设,以集中安置为主,并

---

① 杜发春:《三江源生态移民研究》,中国社会科学出版社 2014 年版。
② 任耀武、袁国宝、季风瑚:《试论三峡库区生态移民》,《农业现代化研究》1993 年第 1 期。
③ 刘小强、王立群:《国内生态移民研究文献评述》,《生态经济》(学术版)2008 年第 1 期。
④ 周鹏:《试论中国生态移民可持续发展的思路与原则》,《财经界》(学术版)2014 年第 3 期。
⑤ 王宏新、付甜、张文杰:《中国易地扶贫搬迁政策的演进特征——基于政策文本量化分析》,《国家行政学院学报》2017 年第 3 期。

要坚持以脱贫目标统领搬迁安置全过程。生态移民政策的实施效果无疑是显著的，在2019年第十三届全国人民代表大会上，李克强总理在政府工作报告中总结："精准脱贫有力推进，农村贫困人口减少1386万，易地扶贫搬迁280万人。"

我国东西部地区贫富差异明显，东部地区由于沿海、交通便利、资源环境被大量开发，经济发展较快；而西部地区地形多为高原山地，交通极其不便利，资源环境开发难度大，导致相对东部地区来说非常贫困。为改善西部地区的落后状况，我国自21世纪初就开始实施西部大开发战略，目的在于帮助贫困地区的经济社会发展，以缩小东西部贫富差距，实现中华民族的共同富裕。但是随着经济的快速发展，生态环境问题逐渐显现。当前，中国农村贫困人口大部分分布在《中国农村扶贫开发纲要（2001—2020年）》确定的14个集中连片特困地区，这些区域在某种程度上可视为生态贫困区，因为其自然资源分布极其不平衡，可利用的土地面积极少；生态环境系统的自我恢复能力弱，环境容量有限；自然灾害频繁发生，生物多样性遭受威胁，物种濒危程度加剧；人类不合理开发利用自然资源与环境的活动等，形成了生态环境逐渐恶化与人民逐渐贫困的恶性循环。我国西南地区的喀斯特地貌区就是这样典型的生态贫困区，由生态环境和贫困的双重问题制约着贫困地区的可持续发展。

位于集中连片贫困地区的贵州省，是贫困涉及面最广、贫困人口最多、贫困程度最大的贫困地区之一，也是全国唯一没有平原支撑的内陆山区。特殊的喀斯特地貌，是中国乃至全球石漠化最严重的地区，又地处两江上游的分水岭地带，改善贵州脆弱的生态环境和加快扶贫开发力度的任务势在必行。贵州是我国全面建成小康社会的重点省，在全国14个集中连片特殊困难地区中，贵州省涉及3个片区——武陵山片区、乌蒙山片区以及滇桂黔石漠化片区。在全国680个连片特殊困难县中，贵州省有65个。2012年贵州省委、省政府决定制定并通过了《贵州省扶贫生态移民工程规划（2012—2020年）》，成为首批推行"生态移民"工程的试点之一，并在工程实施的过程中结合贵州省情，面对行路难、吃饭难、饮水难、用电难、入学难、就医难等问题导致的"一方水土养不活一方人"的局面。"十三五"期间，贵州省颁布实施了一系列配套的扶贫政策，如"1+10"精准扶贫配套文件、"33668"扶贫攻坚行动计划、"五个一批"以及"六个精准"等，在这些扶贫措施中生态移民是解决贵州贫困问题的重点脱贫战略。

贵州将生态移民作为脱贫致富的措施之一，其重心在扶贫的易地搬迁，具有扶贫与保护生态环境的双重意义，其移民对象是以居住在贵州省的深山区、石山区、生态脆弱区，乌蒙山区、武陵山区、滇黔桂石漠化山区三个集中连片特困地区，以及民族地区的贫困农户为主。该工程实施的初衷在于打破"贫困—人口过快增长—生态环境恶化—更贫困"的恶性循环，并确保该项工程可持续进行下去，保证生态移民的后续发展前景乐观，避免"返迁"，这就要确保移民能够实现可持续发展。

但是，搬迁对象为居住在恶劣生态环境的农村贫困人口，这些人口数量多但质量低，主要表现在文化教育程度低、缺乏专业技术、思想落后，依旧过着男耕女织的古老生活生产方式，靠天吃饭、靠地耕作；并且生态移民中还有相当一部分为少数民族人口，其独特的传统文化、生活习惯、语言行为及宗教信仰，对原居住地保留浓厚的"乡土情怀"，这些因素都将影响生态移民搬迁后的社会适应。此外，随着生态移民政策的持续推进以及国内外经济、社会、环境的变化，农户生产生活的各个方面都会受到不同程度的影响，即移民家庭面临的生计问题增多、生计风险加大，导致返贫现象时有发生，农户家庭可持续脱贫模式面临挑战。当前，国内自然灾害频发，森林火灾、旱灾、洪涝、病虫害等自然灾害进入多发期，这加深了生态移民家庭潜在的自然风险。另外，城镇集中安置的移民模式会将生态移民家庭卷入高度开放的市场化和社会化体系中①，而农户应对能力相对不足。这些环境、经济和社会的不稳定性都会加大生态移民家庭的生计风险，为生态移民家庭脱贫致富带来冲击。

贵州作为脱贫攻坚的主战场，如何实现全省贫困人口脱贫，如何保

---

① 覃志敏：《社会网络与移民生计的分化发展——以桂林西集中安置扶贫移民为例》，博士学位论文，华中师范大学，2014年。

证全部符合生态移民搬迁条件的贫困人口搬离原居住地,如何确保所有生态移民搬迁至新居住地后能快速适应新环境并长久居住下去,如何协调少数民族文化与当地文化相融合等,解决这些问题对生态移民可持续发展具有重要意义。接下来,政府最迫切的任务就是帮助生态移民家庭形成可持续的良性脱贫模式,这需要在综合评价生态移民可持续发展的基础上,构建促进生态移民可持续发展的机制,通过精准识别生计风险做出最优的生计策略选择,进而相应地提出解决的措施或者有效的途径,为最终实现生态移民的可持续发展提供理论基础与实际意见,这不仅关乎贵州的命运改变,更事关全国的发展大局。

二 问题提出

作为一项极为重要的减贫政策,易地扶贫搬迁受到了政府和学术界的诸多关注。如果说搬迁本身是一种政策行为,那么关注的焦点就应该放在搬迁后的效果上,学术界从可持续发展的角度开展了多个层面的研究。当然,就可持续发展本身而言,这就是一个无论是内涵还是外延都极其广泛的内容,可以涉及社会、经济、文化、生态等各个方面的可持续发展,置于这样一个框架下,并非能够全面系统地做出研究,而是期望从可持续发展的角度深入地审视易地扶贫搬迁政策的实施成效。基于此,本书重点针对以下问题展开研究。

第一,生态移民是否实现可持续发展。评价可持续发展的方式并没有一个确切的界定,对于生态移民可持续发展的评价,应主要从政策效果出发,考察实施之后对于移民、迁出地、迁入地等在经济、生态和社会方面的影响,这种影响是利大于弊,还是弊大于利,其中的根源何在,如何做出有效的判断?

第二,在易地扶贫搬迁政策实施的过程中形成一系列有效的可持续发展模式和发展途径,不同的可持续发展模式有其自身的适用性、优缺点及制约因素,不同的发展途径也有其自身的实施障碍、实施机制及具体措施,有必要去总结到底有哪些发展模式和发展途径,这些发展模式和发展途径有何参考价值?

第三,生态移民可持续发展路径的构建。什么是机制?是指各要素之间的结构关系和运行方式。人们对美好生活需求的意愿,促使人们不断面临各种各样的挑战，但是客观现实存在的困境可能加剧主观上的困难，因此针对客观现实和主观意愿需要构建什么样的路径去实现可持续发展。

第四，基于可持续发展丰富的内涵和外延，本书将放宽视角，讨论一些与可持续发密切相关的问题：一是就业适应性问题，毋庸置疑，移民实现可持续发展的关键之一就是是否就业，若是就业适应性较差，便难以获得稳定就业，进而无法实现可持续发展，如何评价就业适应性？影响就业适应性的因素是什么？二是生计风险问题，若是面临较为严重的生计风险，可持续发展将遭到严重挑战，那么生态移民面临什么样的生计风险？什么因素对这些生计风险导致重要影响？三是为了实现可持续发展，移民会做出怎样的生计策略选择？这可能不仅与移民面临的生计风险相关，也可能与移民拥有的生计资本相关。所以，到底拥有不同生计资本的移民在面临不同的生计风险状况下会做出什么样的生计策略选择呢？

第五，生态移民是一项涉及面广、涉及内容丰富的系统工程，因此，需要构建的政策体系也应是系统全面的，那么需要从经济、社会和生态等方面分别构建什么样的政策体系也是本书将要回答的问题。

第二节 研究目的与研究意义

一 研究目的

通过对生态移民可持续发展的研究，期望在理论上和实践中获得一些有价值的结论和建议，为促进生态移民获得可持续发展提供重要参考和借鉴。总体而言，在缓解贫困和保护生态环境的道路上，易地扶贫搬迁无疑是将两个目标完美地结合在一起，但是真正达到目标的前提是此项政策及政策所涉及的对象是否能够实现可持续发展，这也是本书研究的总体目标。具体而言，本书将实现以下研究目的：

第一，从经济、社会、生态三个层面分别构建指标体系，评价生态移民在经济、社会和生态三个方面是否实现可持续发展。

第二，梳理生态移民可持续发展的模式和途径，总结不同模式的适用性、缺点及现实案例，并比较不同途径的实施障碍、实施机制、具体措施及典型案例，为易地扶贫搬迁政策的实施提供参考。

第三，构建生态移民可持续发展的路径。针对生态移民可持续发展面临的困境，提出实现生态移民可持续发展的路径。

第四，通过实证分析探讨影响生态移民可持续发展的相关问题：一是揭示生态移民就业适应性状况及影响就业适应性的因素；二是识别生态移民生计风险及影响生计风险的因素；三是做出合适的生计策略选择，以此深层次揭示生态移民可持续发展问题。

第五，系统提出生态移民可持续发展政策体系，为实现生态移民可持续发展提供政策保障。

二 研究意义

易地扶贫搬迁对象是居住在恶劣生态环境的农村贫困人口，这些人口数量多但质量低，主要表现在文化教育程度低、缺乏专业技术、思想落后，有些还过着男耕女织的古老生活，靠天吃饭、靠地耕作；并且生态移民中还有相当一部分为少数民族人口，其独特的传统文化、生活习惯、语言行为及宗教信仰，对原居住地保留浓厚的"乡土情怀"，这些因素都将影响生态移民搬迁后的可持续发展。贵州作为扶贫攻坚的主战场，预想通过易地扶贫搬迁政策缓解贫困问题，必须以生态移民的可持续发展作为当前和今后一段时间内首要关注的重要问题，因此，进行生态移民可持续发展具有重要的理论意义和实践意义。

（一）理论意义

生态移民是绿色发展背景下反贫困的主要路径之一，是可持续发展经济理论、生态经济学、社会学、反贫困等理论的研究交叉点。多年来，学术界一方面从生态移民的内涵、分类、模式以及效益评价等方面开展理论研究；另一方面从生态移民的起源、现状、问题、解决措施等方面展开实践研究，大量的研究对象集中在宁夏、新疆、内蒙古、三江源、贵州等地区的生态移民，但大多数的研究以定性分析方法从人口迁移、生态经济、可持续发展经济等理论知识进行探究分析，由于评价指标选择和获得性问题，从定量角度全面评价生态移民可持续发展实属不易。因此，本书以贵州省易地扶贫搬迁移民为研究对象，系统评价生态移民的可持续发展水平，梳理生态移民可持续发展模式和途径，构建生态移民可持续发展路径，分析与生态移民相关的重要问题，以期补充贵州省生态移民研究的理论基础，丰富生态移民的理论体系，为实现生态移民可持续发展提供有力的理论支撑，为协调人口、资源与环境发展提供更多创新的思路，为我国生态移民社会经济发展提供重要的理论依据。

（二）实践意义

党的十九大报告指出，未来三年是全面建成小康社会的决胜期，特别是要坚决打好精准脱贫的攻坚战[①]，反贫困问题成为我国社会发展的重中之重。592个国家扶贫开发工作重点县和14个集中连片特殊困难地区是我国脱贫攻坚的重点和难点，这些地区能否全面脱贫很大程度上决定了我国到2020年能否实现全面建成小康社会的战略目标。易地扶贫搬迁是脱贫致富的措施之一，具有扶贫与保护生态环境的双重意义，其移民对象是以居住在贵州省的深山区、石山区、生态脆弱区，乌蒙山区、武陵山区、滇黔桂石漠化山区三大集中连片特困地区，以及民族地区的贫困农户为主，解决这样一个庞大群体的贫困问题具有极为重要的实践意义。

第一，通过系统的研究为贵州省脱贫攻坚提供有力的政策建议，实现"搬得出、稳得住、有发展、能致富"的目标。"到2020年全面实现小康社会"是党确定的"两个一百年"奋斗目标之一，"十三五"时期是全面建成小康社会的决胜阶段，必须紧紧围绕实现这个奋斗目标，而农村贫困人口脱贫是全面建成小康社会最艰巨的任务。目前，贵州省还面临着全面脱贫和巩固脱贫攻坚的艰巨任务，唯有分批分步骤解决好生态移民可持续发展问题，才能提升全面脱贫和巩固脱贫攻坚的成效。

第二，生态移民可持续发展研究有利于移民摆脱贫困，解决自身的生计问题。自易地扶贫搬迁实施以来，移民因为各种原因发生返迁现

---

① 郭执玺：《精准扶贫的实践困境与出路——基于陕西M县的调研》，《农村实用技术》2018年第12期。

象，这对移民自身、政策实施与执行都有负面影响。移民从土生土长的原居住地搬迁至陌生的新安置点，由于文化、语言、饮食等不同一时无法适应新环境，加之搬迁后"无地可耕"，日常开支增加，仅凭国家和政府的补助无法维持持续的生计条件，这就需要移民在各方面都能实现可持续发展。由于思想、教育水平、生产方式等因素的差异难免会给移民实现可持续发展带来困难，因此对移民可持续发展的研究符合客观现实需要。

第三，生态移民可持续发展研究对政策效益最大化发挥具有重要的实践意义。该政策在实施过程中会根据不同类型的生态移民因地制宜实施搬迁和安置，常见的安置模式有小城镇发展模式、特色产业园区发展模式、教育发展模式等，不同安置模式下的生态移民可持续发展的状况和特征也不相同，其影响生态移民可持续发展的因素也不同，适合的模式将会促进易地扶贫搬迁政策实现经济、生态和社会效益的最大化。

因此，分析生态移民可持续发展，解决生态移民搬迁之后将会面临的诸多困境，有利于促进生态移民"搬得出、稳得住、能致富"目标的实现，并且提高易地扶贫搬迁政策的脱贫效率和脱贫效果。

生态移民可持续发展的道路任重道远，必须举全社会之合力才有可能实现。开展生态移民可持续发展方面的研究也不可能结束，这是一个需要长期研究的课题，短期内对于实现全面小康，长期内对于生态移民的安居乐业及全社会的长治久安都具有十分重要的理论意义和实践意义。

第三节　研究思路与研究框架

一　研究思路

坚持以习近平新时代中国特色社会主义思想为指导，坚持"以人为本、统筹城乡"的理念，综合运用经济学、管理学、社会学、生态学等学科的基本理论和方法，紧紧围绕"增强搬迁群众后续发展能力，确保实现精准扶贫、稳定脱贫"，以实现生活富裕为目标，广泛收集和借鉴前人研究成果，认真分析总结贵州省易地扶贫搬迁的基本情况、取得的成效、积累的经验及存在问题，并充分结合对贵州省九个地（州、市）易地扶贫搬迁农户及安置点的调研数据，首先从经济、社会和生态三个方面分别评价贵州省生态移民可持续发展状况，其次认真梳理生态移民可持续发展模式和发展途径，然后构建生态移民可持续发展路径，最后深入剖析影响生态移民可持续发展的就业适应性问题、生计风险及生计策略选择问题，以丰富研究内容。经过从总体到一般的研究过程，明确概念，摆出事实，厘清制度，总结经验和教训，寻找路径。

二 研究框架

本书是建立在大量的基础调研数据之上的研究，围绕可持续发展这一永恒的主题，既有传统的现状评价，也有系统的机制研究，更有以问题为导向开展的微观研究。全书分为五篇，共十七章。

第一篇总论，交代研究背景和理论基础。第一章导论，说清研究背景，提出研究问题，明确研究目的，指出研究意义，理清研究思路，概括研究框架，介绍研究方法，说明数据来源，总结研究创新，说明不足之处，为后续研究内容呈现整体框架。第二章理论基础，系统介绍与生态移民可持续发展相关的理论基础，主要包括可持续发展理论、反贫困理论、生态修复理论和人口迁移理论，这些理论构成本书的理论框架。第三章文献综述，分别从国内和国外论述生态移民可持续发展的研究现状，内容不仅涉及生态移民的概念、特征及分类，还涉及生态移民可持续发展的评价方法、指标体系及影响因素，此外，还对国内外生态移民可持续发展的相关研究做综合评述。第四章贵州省易地扶贫搬迁的总体情况与实践成效，对贵州省易地扶贫搬迁的基本情况做总体介绍，并进一步总结贵州省实施易地扶贫搬迁政策以后所取得的成效，以及在实施过程中面临的现实挑战，为后续研究提供较为全面的背景资料。

第二篇生态移民可持续发展评价，分别从经济、社会和生态三个层面评价生态移民可持续发展水平。第五章生态移民可持续发展总体状况，首先是归纳贵州省生态移民的基本特征，然后从移民家庭收入、消费、债务、就业、培训、子女就学和医疗卫生七个方面描述贵州省生态移民的可持续发展现状。第六章生态移民经济可持续发展评价，构建生态移民经济可持续指标体系，定量评价贵州省生态移民经济可持续发展状况，确定影响生态移民经济可持续发展的因素，提出实现生态移民经济可持续发展的建议。第七章生态移民社会可持续发展评价，构建生态移民社会可持续指标体系，定量评价贵州省生态移民社会可持续发展状况，确定影响生态移民社会可持续发展的因素，提出提升生态移民社会可持续发展的建议。第八章生态移民生态可持续发展评价，界定生态移民生态可持续发展的内涵，描述贵州省生态移民生态可持续发展的现状及存在问题，讨论易地扶贫搬迁政策对生态可持续带来的影响，并通过典型案例说明贵州省生态移民生态可持续发展的现实情况。

第三篇生态移民可持续发展机制，归纳总结生态移民可持续发展模式和发展途径，分析生态移民可持续发展的困境并进而提出生态移民可持续发展路径。第九章生态移民可持续发展模式，归纳总结出当前生态移民可持续发展的三类模式：小城镇发展模式、低碳发展模式和特色产业发展模式，其中小城镇发展安置模式又可细分为旅游开发型、资源开发型和异地城镇化三种。分别阐释这些模式的适用性和优缺点，并举例说明这些模式在贵州的实践。第十章生态移民可持续发展意愿与发展重点，从就业、就医、就学、政策和生产五大需求充分剖析生态移民的可持续发展意愿的基础上，提出坚持生态与城镇化相结合、扶持生态移民后续产业、完善生态移民政策和加强移民教育培训四种生态移民可持续发展重点。第十一章生态移民可持续发展困境及路径选择，结合现实，找到生态移民可持续发展面临的困境，并针对性地提出促进生态移民可持续发展的路径。第十二章生态移民可持续发展政策保障，从就业创业、医疗卫生、教育、社会福利、区域产业和生活环境改善六大方面构建生态移民可持续发展的政策保障体系。

第四篇生态移民可持续发展相关专题，重点讨论生态移民就业适应性、生计风险及生计策略选择问题。第十三章生态移民就业适应性研究，在描述生态移民就业现状的基础上，探讨生态移民的就业适应性问题，并实证分析影响生态移民就业适应性的因素，从而寻找提升生态移民就业适应性的政策建议。第十四章生态移民生计风险影响因素研究，识别生态移民面临的生计风险，深入剖析影响生态移民生计风险的因素,提出规避生态移民生计风险的对策建议。第十五章生态移民生计风险与生计策略选择研究,以可持续生计分析框架为基础,探讨生态移民的生计资本是如何影响其面临的生计风险以及如何做出生计策略选择。第十四章和第十五章采用了不同的方法和评价指标分析生计、生计风险和生计策略问题,但第十四章侧重于生计风险,第十五章侧重于生计策略选择。

第五篇结论,对全书进行总结并提出进行研究展望。第十六章主要结论,回顾全书的研究内容,全面总结相关研究结论。第十七章研究展望,针对现有的不足对未来的研究做出预期,明确下一步研究的方向。

第四节 研究方法与数据来源

一 研究方法

本书将主要采用文献分析法、社会调查法、实证分析法、规范分析法等研究方法,并综合运用经济学、社会学、人口学等相关理论知识,遵循"从一般到总体再到一般"的逻辑系统分析了贵州省生态移民可持续发展的相关问题。具体而言,包括以下研究方法。

(一)文献研究法

通过文献研究,首先,汲取社会学理论、反贫困理论、生态移民理论、可持续生计分析框架和生计风险理论等相关的研究成果,掌握生态移民的国内外研究进展和研究脉络。其次,通过查阅相关文献,了解与本书相关的研究对象、研究方法、主要观点和国内外研究趋势。总体上就是收集、鉴别、整理与生态移民可持续发展相关的文献,通过对这些文献的研究形成对生态移民理论基础、可持续评价方法、可持续评价指标体系、可持续发展模式与路径、生态移民就业适应、生计风险及生计策略选择等相关研究问题的科学认识。

(二)社会调查法

社会调查法是一种有目的、有计划、有系统地收集有关研究对象社会现实状况或历史状况材料的方法。本书所使用的一手数据就是综合运用谈话、问卷、个案研究等科学方法，对因易地扶贫搬迁政策而产生的大规模生态移民进行系统了解，并对调查资料进行分析、综合、比较和归纳，从中发现存在的可持续发展问题，探索实现生态移民可持续发展问题的研究方法。其中，问卷调查是主要采用的社会调查法，走访多个贵州省生态移民安置点，根据不同情况分别采用问卷调查和面对面访谈两种结合方式，获取安置点生态移民的基本信息以及搬迁相关情况、移民政策执行情况、移民生产生活、满意度等第一手数据，为本书的研究提供了非常丰富的数据资料。

（三）实证分析法

运用个量分析与总量分析、均衡分析与非均衡分析、静态分析与动态分析、定性分析与定量分析、逻辑演绎与经验归纳等分析工具对经济现象、经济行为或经济活动及其发展趋势进行客观分析，得出一些规律性的结论。具体而言，除了采用描述性统计分析方法对现状及特征进行全面描述，还运用适当的数学模型分析各类因素之间的关系，以获得一般性结论。

（四）规范分析法

在实证分析的基础上，根据公认的价值标准，对易地扶贫搬迁政策及生态移民群体在实现可持续发展过程中应该具有的规律性和结果进行阐述和说明，力求回答"事物的本质应该是什么"，对与生态移民可持续发展相关的问题做出评价，提出有价值的主观观点，描述清楚事物应该是一个什么样的状态，分析并提出一般社会是如何研究和处理生态移民可持续发展问题的。具体而言，可运用对比分析、个案分析等方法对相关问题做出评价，提出有价值的观点。

二 数据来源

本书采用的数据既有官方公布的二手数据，也有通过问卷调查获取的一手资料。其中，调研数据分别来自于2015年2月、5月及2017年2月的实地调查数据。具体情况如下：

（1）第一轮调查（2015年2月）。2015年2月，开展了国家自然科学基金项目①《城镇集中安置下生态移民家庭生计变迁与风险防范研究》的第一轮调研。调研地点包括榕江、湄潭、兴仁、盘县、普定、雷山、黔西、三都、松桃和万山，调研内容涉及安置点基本情况、家庭基本情况、搬迁基本情况、生计资本情况及生计风险等方面，获得有效样本585份。

（2）第二轮调查（2015年5月中旬）。为了评估贵州省实施大规模生态移民工程的效果，2015年5月中旬，受贵州省水库和生态移民局的委托，由贵州财经大学、贵州省农业科学院、贵州省水库和生态移民局的9名老师、13名研究生组成三个调研小组，分别对黎平县、荔波县、开阳县、兴义市、六枝特区、西秀区、余庆县、石阡县、织金县等9个县区市，共计20个乡镇23个安置点（见表1-1）进行了为期一周的易地扶贫搬迁实施效果调研，分别通过与各县区市相关部门座谈、走访移民安置点、深入移民家庭调研等途径，全面了解扶贫生态移民实施情况以及后续发展存在的问题，获得了424户移民家庭的调研资料，经过仔细地检查问卷最终获得400户有效问卷。

表1-1　　　　　　　　　　2015年安置点基本情况

县（市、区）	乡（镇）	安置点	距离县城（千米）	距离所在乡镇（千米）	规划安置移民（户）	规划安置移民（人）	规划总投资（万元）	首批移民安置时间（年）
开阳	城关	顶方村大坡	3.5	3	68	348	1190.4	2012
开阳	城关	顶方村烂木塘	1.5	1	180	813	3114.43	2013
开阳	城关	温泉村	3	3	233	1092	35618	2014
黎平	永从	六冲村雅蝉	25	3	36	175	205.2	2012
黎平	德凤	薛家坪	0	0	492	1819	5030.49	2012
荔波	佳荣	佳荣	53	0	280	1176	—	2013
六枝	堕却	中具	22	0	104	426	512	2012

---

① 国家自然科学基金项目"城镇集中安置下生态移民家庭生计变迁与风险防范研究"（课题批准号：71463008）的研究成果之一。课题组成员包括王永平、金莲、马赞甫、周丕东、黄海燕、刘希磊、王世尧、徐十。

续表

县（市、区）	乡（镇）	安置点	距离县城（千米）	距离所在乡镇（千米）	规划安置移民（户）	规划安置移民（人）	规划总投资（万元）	首批移民安置时间（年）
六枝	新场	池地村	40	13	262	1124	2270.8	2012
六枝	新窑	那玉坝	5	0	312	1404	6219	2015
兴义	泥凼	孟家凼子	41	2	123	540	1038.63	2012
兴义	南盘江	南龙	42	12	130	560	1046.45	2012
兴义	泥凼	环镇公路	42	0	132	677	4212.25	2014
西秀	蔡官	小城镇	12.5	0	423	1994	8056.44	2013
织金	猫场	齐心村	53	2	221	1003	3662.5	2013
织金	桂果	柏秧林	22	0.6	337	1440	1865	2013
织金	实兴	新场村	41	—	254	1100	1960	2014
余庆	松烟	白沙水乡	75	0.5	180	750	600	2012
余庆	敖溪	敖溪	60	0.2	238	898	2097	2013
余庆	白泥	和景湾	1.5	1.2	204	705	3252	2014
石阡	聚凤	走马坪	60	0	168	750	3450	2012
石阡	青阳	青阳	49	0	190	775	—	2012
石阡	汤山	香树园	7	7	192	755	2746.7	2013
石阡	住北	坪洋寨	30	9	100	400	4000	2014

（3）第三轮调查（2017年2月）。2017年2月，开展了国家自然科学基金项目"城镇集中安置下生态移民家庭生计变迁与风险防范研究"的第二轮调研。2017年2月课题组在贵州省10个城镇集中安置点（盘县石桥镇妥乐安置点、黔西县谷里镇清明丰山安置点、三都县九阡镇九阡安置点、湄潭县西河镇西河安置点、松桃县迓驾镇安置点、雷山县丹江镇观音阁安置点、兴仁县李关乡骆丫鼓安置点、普定县穿洞街道玉兔山安置点、万山县黄道乡生态移民安置点和榕江县古州镇丰乐安置点）开展实地调研，通过与各县区市相关部门座谈、走访移民安置点、深入移民家庭调研等途径，全面了解易地扶贫搬迁实施情况、移民安置点基本情况、家庭生产生活情况以及后续发展存在的问题，共调查农户394户。

移民家庭遍布在贵州省的九个县区市，这些地区移民安置点建设时间较早，已取得了一定的成效并发挥了一定的示范效应。此轮调研的调研地点与第一轮调研的地点一致，但在调研内容上进行了补充和完善。

贵州省生态移民城镇集中安置的调研县分别为万山、松桃、三都、黔西、雷山、榕江、普定、盘县、兴仁、湄潭十个县，这十个县的选取平均分布在贵州省的各个市和自治州（贵阳市除外），其中，万山县和松桃县位于铜仁市，三都县位于黔南自治州，黔西县位于毕节市，雷山县和榕江县位于黔东南自治州，普定县位于安顺市，盘县位于六盘水市，兴仁县位于黔西南自治州，湄潭县位于遵义市。

第五节 研究创新与不足之处

一 研究创新

以往有关生态移民可持续发展的研究多是通过建立可持续发展评价指标体系从经济、社会和生态三方面来评估实施生态移民可持续发展的成效，还有少数从产业发展的角度探讨了移民的可持续发展问题，但在微观层面，从移民对象自身的后续发展方面进行可持续发展研究的却较少涉及。

第一，研究内容上有一定的创新。本书不是就可持续发展研究可持续发展，而是从对生态移民可持续发展评价入手，展开一系列的模式、路径、机制及政策研究，并拓展性地分析了与可持续发展相关的就业适应性问题、生计风险问题和生计策略选择问题，研究内容丰富且细致，具有一定的创新性。

第二，研究方法上有一定的创新。本书将实证分析和规范分析充分结合，特别注重将典型案例融入对相关问题的分析中去，一方面弥补了实证研究的不足，另一方面为研究结论提供更为丰富的素材。

第三，研究视角上有一定的创新。从某种程度上，可持续发展可以作为易地扶贫搬迁政策实施的目标，为实现这个目标我们采取了一系列的措施，产生了不同的结果，在现实中也表现不同，从政策实施本身会产生经济、社会和生态可持续效应，从政策实施过程会产生可持续发展模式和途径，从政策实施产生的影响会形成对就业、生计、风险等问题的关注，从促进可持续发展层面又不得不寻找适合的路径，因此，作为一项系统的研究，本书的研究视角是丰富的且有价值的。

二 不足之处

本书对生态移民可持续发展进行系统研究，从研究内容、研究角度到研究深度上都有一定的突破，但在具体研究过程中仍然暴露出一些不足之处。

第一，研究中所使用的数据资料来源于三次不同的调研过程，虽然为研究提供了丰富的数据资料，但由于样本的不一致性，在对不同时期生态移民状况进行比较时存在误差，只能粗略地比较不同时期的平均水平，虽然在某种程度上可以看到一个总体趋势，但要达到深层次的研究目的，就存在一定差距。而且在研究方法选用时，也会因数据的缺陷导致方法选择上的限制。

第二，对移民进行可持续发展评价必须是实施了一段时间以后才能看到效果的，这个时期可能是5年、10年，甚至是更长的一段时间，因为这项政策直接关系到移民代际贫困的消除，所以可能需要牺牲一代人去成全下一代的可持续的发展。因此，目前获得的数据资料虽然可以满足现有的分析需要，但对于可持续发展目标的最终实现还存在一定的差距。

第三，可持续发展是一个涉及面广、涉及内容丰富的系统问题，虽然本书的研究已经涉及了可持续发展的评价、机制、路径、政策及部分拓展性的内容，但是理论和方法上的创新还是不足的，在研究深度上还有进一步深化的空间。

第二章

理论基础

研究生态移民的可持续发展问题主要关注生态移民的后续发展及围绕后续发展所产生的一系列问题。如通过人口迁移理论，分析生态移民的产生和出现；通过人力资本理论，分析生态移民的自身发展；通过可持续生计理论，深入探讨生态移民的后续发展；通过反贫困理论，剖析生态移民政策在我国脱贫攻坚中的重要作用，等等。当然，可持续发展绝非是社会科学研究所特有的，在自然科学领域也同样关注，比如对生态移民生态可持续发展的关注。本书主要是从社会科学角度关注生态移民可持续发展。

第一节 可持续发展理论

1978年，国际环境和发展委员会（WCED）正式使用可持续发展概念。1987年，《我们共同的未来》将可持续发展定义为："既能满足当代人需要，又不对后代满足其需要的能力构成危害的发展"。《中国21世纪议程》中将中国可持续发展战略详尽描述为：第一，可持续发展的核心是发展，中国坚持"发展才是硬道理"，在发展中解决人口、资源、环境问题，摒弃用停滞、限制发展的观点来谋求可持续发展。第二，可持续发展的目标就是实现社会发展系统的可持续，中国正朝着这个目标开创新的发展模式，走良性循环的可持续发展道路。第三，可持续发展的关键是处理好经济建设与人口、资源、环境的关系，生态移民工程的实施就是解决这些因素相互矛盾关系的措施。第四，可持续发展的重要标志是生态环境得到改善和资源可持续利用。第五，实施可持续发展战略必须观念转变，重视能力建设，协调好人与自然的关系，运用新技术等从国家战略层面上把握整体。①

第二节　可持续生计理论

DFID可持续生计分析框架由五部分组成，即脆弱性背景、生计资本、结构和过程转变、生计策略、生计输出。② 框架结构见图2-1。

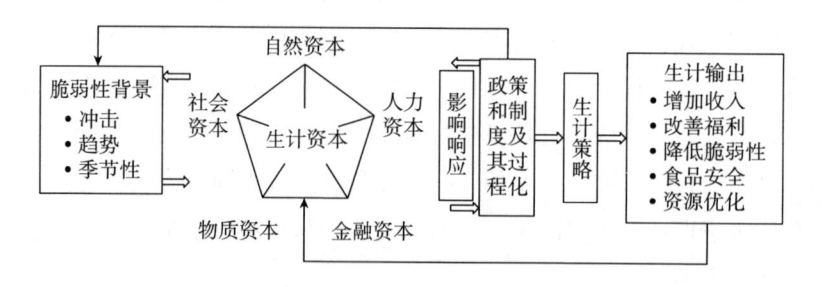

图2-1　DFID可持续生计分析框架

在英国国际发展署（DFID）提出的可持续生计分析框架中，将生计资本划分为人力资本、自然资本、金融资本、物质资本、社会资本。③ 人力资本通常可以解释为存在于人体之中的相对于物质资本的一种资本形态，它主要表现为人所拥有的知识、技能、经验和健康等；自然资本描述自然资源存量，它泛指生计的资源流及相关的服务，土地是

---

① 罗慧、霍有光、胡彦华等：《可持续发展理论综述》，《西北农林科技大学学报》（社会科学版）2004年第1期。
② 周玉婷：《农业生物多样性利用和农民选择空间塑造》，博士学位论文，中国农业大学，2015年。
③ 张焱：《云南南部边境山区农户种植业结构调整决策行为研究》，博士学位论文，昆明理工大学，2016年。

农村居民赖以生存的基础,农户拥有的最主要的自然资本就是耕地;金融资本指农户在消费和生产过程中为达到生计目标所需要的积累与流动的资金,主要指农户可支配的现金,包括现金收入、利息收入和补贴性收入;物质资本是指农户用于生产和生活的物资设备以及基础设施,通常指住房、道路设施以及农用生产工具等;[1] 社会资本指农户为了实施生计策略而利用的社会网络,为个人或家庭的发展提供机会。[2] 具体内容如表2-1所示。

表2-1 生计资本的内容

类型	内容
人力资本	受教育程度、年龄、劳动力数量、技能、健康水平等
自然资本	土地资源、水资源、大气资源、生物资源、矿产资源[3]等
金融资本	家庭收入、信贷、外部所筹资金等
物质资本	住房、交通、饮水、卫生、通信等基础设施;生产工具和设备等
社会资本	社会组织参与度、信任与互助关系、参与决策机制等

此外,Dercon在2001年构建了一个定性分析风险与脆弱性关系的框架,该框架统筹地将农户拥有地资源、收入状况、消费水平以及相应的制度共同纳入一个体系之中。[4] 可以将农户的生计活动看作一个循环过程,该过程之中任何一个环节都有受到风险打击的可能性。风险包括以下三类,即资产风险、收入风险和福利风险(见图2-2)。首先,从资产风险的角度来看,风险来源于人力资本、土地资本、物质资本、金融资本、社会资本和公共物品六部分。其次,从收入风险的角度来看,创收活动、资产回报、资产处置、储蓄投资、转移汇款和经济机会六个方面都存在风险。最后,从福利风险的角度来看,营养、健康、教育、

---

[1] 靳小怡、李成华、杜海峰等:《可持续生计分析框架应用的新领域:农民工生计研究》,《当代经济科学》2011年第3期。

[2] 郭圣乾、张纪伟:《农户生计资本脆弱性分析》,《经济经纬》2013年第3期。

[3] 席建超、张楠:《乡村旅游聚落农户生计模式演化研究——野三坡旅游区苟各庄村案例实证》,《旅游学刊》2016年第7期。

[4] 赵靖伟:《农户生计安全问题研究》,博士学位论文,西北农林科技大学,2011年。

社会排斥和能力剥夺五个方面存在风险。

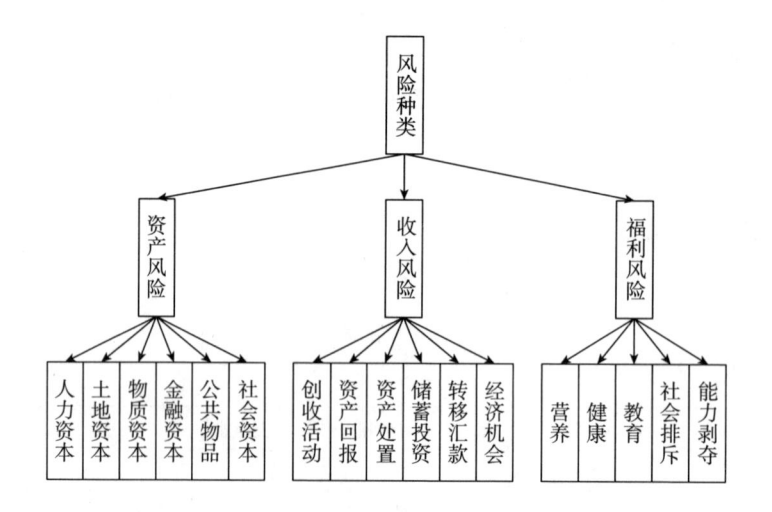

图 2-2　风险与脆弱性分析框架

风险种类分为三类：资产风险、收入风险、福利风险。资产风险包括人力资本、土地资本、物质资本、金融资本、公共物品、社会资本；收入风险包括创收活动、资产回报、资产处置、储蓄投资、转移汇款、经济机会；福利风险包括营养、健康、教育、社会排斥、能力剥夺。

农户一开始所拥有的资源禀赋可以分为人力资本、土地资本、物质资本、金融资本、社会资本以及公共物品六个部分，为了维持生计，农户必须依靠这些生计资本以达到获得收入的目的。获得收入之后，就可以用来购买家庭所需的营养产品、教育服务、健康服务以及更高层次的社会利益。农户的生计风险就这样贯穿于整个生计活动之中。

贫困人口被认为是生存在脆弱的环境中，他们拥有一定的生计资本，首先，社会、制度和组织环境等过程转变因素会影响生计资本；其次，这些因素又会影响贫困人口的生计策略，即不同的生计策略会导致不同的生计结果，生计结果又反过来影响生计资本。① 而生计风险则贯穿于整个农户可持续生计活动的所有环节，无论是生计资本、政策与制度还是生计策略，都存在生计风险。因此，在脱贫过程中，贫困人口在脆弱性背景下，要想实现脱贫，实现生计资本和能力的发展，达到可持续的生计，就必须考虑脱贫过程中的风险性即生计风险，避免脱贫失败

---

① 沈茂英：《基于农户可持续生计能力提升的生态政策研究》，《西部发展评论（2014）》2015 年。

和出现返贫。

第三节 反贫困理论

贫困与反贫困是一个问题的两个方面,反贫困理论建立在贫困理论基础之上。贫困问题作为世界性难题,已长存留在人类生存与发展的历史长河中,是经济、社会和政治力量不断相互作用的动态结果,因此,消除贫困是人类共同面临的保证社会公平持续发展的根本任务。首先,正确理解贫困内涵是基础,理论学术界已将贫困范畴的界定由物质层面扩大到生存、能力、知识、环境、制度等层面。[①] 其中,具有代表性的观点有:①收入贫困说。英国学者 Rowntree 和美国学者 Reynolds 都认为当一个家庭的收入不足以维持最基本的生活水平,就会陷入贫困之中。②能力贫困说。世界银行在《1990 年世界发展报告》中指出贫困是个人或家庭在某时期内承受着收入与健康的贫困风险,且缺乏最低生活水准的能力。[②] ③权利贫困说。郑宝华等认为,贫困不仅是收入低下的表现,还表现为缺少发展机会、应对变化的能力,甚至被剥夺基本的生存能力和权利,最后失去饮食、生活条件和活动机会等。[③] ④人类贫困说(也称人文贫困说)。联合国开发计划署(UNDP)在《1997 年人类发展报告》中将其定义为:贫困除缺乏物质福利必需品外,也不能获得最基本的机会和选择,如长期健康的生活、受到他人尊重等。[④]

贫困从贫困程度角度可分为绝对贫困和相对贫困:①绝对贫困(也称"生存贫困")。绝对贫困最早由 Rowntree 提出,是低于维持身体有

---

① 王永平、周丕东、黄海燕等:《生态移民与少数民族传统生产生活方式的转型研究——基于贵州世居少数民族生态移民的调研》,科学出版社 2014 年版,第 26 页。
② 世界银行:《1990 年世界发展报告》,中国财政经济出版社 1990 年版,第 4 页。
③ 郑宝华、张兰英:《中国农村反贫困词汇释义》,中国发展出版社 2004 年版,第 10 页。
④ 联合国开发计划署:《1998 年人类发展报告》,中国财政经济出版社 1999 年版,第 22 页。

效活动最低指标的一种贫困状态,即只购买仅维持身体健康最简单的物品。① 我国国家统计局则认为个人和家庭在仅有的劳动报酬和收入下无法再继续维持最基本的生存需要。② ②相对贫困(也称相对低收入型贫困)。主要指在解决基本生存需求后相对于与其他社会成员或维持社会生活标准所表现出的一种相对缺乏或不足的状态。③

20世纪60年代,冈纳·缪尔达尔在《世界贫困的挑战——世界反贫困大纲》中首先提出反贫困的三种表述:①减少贫困因素,强调反贫困过程中应重点减少贫困人口数量;②减轻缓和贫困程度,强调减缓贫困程度;③根除消灭贫困,强调消除贫困。④⑤ 中国一直用"扶持贫困"(以下简称扶贫)来反贫困,通过扶助、扶建方式,促进贫困地区的经济发展和提高贫困户收入,旨在解决农村贫困问题,这是一种反贫困的有效方法。⑥

在生态移民实践中,生态环境保护和贫困问题的解决是重要的两个任务。最初该项工程从反贫困的角度以"扶贫搬迁""易地扶贫"等命名,到了20世纪末,生态重建越来越被受到重视,进而提出"生态移民"以突出生态建设功能。⑦ 反贫困理论为生态移民研究与实践提供了重要的理论依据。

---

① 朗特里:《贫困与进步:对约克镇的第二次社会调查》,朗曼出版公司1941年版,第102页。

② 国家统计局:《中国城镇居民贫困问题研究课题组和中国农村贫困标准课题组研究报告》(1990)。

③ 朱霞梅:《反贫困的理论与实践研究——基于人的发展视角》,博士学位论文,复旦大学,2010年。

④ [瑞典]冈纳·缪尔达尔:《世界贫困的挑战——世界反贫困大纲》,北京经济学院出版社1991年版,第6—7页。

⑤ 廖赤梅:《贫困与反贫困若干问题的探讨》,《广西师范学院学报》(哲学社会科学版)2002年第1期。

⑥ 朱霞梅:《反贫困的理论与实践研究——基于人的发展视角》,博士学位论文,复旦大学,2010年。

⑦ 张小明:《西部地区生态移民研究》,博士学位论文,西北农林科技大学,2008年。

第四节 人口迁移理论

国内关于人口迁移理论的研究较少,主要以国外学者的理论框架为主:第一,"推拉"理论,由赫伯尔于1983年首次提出,认为在迁出地的推力(或排斥力)和迁入地的拉力(或吸引力)共同作用下产生了人口迁移。第二,新古典经济学理论,人口迁移被认为是劳动力供给与需求的区域差异引起的劳动力在不同区域间的调整,舒尔茨将迁移视作个人人力资本的投资,以增强自身经济效益来提高生活水平。第三,双重劳动力市场理论,城市发达地区中存在两种劳动力市场即正规部门的主要劳动力市场和非正规部门的次要劳动力市场,前者雇员要求高且工资福利好,一般被本地居民占据;而后者工作环境、工资福利较差,则由迁入移民补充。第四,发展经济学中的人口迁移理论。刘易斯将一国经济分为农业部门和工业部门,劳动力是从农业部门不断向工业部门流动,托达罗则认为城乡预期收入差异是发展中国家农村人口迁移规模继续增大的主要原因。[1]

第五节 人力资本理论

人力资本理论的发展从传统到现代,传统人力资本理论代表人物及观点:亚当·斯密"将人的能力划归为一种人力资本",约翰穆勒认为,技术、知识及教育支出是积累人力资本的因素。现代人力资本理论代表人物及观点:舒尔茨认为,人力、知识和技能是资本的一种形态,应通过教育、培训、医疗保健和迁移等方式形成。明尔赛从后天质量差别及其变化入手研究得到工人收入的增长和个人收入分配差别缩小的根本原因是人们受教育的普遍提高,是人力投资的结果。贝克尔从家庭生

---

[1] 朱杰:《人口迁移理论综述及研究进展》,《江苏城市规划》2008年第7期。

产和个人资源（特别是时间）分配角度系统阐述了人力资本投资问题，对家庭生育行为的经济决策做了成本效用分析。贝克尔的研究标志着人力资本理论的最终确立。①

本章小结

可持续发展问题是政府、社会和个人普遍关注的焦点，实施易地扶贫搬迁是为了让贫困农户彻底摆脱贫困的代际传递，但这不是最终目标，最终目标是可持续发展，这不仅涉及经济上的可持续发展，还涉及社会、生态等方面的可持续发展。从广义的角度来看，需要社会科学和自然科学相关理论的全面支撑。但由于本书的研究视角是以社会科学为基础的，所以将可持续发展理论、可持续生计理论、反贫困理论、人口迁移理论及人力资本理论作为本书研究的理论基础，具体指导本书的相关研究工作。

---

① 王承云：《三峡库区移民就业及相关影响因素研究》，博士学位论文，武汉大学，2012年。

第三章

文献综述

无论是国外还是国内,从生态移民的内涵、可持续生计及生态移民可持续发展方面都开展了较为多样的研究,在相关的学术著作中也有详细的论述,本书聚集生态移民可持续发展,采用综合述评的方式对生态移民的内涵、可持续生计及生态移民可持续发展的相关研究做概括性说明。

第一节 生态移民的内涵

移民现象自古以来就与人类生存相伴相随,直到20世纪后半期,人类的生存需求与环境的生产能力之间的冲突愈演愈烈,环境问题与贫困问题相结合,成为全球棘手的发展难题。由于受到干旱、沙漠化、酸雨等环境危机的影响,原居住地的人口无法继续维持生计而导致贫困,不得不暂时或永久地搬离原居住地①,这些迁移人口在国际上被称为"环境难民""环境移民""生态难民"或者"环境迁移人"。1899年,

---

① 毛谦谦:《陕西生态移民生计资本计量及政策贫困瞄准效率的实证研究》,硕士学位论文,西北农林科技大学,2015年。

美国植物学家Cowles提出"生态群落迁移"①的概念,成为生态移民研究的开端。他认为生态移民的产生原因是原居住地的人类群落意识到如果他们继续在原地居住,将会对生态造成严重破坏,自愿或非自愿地进行人口迁移活动。他将生态移民的概念定义为出于保护生态环境而进行的主动或被动的人口迁移。Lester Brown在20世纪70年代首次提出"环境难民"一词②,随后在1985年,Essam EI – Hinnawi将其定义为:由于显著的环境崩溃导致生活质量受到严重影响,甚至威胁生存,不得不选择暂时或永久搬离该区域的人。Norman Myers在2005年又将"环境难民"的概念进一步细化为:由于干旱、土地侵蚀、荒漠化、过度砍伐等环境问题,人口压力、贫困等社会经济问题,导致生计无法得到保障的人。③ 2010年Frand Biermann又提出"气候难民"的概念,简言之,就是由于海平面上升、严重的气候事件、干旱或者水资源匮乏等气候变化,迫使当地居民离开原居住地,因而产生的难民。④ Justin Lyle (2012) 丰富了生态移民的内涵,他认为生态移民是一种特殊的移民类型⑤,广义上是由于生态环境和其他因素共同作用导致的人口迁移现象;狭义上是为了保护和修复具有特殊价值的生态区而产生的系统移民。⑥ 在世界历史上,由于生态破坏、自然灾害而产生的生态移民的案例很多,如1885—1930年加拿大土著印第安人由于国家政策原因被迫强制迁移;20世纪30年代美国出现"环境难民",由于原居住地出现了严重的荒漠化,16.5万人被迫离开草原;1981—2006年,格鲁吉亚

---

① Henry Chandler Cowles, "The Ecological Relations of the Vegetation of the Sand Dunes of Lake Michigan", *Adopted from the New Encyclopedia Britannica*, *Micropedia*, Volume Ⅲ, Ready Reference and Index, Chicago University Press, 1899.

② Lester Brown, McGrath Patricia and Bruce Stokes, "Twenty – Two Dimensions of the Population Problem", Worldwatch Institution Worldwatch Paper 5, 1916.

③ Myers, N., "Environment Refugees: An Emergent Security Issue" 13th Economic Forum, Prague, 2005, 5: 23 – 27.

④ Frank Biermann, Ingrid Boas, "Prapering for a Warmer World: Towards a Global Government System to Protect Climate Refugees", *Global Environmental Politics*, 2010 (1): 60 – 88.

⑤ Justin Lyle, "Resettlement of Ecological Migrants in Georgia: Recent Developments and Trends in Policy, Implementation, and Perception", Flensburg: The European Centre for Minority Issues (ECMI) Working Paper, No. 53.

⑥ 杜发春:《三江源生态移民研究》,中国社会科学出版社2014年版。

由于气候变化，迁移了6万人口。

随着中国经济的快速发展，人口、资源与环境之间的矛盾也愈演愈更烈。一方面，由于自身的地形、地貌特征、容易发生地震、滑坡、泥石流等重大自然灾害和严重旱涝灾害；另一方面，多数地区因过度开发出现地面塌陷、地裂缝，生态面临巨大压力。①"生态移民"一词出现于任耀武、袁国宝和季风瑚（1993）共同撰写的《试论三峡库区生态移民》一文中。宋建国（2005）将"生态移民"定义为：为了消除贫困、发展经济和保护生态环境，从生态脆弱区域重要生态功能地区迁移出来的人口。宋建国将生态移民的概念本土化，与中国经济社会发展现状相结合，把握住了我国生态移民发展方向。梁福庆（2011）从宏观的角度对中国的生态移民的类型、安置模式、政策以及实施过程中存在的问题和原因进行了研究，他将中国生态移民的类型概括为环境移民、扶贫移民、灾害移民和生态难民，都是为了保护和修复生态而从基本不具备人类生存条件或不具备就地扶贫条件的地区整体迁出的移民。

学者通过不同的角度界定"生态移民"概念，常被学术界冠以"扶贫搬迁""异地搬迁""易地扶贫""环境移民"等称谓，通过参阅大量文献，综合各学者的观点，笔者认为生态移民是由政府主导，为了保护生态脆弱区的环境继续恶化，将缺乏生存基本条件的贫困人口迁移到生态环境基本条件良好的地区，目的是既改善贫困人口的生活条件又能保护和加速恢复迁出地的生态环境，促进人口、资源、环境与经济的可持续协调发展。

第二节　可持续生计

在研究反贫困问题时，不得不提到"生计"这一概念，"生计"最

---

① 梁福庆：《中国生态移民研究》，《三峡大学学报》（人文社会科学版）2011年第12期。

初的含义是指"谋生的方法"或"生活的状况",最早可以追溯到1601年的伊丽莎白"济贫法"。① 在长期的工业革命进程中,大批农民失去赖以生存的土地后,一部分转化为作坊工人,一部分成为贫困的无业者。政府为维持这些贫困人口的生计提供兜底保障,并将其纳入西方国家福利化进展和改革的重要内容。到了20世纪中后期,"生计"原本的含义被"就业"所逐渐替代。1992年,参与式发展之父Chamers认为生计就是谋生的方式,这种谋生方式是建立在能力、资产和活动的基础之上的。并提出了生计可持续的内涵,即当人们在面对胁迫和冲击时,不仅可以恢复、维持和增加资产,提高能力,而且还可以为下一代提供生存机会,也就是既为他人的生计带来净收益,也不会损坏自然基础,便可实现生计可持续。② 在1992年的联合国环境和发展大会上,会议提出消除贫困的主要方法就是要实现稳定的生计,可持续生计方法成为解决贫困的发展路径。

根据西方学者在非洲喀麦隆的可鲁普生态公园,刚果诺娃贝尔多基国家公园等针对生态移民开展的研究表明,搬迁移民后续生计难以保障,容易出现失业、生活水平降低、患病率增加等社会问题,移民区变成了贫民窟,只能依靠政府救助维持生计,最终成为弱势边缘群体。③ 1998年,Ellis认为资产、行动和权利决定的个人和农户获得收入的活动就是生计。1998年,Scoonas第一个直接给出可持续生计概念,他将生计的内涵和可持续性相结合,把可持续生计分为创造工作时间,减少贫困,幸福感和能力,适应性脆弱性和恢复力,以自然资源为基础的可持续性两个方面。

可持续生计的研究用途十分广泛,可以用于研究反贫困、人口迁移、创业培训、妇女发展等问题。1992年,联合国环境和发展大会上,可持续生计方法方法成为解决贫困的发展路径,实现稳定生计成为消除

---

① 杨梦蓉:《可持续生计框架下生态移民生计变迁研究》,硕士学位论文,贵州财经大学,2016年。
② Chambers, R., Conway, G., "Sustainable Rural Livelihood: Practical Concepts for the 21st Century", IDS Discussion Paper 296, Brighton: Institution of Development Studies, 1992.
③ 寇淋:《可持续生计文献综述》,《改革与开放》2012年第6期。

贫困的重要方法。① 此外，为了系统深入开展可持续生计研究，国外学者和国际组织进一步丰富和发展可持续生计理论，提出了多个可持续生计分析框架，有 Scoones（1998）的可持续生计分析框架②、Bebbington（1999）的资本和能力分析框架、Ellis（2000）的生计多样性分析框架③等，但是应用最为广泛、影响力最大的分析框架却是英国国际发展署（DFID）提出的可持续生计分析框架。

第三节 生态移民可持续发展

国外最早对生态移民的研究始于20世纪初，最初大多都是集中于生态移民的动因、过程、分类及产生的效益研究，较少涉及对生态移民主体可持续性发展的研究。直到70年代后期，逐渐受到各个学科领域的重视，从社会学和人类学角度进行研究的学者越来越多，一些学者开始注重研究生态移民主体的可持续发展问题。

国外关于生态移民可持续发展的研究主要集中于生态移民后续生计问题，且相关研究大多数是从社会学的角度出发，关于生态移民可持续发展的观点总体可以分为两种：

第一种观点认为，生态移民搬迁后的后续生计是不可持续的，实践表明，背井离乡后的生态移民、生活困难、失业严重、患病率高，产生大量社会问题，面临诸多风险。因此，非自愿搬迁移民更有可能导致家

---

① 罗秀英：《论少数民族贫困地区农民的可持续生计》，《青春岁月》2016年第15期。

② Ian Scoones, "Sustainable Rural Livelihood: A Framework for Analysis", IDS Working Paper 72, Brighton: IDS, 1998.

③ 黎洁、李亚莉、邰秀军、李聪：《可持续生计分析框架下西部贫困退耕山区农户生计状况分析》，《中国农村观察》2009年第5期。

庭生计状况恶化，移民工程未必能改善真正贫困人口的生计能力。①②③④⑤⑥

第二种观点则认为，生态移民搬迁后的后续生计是可持续的，因为移民能改善搬迁对象的生计资本，并增强其可持续生计能力，移民搬迁后的生计水平不低于搬迁前的水平，合理补偿更能增强生态移民的可持续生计能力。⑦⑧⑨

国内可持续发展应用领域非常广泛，但是用于讨论生态移民问题开始于2003年，经过多年的演变，其研究视角也越来越宽泛。概括起来国内有关生态移民可持续发展方面的研究主要集中在以下三个方面：

第一，从理论上探讨生态移民与可持续发展的关系，明确生态移民对于解决环境问题的重要意义，弄清实现生态移民可持续发展面临的挑战，点明实现生态移民可持续发展思考的方向。生态移民是调节生态环境容量与人口规模的重要杠杆⑩⑪，是西部地区摆脱贫困、遏制生态环

---

① Kai Schmidt – Soltau, "Conservation – related Resettlement in Central Africa, Environmental and Social Risks", *Development and Change*, 2003, 34 (3).

② Kai Schmidt – Soltau, Dan Brockington, "Protected Areas and Resettlement, What Scope for Voluntary Relocation?", *World Development*, 2007, 35 (12).

③ Marybelle Mitchell, *From Talking Chiefs to a Native Corporate Elite: The Birth of Class and Nationalism among Canadian Inuit*, Montreal: McGill – Queen's University Press, 1996.

④ Chad Dear, Steve McCool, "Causes and Consequences of Displacement Decision – Making in Banhine National Park, Mozambique", *Conservation and Society*, 2010, 8 (2).

⑤ Kothari, S. P., Laguerre, T. E., Leone, A. J., "Capitalization Versus Expensing: Evidence on the Uncertainty of Future Earnings from Capital Expenditures Versus R&D Outlays", *Review of Accounting Studies*, 2002, 7 (4): 355 – 382.

⑥ Du, Y., Park, A., Wang, S., "Migration and Rural Poverty in China", *Journal of Comparative Economics*, 2005, 33 (4): 688 – 709.

⑦ Bilsborrow, R. E., Ogendo, H., "Population – driven Changes in Land Use in Developing Countries", *Ambio*, 1992, 21 (1): 37 – 45.

⑧ Cernea M. M., "Public Policy Responses to Development – induced Population Displacements", *Economic and Political Weekly*, 1996, 31 (24): 1515 – 1523.

⑨ Jackson, S., Sleigh, A., "Resettlement for China's Three Gorges Dam: Socio – economic Impact and Institutional Tensions", *Communist and Post – communist Studies*, 2000, 33 (2): 223 – 241.

⑩ 王放、王益谦：《论生态移民与长江上游可持续发展》，《人口与经济》2003年第4期。

⑪ 盛国滨：《论三江源地区生态移民与可持续发展》，《青海民族学院学报》2006年第1期。

境恶化的有效途径①，对于稳定农民收入、提高农牧民的生活水平和生活质量、加速全面建成小康社会的历史进程具有重大的战略意义②，对实现经济可持续发展具有重要的现实意义③，后续产业发展缓慢、生态补偿机制建设滞后、生态环境建设难度大、人口增长过快、教育落后、人力资本匮乏、地方政府行为能力建设滞后是制约迁入地实现可持续发展的因素④，应从可持续发展的战略高度兼顾经济实力、经济发展、人民生活、环境保护四个方面⑤，扫除制约生态移民可持续发展的障碍，实现生态移民的经济可持续发展。

第二，构建生态移民可持续发展指标体系，从可持续发展角度评价生态移民。在相关研究中，有学者从生态、社会和经济三个方面构建适合于迁入区生态移民的可持续发展指标体系；⑥ 有学者运用生态移民安置区 PSR（压力—状态—响应）模型构建不同区域的可持续发展指标；⑦ 有学者基于阿玛蒂亚·森的可行能力理论，构建生态移民可持续发展能力分析的理论框架，分析生态移民搬迁前后的可持续发展能力；⑧ 还有学者构建生态移民可持续系统动力学模型，揭示了生境破碎化、生态移民工程和生态福利绩效三个子系统之间的因果关系和动态反

---

① 刘英、闫慧珍：《生态移民——西部农村地区扶贫的可持续发展之路》，《北方经济》2006 年第 6 期。
② 尹秀娟、罗亚萍：《制约三江源地区生态移民迁入地可持续发展的因素》，《西北人口》2006 年第 5 期。
③ 朱儒顺、史俊宏：《草原牧区生态移民可持续发展问题研究——以内蒙古乌拉特中旗为例》，《干旱区资源与环境》2007 年第 3 期。
④ 初春霞、孟慧君：《生态移民与内蒙古经济可持续发展》，《农业现代化研究》2006 年第 2 期。
⑤ 杨忠秀、沙马打各：《生态移民——彝族经济可持续发展的必由之路》，《安徽农业科学》2007 年第 30 期。
⑥ 卢超：《生态移民迁入区区域可持续发展研究——以疏勒河流域瓜州县移民点为调研样本》，硕士学位论文，兰州大学，2010 年。
⑦ 史俊宏：《基于 PSR 模型的生态移民安置区可持续发展指标体系构建及评估方法研究》，《西北人口》2010 年第 4 期。
⑧ 黄海燕、王永平：《城镇安置生态移民可持续发展能力评价研究——基于贵州生态移民家庭的调研》，《农业现代化研究》2018 年第 4 期。

馈机制，对移民前后迁入地和迁出地的生态系统的可持续性进行仿真模拟。①

第三，从多个层面、多个角度探讨生态移民可持续发展策略。②③④⑤⑥ 一是应从教育发展、基础设施建设、政府与非政府组织参与以及后续产业发展体系的建构入手，提升后续产业的可持续发展能力；⑦ 二是通过完善移民法规政策体系、强化移民技能教育培训、将产业开发作为生态移民可持续发展的着力点；⑧ 三是推进产业化经营、强化政策引导、加强科技服务、拓宽移民增收渠道等促进生态移民工程可持续发展；⑨ 四是从生态移民规划编制、移民资金筹措、配套设施建设、移民就业创业、移民教育培训、社区环境营造、社保体系建设7个方面，促进生态移民可持续发展；⑩ 五是以制度创新推进可持续发展的深化⑪，通过构建区域生态补偿机制来解决生态移民工程现实困境及可持续发展问题；⑫ 六是应增强生态移民生计资本积累和培育、提高生态移民生计转型能力、建立和完善生态移民社会安全保护体系、倾听生态

---

① 钟水映、冯英杰：《生态移民工程与生态系统可持续发展的系统动力学研究——以三江源地区生态移民为例》，《中国人口·资源与环境》2018 年第 11 期。
② 周华坤、赵新全、张超远等：《三江源区生态移民的困境与可持续发展策略》，《中国人口·资源与环境》2010 年第 3 期。
③ 张丽君：《中国牧区生态移民可持续发展实践及对策研究》，《民族研究》2013 年第 1 期。
④ 周鹏：《中国西部地区生态移民可持续发展研究》，博士学位论文，中央民族大学，2013 年。
⑤ 赵庚：《宁夏生态移民可持续发展研究》，硕士学位论文，东北大学，2014 年。
⑥ 陈昀、向明、陈金波：《嵌入视角下的生态移民可持续发展》，《管理学报》2014 年第 6 期。
⑦ 周宇：《三江源生态移民与后续产业可持续发展——以青海省格尔木昆仑民族文化村为例》，硕士学位论文，四川师范大学，2010 年。
⑧ 李耀松、许芬、李霞：《宁夏生态移民可持续发展研究》，《宁夏社会科学》2012 年第 1 期。
⑨ 杜慧莹、陈延、董宏林、周蕾：《宁夏生态移民可持续发展问题研究》，《安徽农业科学》2012 年第 18 期。
⑩ 王永平、刘希磊、黄海燕：《生态移民可持续发展对策探讨：基于城镇集中安置模式的思考》，《贵州农业科学》2013 年第 12 期。
⑪ 张俊莉：《少数民族地区生态移民可持续发展制度创新的特征分析》，《贵州民族研究》2014 年第 11 期。
⑫ 陈晶：《区域生态补偿视阈下宁夏生态移民可持续发展问题研究》，《甘肃农业》2014 年第 24 期。

移民的声音、合理构建旨在促进生态移民实现顺利转型的产业体系;[①]七是重点建设现代农业生态园区,将生态移民和可持续发展有机结合起来;[②] 八是结合流域经济社会发展和环境情况,从民族文化、水土资源规划、移民人力资本、非农产业发展、城镇化战略等角度探讨流域生态移民可持续发展的思路。[③]

总体上看,目前国内关于生态移民可持续发展的研究中,一部分重点探讨促进生态移民可持续发展的对策建议和政策措施,另一部分主要通过构建指标体系评价生态移民可持续发展。但总体来看,已有研究的层次、角度、内容和方法都存在一定的局限,且以宏观层面为主,较少从微观层面关注移民自身的可持续发展,在这方面有待进一步深化。

本章小结

国外关于生态移民的研究是从生态移民的内涵和可持续生计理论方面展开的,但国内的研究更多的是从实践出发,研究的焦点放在了生态移民可持续发展方面,包括生态移民可持续发展的意义、生态移民可持续发展的评价及生态移民可持续发展的策略等。这些已有的研究对于本书将要开展的生态移民可持续发展研究具有较强的指导意义。首先,在评价指标体系构建方面,已有的研究提供了众多的可以借鉴和参考的内容,深化了本书进行的经济、社会和生态可持续发展评价。其次,众多学者从多个层面、多个角度去探讨了生态移民可持续发展的途径、措施和策略,为本书进一步提出有效的政策建议提供了扎实的基础。最后,在相关研究的基础上,本书扩展了已有关于生态移民可持续发展的研究

---

① 史俊宏:《少数民族牧区生态移民可持续发展战略研究》,《生态经济》2014 年第 10 期。
② 狄良川:《西部生态移民地区可持续发展模式研究——以宁夏吴忠孙家滩为例》,《宁夏农林科技》2014 年第 2 期。
③ 张建军:《塔里木河流域生态移民实践与可持续发展的对策探析》,《新疆农垦经济》2015 年第 10 期。

内容，从就业适应、生计风险和生计策略进一步探讨了生态移民在实现可持续发展过程中面临的问题。总之，涉及生态移民可持续发展方面的相关研究是非常丰富的，并且也出现了许多对后续研究产生重要借鉴意义的研究成果。

第四章

贵州省易地扶贫搬迁的总体情况与实践成效

早在1986年贵州省为解决贫困人口的温饱问题就开始探索生态移民，经过了2012年的大规模扶贫生态移民，又在"十三五"时期完成易地扶贫搬迁的全部任务，贵州省通过搬迁不仅有效地缓解了贫困问题，还有力地促进了生态恢复。本章介绍贵州省易地扶贫搬迁的基本情况，总结实施成效，提出现实挑战。

第一节 贵州省易地扶贫搬迁的基本情况

一 实施背景

贵州省是全国贫困人口最多的省份，经过30多年的扶贫实践，农村贫困人口数量逐渐减少，但成效并不明显。这其中包含两个方面的原因：一是单纯的物质救济可以缓解一时的困难，但无法激发群众的积极性，可能会形成一群依赖救助生活的"懒汉"；二是恶劣的自然条件导致的贫困问题。① 贵州省地处云贵高原东部，是长江、珠江流域上游的分水岭地带，以典型的喀斯特地貌为主，是全国唯一没有平原支撑的内

---

① 吴纪树：《生态移民若干法律问题初探——以贵州省"扶贫生态移民工程"引入》，《公民与法》（法学版）2013年第2期。

陆山区省份。其水土流失和石漠化特别严重，是中国乃至全球石漠化最严重的地区，由于特殊的地理环境和地形地貌，贵州的生态环境特别脆弱；由于受到特殊的自然、地理、历史和经济等综合因素的影响，贵州经济社会发展也十分滞后。行路难、吃饭难、饮水难、用电难、入学难、就医难等如此恶劣的环境导致"一方水土养不活一方人"，因此，贵州省从2012年开始实施"扶贫生态移民工程"[①]，"十三五"规划以后，全部改为"易地扶贫搬迁"。同时贵州又是一个多民族共居的省份，全省共有56个民族，其中少数民族总人口约占全省人口的39%，少数民族地区集中在贫困落后的偏僻生态脆弱区，由于道路问题尚未解决导致搬迁成本大，农户的"乡土情怀"浓厚及特殊的文化又不愿远离故土，使让农户自愿移民的搬迁难度大，但如果只是就近扶贫只会让当地生态环境继续恶化，所以易地扶贫搬迁非常符合贵州的实际情况。

贵州省2020年实现全面小康，扶贫生态移民工程（易地扶贫搬迁）既是重点又是难点。[②] 贫困与落后是贵州的主要矛盾，正确协调好"转"与"赶"的关系，是实现脱贫致富，缩小贫困地区与全国差距的重要举措。其中扶贫生态移民工程（易地扶贫搬迁）作为脱贫致富的措施之一，具有扶贫与保护生态环境的双重意义。如何实现贵州的贫困地区大规模生态移民可持续发展，既是扶贫开发实现全部脱贫致富的目标，又是全面建成小康社会的目标。

二 实施意义

贵州省是长江、珠江两大流域的重要生态屏障，其经济发展和生态环境的状况会直接或间接影响周边省份城市乃至全国范围的影响，在面对生态环境恶化与经济贫困两大"难题"时，贵州省政府结合省情提出了"扶贫生态移民工程（易地扶贫搬迁）"，该工程全面落实了科学发展观，有效地从根本上解决了连片特困地区贫困人口的脱贫致富问题，是恢复和重建生态移民迁出区的生态环境的真正历史性重大举措，对于加快转变发展方

---

① 《省人民政府关于印发贵州省2012年扶贫生态移民工程实施方案的通知》，《贵州省人民政府公报》2012年6月。
② 周超：《贵州重建移民迁出区生态环境的问题与对策》，《贵阳市委党校学报》2015年第3期。

式、统筹城乡发展、响应生态文明建设、实现全面建设小康社会目标及实现人口、资源、环境与经济社会可持续协调发展具有重要战略意义。

第一,实施扶贫生态移民工程(易地扶贫搬迁)可以促进贫困人口脱贫致富。根据《中国农村扶贫开发纲要(2011—2020年)》,在国家确定的14个集中连片特困地区中,贵州省分别被武陵山区、乌蒙山区、滇黔桂石漠化区三大集中连片特困地区所覆盖。全省88个县(市、区、特区)中,83个有扶贫开发任务(其中50个为国家扶贫开发工作重点县),有71个市县属于三大集中连片特困地区。这意味着全国每7个贫苦农民中有1个在贵州,贵州每8个农民中就有1个是贫困人口。① 从各片区内部来看,务川是武陵山贵州片区最贫困的县,威宁是乌蒙山贵州片区最贫困的县,望谟是滇桂黔石漠化贵州片区最贫困的县。贵州三大片区的贫困发生率与石漠化程度呈正相关,即石漠化程度越高,贫困发生率越高。② 贵州不仅自然条件恶劣、基础设施薄弱,而且地方政府财力不足、农民教育水平低、自筹资金能力差,又存在民族发展问题,是全国扶贫攻坚的主战场和决战区。通过生态移民政策可以改善贫困人口的基本生存、就业、文化教育等生活状况,努力实现与全国同步的全面小康社会。

第二,实施扶贫生态移民工程(易地扶贫搬迁)可以有效保护和恢复生态环境。贵州地处云贵高原、两江上游,处于世界三大岩溶地区之一的中国西南岩溶地区的中心腹地,喀斯特面积占全省土地面积的61.9%,是世界上喀斯特地貌发育最为典型的地区之一。③ 由于长期的人口压力增长,全省土地资源开垦过度,水土资源功能减弱,最后导致水土流失和石漠化的现象,迄今已成为全国石漠化面积最大、等级最齐、程度最深、危害最严重的省份。这种危害将会威胁到人类的可持续生存,所以实施生态移民可以将这部分生态脆弱区的贫困人口转移出

---

① 陈政:《贵州扶贫生态移民工程实施中的问题和路径选择》,《贵州民族报》2013年11月11日。
② 李晓红、孙红、郭蓉等:《贵州集中连片特殊困难地区贫困现状研究》,《生态经济评论》2012年第3期。
③ 王永平、周丕东、黄海燕等:《生态移民与少数民族传统生产生活方式的转型研究——基于贵州世居少数民族生态移民的调研》,科学出版社2014年版。

去，从而减轻迁出地的生存压力，同时能提高贫困人口的生存能力，实现恢复生态环境与脱贫致富"双赢"。

第三，实施扶贫生态移民（易地扶贫搬迁）可以确保"两江"流域的生态安全。长江和珠江流域横跨19个省（自治区、直辖市），人口密集度较高，下游则是中国经济发展最为快速的"长三角"和"珠三角"地带。若长江上游生态环境恶化不仅影响下游地区的生态安全，影响长江流域内的经济发展和人民生活，而且还会影响三峡工程效益的发挥。[①] 贵州省地处"两江"上游地带，其脆弱的生态环境导致的水土流失及石漠化等生态破坏，再加上频繁的人类活动，都将会对中下游地区的生态安全造成严重的威胁。通过此项工程能减少持续的人为破坏，将移民搬离出来也能缓解生态脆弱区的土地压力，有效帮助恢复脆弱的生态系统，防止水土流失和治理石漠化，从而加强中下游地区的生态安全，这不仅有力地促进了贵州省的整体经济社会发展和保持了"天蓝、地净、水清"的生态环境，而且有利于"两江"流域及整个国家的可持续协调发展。

三 实施进程

早在1986年贵州省为解决贫困人口的温饱问题就开始探索生态移民；1996—1997年贵州省在紫云、罗甸、长顺、普安4个县启动了易地扶贫试点工作，据不完全统计，1994—2000年贵州省共迁移了17817户、85237人[②]，多年的实践为全面实施生态移民工程奠定了坚实的基础。我国于2001年在内蒙古、宁夏、贵州、云南这4个省（区）启动了全国性的以工代赈易地扶贫搬迁的生态移民（试点）工程，贵州作为首批开展生态移民试点区之一，在国家的大力支持下按照"群众自愿、易地安置、量力而行、适当补助"的原则，对居住在生态脆弱区的贫困人口实施自愿搬迁、易地开发。2001—2010年的10年时间，贵州省共投入易地扶贫搬迁资金24.2亿元，其中国家专项资金15.27亿元，

[①] 王放、王益谦：《论生态移民与长江上游可持续发展》，《人口与经济》2003年第2期。
[②] 冉茂文：《移民搬迁时解决特困人口温饱问题的有效途径——贵州省移民搬迁成效、经验、问题与对策措施》，《贵州民族研究》2001年第2期。

省级配套资金1.97亿元，地县配套3.91亿元，群众自筹2.84亿元，累计完成了8.78万户、38.27万贫困人口的易地搬迁扶贫任务。① 2012年，贵州省启动扶贫生态移民工程，将生活在自然条件恶劣地区的不适宜"就地扶贫"的群众搬迁出来，根本摆脱贫困的"帽子"。

2012年7月，贵州省召开"扶贫生态移民工程推进大会"，决定将移民规模从原定的150万人增加到200万人，并积极开展相关的摸底、调查与核实工作。② 从2012年起，贵州省根据扶贫生态移民相关规划和实施方案的内容和要求，以居住在生态环境脆弱、生态区位重要、自然条件恶劣区域的贫困人口为搬迁对象，以自然村和村民小组为单元实施整体搬迁，并以城镇、产业园区为主进行集中安置。③

"十三五"以来，贵州全面贯彻落实党的十八大、十九大和十八届三中、四中、五中全会以及中央扶贫开发工作会议精神，深入贯彻习近平总书记新时代中国特色社会主义思想，牢固树立并切实贯彻创新、协调、绿色、开放、共享的新发展理念，按照党中央、国务院关于打赢脱贫攻坚战的决策部署，把精准扶贫、精准脱贫作为基本方略，大力实施"大扶贫"战略行动，坚持把易地扶贫搬迁作为脱贫攻坚的"当头炮"和重中之重，聚焦深度贫困地区贫困人口脱贫解困问题，牢牢把握"搬迁是手段、脱贫是目的"的根本要求，围绕"搬得出、稳得住、能就业、有保障"，加强组织领导，加大投入和实施力度，大胆探索、勇于创新，创造性地提出了易地扶贫搬迁"六个坚持"基本路径和后续扶持"五个体系"，走出了一条独具贵州特色，又具广泛借鉴价值的易地扶贫搬迁新路，取得了突出成效。

四 "十三五"以来的发展状况

"十三五"以来，贵州处于决战脱贫攻坚、决胜全面小康的关键阶

---

① 金莲、王永平、黄海燕等：《贵州省生态移民可持续发展的动力机制》，《农业现代化研究》2013年第4期。
② 吴纪树：《生态移民若干法律问题初探——以贵州省"扶贫生态移民工程"引入》，《公民与法》（法学版）2013年第2期。
③ 王应政、戴斌武：《民族地区生态移民社会适应性研究——以贵州扶贫生态移民工程为例》，《贵阳学院学报》（社会科学版）2014年第9期。

段，作为脱贫攻坚重中之重的易地扶贫搬迁也进入贵州有史以来任务最繁重、最艰巨、最紧迫的阶段。这一时期，贵州立足自身实际，全面贯彻落实党中央、国务院新时期易地扶贫搬迁的决策部署，在全国率先打响易地扶贫搬迁"第一炮"，全力打赢易地扶贫搬迁硬仗，对居住在深山区、石山区、高寒山区、石漠化区等生存环境差，不具备基本发展条件和生态环境脆弱，"一方水土养不起一方人"，限制或禁止开发地区的农村建档立卡贫困人口，以及同一自然村寨中需要同步搬迁的非贫困人口实施易地搬迁。易地扶贫搬迁从根本上改善了贫困群众的资源禀赋，搬迁群众的生产生活条件得到明显提高，有效阻断农村贫困的代际传递，极大地降低了扶贫成本和返贫率，取得了良好的经济、社会和生态效益。

2015 年，贵州全省有贫困人口 493 万人，占全国 8.77%，居全国首位。贫困发生率 14%，比全国平均水平高出 8.2 个百分点，脱贫攻坚任务艰巨，时间紧迫。在加快决战脱贫攻坚、决胜全面小康进程，贵州省将易地扶贫搬迁作为打响脱贫攻坚的"第一炮"和"头号工程"加速推进。2016 年，贵州省人民政府办公厅印发了《贵州省人民政府关于深入推进新时期易地扶贫搬迁工作的意见》，确定"十三五"时期，对居住在"一方水土养不起一方人"地区的建档立卡贫困人口和确需同步搬迁农户实施易地搬迁，搬迁规模为 162.51 万人，其中建档立卡贫困人口 130.47 万。2017 年 10 月，针对深度贫困地区脱贫攻坚实际，贵州省开展了四轮精准摸查，对原规划搬迁人口规模进行了调整，将搬迁规模调整到 188 万人，其中建档立卡贫困人口 150 万人，同步搬迁人口 38 万人，并将搬迁任务控制在三个年度计划内完成。

表 4-1　贵州省"十三五"期间易地扶贫搬迁人口基本情况统计

	合计	2016 年	2017 年	2018 年
搬迁总人口（万人）	187.98	45.00	76.00	66.98
建档立卡贫困人口（万人）	149.70	36.00	68.60	45.10

资料来源：贵州省移民局网站。

从 2016 年至 2018 年，贵州通过实施易地扶贫搬迁工程，帮助 150

万贫困人口摆脱贫困的束缚。其中2017年，搬迁人口达到76万人，建档立卡贫困人口达到68.60万人，是搬迁人口规模最大的一年。截至2019年8月底，累计完成搬迁入住184.5万人，占计划任务的98.1%，剩余3.5万人将在年底前全部完成搬迁。目前，贵州省易地扶贫搬迁贫困人口占全省贫困人口的1/3，占全国搬迁贫困人口的1/6，是全国搬迁规模最大、人数最多的省份。

在易地扶贫搬迁实践中，为加快搬迁进程，贵州在搬迁、安置和资金筹措等方面进行了大胆探索。

（一）采取了以自然村（寨）整体搬迁为主的搬迁方式

"十三五"时期，《贵州省易地扶贫搬迁工程实施规划（2016—2020）》以扶贫部门2014年建档立卡贫困人口规模623万为基础，以扶贫部门多轮精准识别成果为依据，并同时满足迁出地区域条件和搬迁家庭个体条件的人口为搬迁对象，在精准识别搬迁对象的基础上，采取自然村（寨）整体搬迁和分散搬迁相结合的搬迁方式。其中，整体搬迁58.21万人，占35.82%，分散搬迁104.30万人，占64.18%。

2017年10月，贵州省人民政府办公厅印发了《贵州省进一步加大深度贫困地区易地扶贫搬迁力度实施方案》（黔府办函〔2017〕179号），明确在原有规划搬迁人口的基础上，新增搬迁人口35.60万人（建档立卡贫困人口13.74万人），涉及整体搬迁的自然村寨3361个。新增搬迁人口中，14个深度贫困县、20个极贫乡镇、2760个深度贫困村搬迁人口19.93万人，涉及整体搬迁自然村寨1315个；50户以下"组组通公路"难以覆盖村寨搬迁人口11.55万人，涉及整体搬迁自然村寨1818个；2017年因灾房屋损毁已采取临时避让措施搬迁人口4.13万人，涉及整体搬迁自然村寨228个。

（二）采取了以城镇集中安置为主的安置方式

基于土地资源短缺、人多地少矛盾突出的省情实际，2016年8月，《贵州省人民政府关于深入推进新时期易地扶贫搬迁工作的实施意见》指出，坚持以城镇集中安置为主，尽可能引导搬迁群众到有就业条件的城镇、产业园区和旅游服务区集中安置。2016年12月发布的《贵州省易地扶贫搬迁工程实施规划（2016—2020）》明确指出，要根据贵州山区地形地貌特点和资源环境条件,以依托县城、中心集镇、产业园区、旅游景区服务区集中安置为主要形式,同时允许进城务工、投亲靠友分散插花安置。

2017年3月,中共贵州省委、贵州省人民政府发布了《关于精准实施易地扶贫搬迁的若干政策意见》,进一步强调从省情实际出发,对搬迁群众全部实行城镇化集中安置,并以市(自治州)政府所在城市和县城安置为主、中心集镇安置为补充。2017年10月,贵州省人民政府办公厅印发了《贵州省进一步加大深度贫困地区易地扶贫搬迁力度实施方案的通知》,对以市(州)政府所在城市和县城为主实行城镇化集中安置做了进一步明确,同时强调从严控制中心集镇安置、不得在乡村安置。全部实行城镇化集中安置,在全国22个有易地扶贫搬迁任务的省份中绝无仅有,得到了中央和国家有关部门的充分肯定。

到2018年年底,共计建设集中安置点946个,其中县城安置点354个,安置人口1472450人,占78.32%;中心集镇安置点347个,安置人口318315人,占16.93%;其他安置点245个,安置人口89248人,占4.75%(见表4-2)。188万农村人口全部搬迁入住后,市(州)政府所在地城市、县城和中心城镇集中安置人口所占比重达到96.74%,远远高于全国城镇安置人口比重。

表4-2　贵州省"十三五"期间易地扶贫搬迁安置点基本情况统计

	合计	2016年	2017年	2018年
安置点(个)	946	562	251	133
城镇安置点(个)	701	317	251	133
移民住房建设(万套)	44.54	10.39	18.17	15.98
城镇安置人口比重(%)	96.74	88.4	98.8	100.00
集中安置率(%)	99.92	99.68	100.0	100.00

注:①2017年开始除先期启动实施的0.9万中心村安置人口外,全部实行城镇化集中安置和为单位集中建设管理;②年度易地扶贫搬迁工程项目实施期限为18个月。

资料来源:贵州省移民局网站。

（三）实施了资金省级"统贷统还"政策

"十三五"时期，国家将易地扶贫搬迁作为打赢脱贫攻坚战、补齐全面建成小康社会"短板"的重要举措，大幅度提高了易地扶贫搬迁工程投资标准，规划搬迁1628万人，总投资9463亿元，人均投资5.81万元，并对建档立卡贫困人口和同步搬迁的非贫困人口住房建设补助实行差别化政策，其中建档立卡贫困人口人均住房建设补助达到3.15万元（其中自筹约0.22万元）。贵州搬迁人口规模由2012—2015年年均搬迁15万人左右迅速扩大到年均60万人左右，人均投入水平由2万元迅速提高到5万元以上，易地扶贫搬迁面临巨额资金筹措压力。为解决贫困地区地方政府长期以来配套资金的困难和筹资压力，集中精力抓好搬迁工作，根据"中央统筹、省负总责、县抓落实"的管理体制，"十三五"时期，贵州省政府实施资金省级"统贷统还"政策，通过市场化运作的投融资主体承接金融机构贷款，专项用于易地扶贫搬迁工程建设并承担还款职责，将筹资压力和责任集中在省一级。易地扶贫资金坚持专户存储、专账核算、封闭运行、物理隔离。省级统贷统还，既降低了投融资成本，又加大了资金的统筹、调控力度，规范了资金管理和使用，提高了资金使用效益，保障了资金安全运行。截至2019年1月底，贵州扶贫开发投资有限责任公司共承贷省级统筹资金805.29亿元，已划拨805.28亿元，全省累计支付649.69亿元。

第二节 贵州省易地扶贫搬迁的实践成效

多年的易地扶贫搬迁形成了大规模的生态移民，他们的生产生活条件获得明显改善，收入水平和物质文化生活水平明显提高，基础设施条件和基本公共服务能力不断完善。

一 有效缓解贫困

（一）贫困率大幅度下降

杨颖等（2013）整理了1978年改革开放以来贵州省历年的贫困率，从1978年贫困率最高达57.5%到2008年的最低8%左右，但从2008年呈上升趋势是因为2008年以后国家把低收入人口并入贫困人口导致贫困人口增多，2011年后又上升是该年将国家贫困线大幅度提高①，虽然两次国家贫困线标准的调整使贫困率上升，但从最初贵州省探索实施生态移民工程以来，反贫困的效果还是比较明显，如表4-3、图4-1所示。

表4-3　　　　2011—2019年贵州省的贫困发生率与贫困人口

年份	2011	2012	2013	2014	2015	2016	2017	2018	2019
贫困发生率（%）	33.4	26.8	20.6	18	14.3	10.6	7.75	4.3	0.85
贫困人口（万人）	1149	923	768	623	493	372.2	280.32	155	30

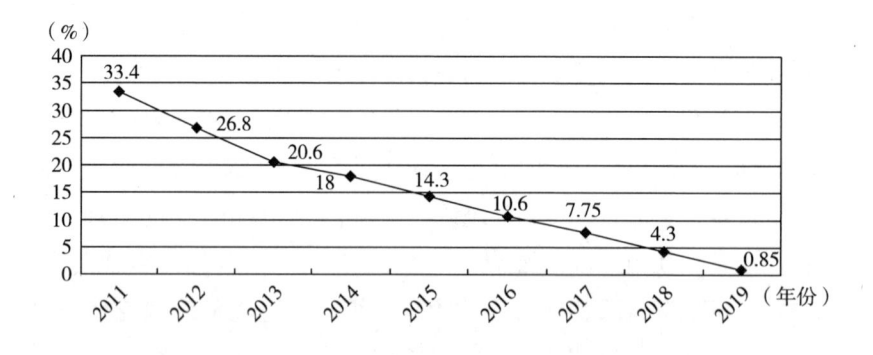

图4-1　2011—2019年贵州省的贫困发生率

2016年1月26日，在贵州省十二届四次会议开幕式上，省委副书记、省长孙志刚总结了过去5年贵州经济增速连续居全国前3位，共减少贫困人口656万人，全面建成小康社会指数提高到82%左右。贵州省宏观战略就是到2020年扶贫攻坚要实现"两不愁、三保障"、"脱贫困、奔小康"的国家扶贫战略，在实施好"336688"扶贫攻坚行动计划的基础上，在2017年和2020年两个时间节点上，确保完成减贫增收和"贫困退出"、贫困地区基本公共服务主要领域平均指标达到西部地

---

① 杨颖、胡娟：《贵州扶贫开发成效、历程及挑战思考》，《开发研究》2013年第2期。

区平均水平以上的阶段目标。

事实上，2011年以后，按照2300元的扶贫标准，贵州有贫困人口1149万人，贫困发生率33.4%，占全国近9.4%。从2011年到2019年，贵州省贫困发生率和贫困人口不断下降，从图4-1和图4-2可以看到下降速度非常快，易地扶贫搬迁作为最主要的扶贫方式之一，在其中也做出了巨大的贡献。

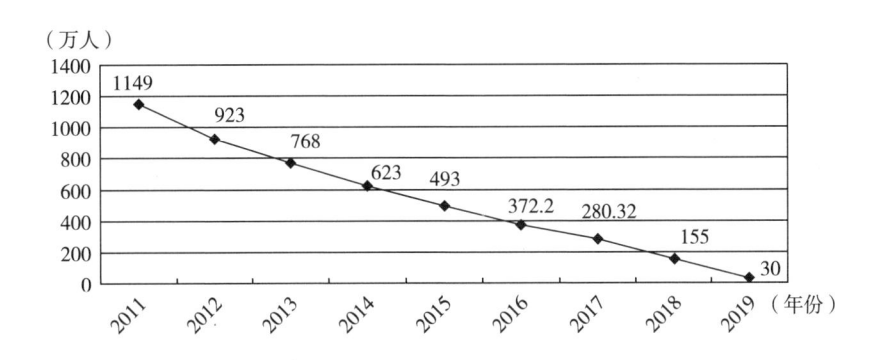

(万人)

年份	贫困人口
2011	1149
2012	923
2013	768
2014	623
2015	493
2016	372.2
2017	280.32
2018	155
2019	30

图4-2 2011—2019年贵州省的贫困人口

(二) 贫困人口经济状况得到改善

生态移民工程选择合适的迁入安置点，目的是改善贫困移民的生产生活条件。2001年到2010年10年间调整和新增耕地1.43万公顷，修建乡村公路3098.19千米，解决46.48万人的饮水困难问题，架设输电路线2190.87千米，建设沼气池21945口，建设以砖混结构为主的住房及附属设施508.36万平方米，并配套建设了道路硬化、农贸市场、公共服务等基础设施。[①] 自2012年实施扶贫与生态移民结合的工程，贵州省的农村人均纯收入分别为：2013年5434元、2014年6671.22元、2015年7386.87元，增长率分别为14.3%、13.1%、10.7%，生态移民的对象为贫困农户，可见贫困农户的经济收入逐年在增加。生态移民工程引导农户发展特色农业产业，并进行相关技术培训，依托小城镇和

---

① 王永平、陈勇：《贵州生态移民实践：成效、问题与对策思考》，《贵州民族研究》2012年第5期。

旅游业从事经商、旅游服务等第二、第三产业，移民的收入来源不再局限于单一的种植业收入，还有其他多途径的收入，这不仅使移民自身能力得到了锻炼、视野拓宽了，还帮助移民改善艰苦的生活，加快了脱贫致富的步伐。同时，新安置点大多是基础设施相对具备的经过合理规划的适宜移民居住的小城镇，已节省了扶贫开发的巨大成本，如修建道路、提供水电、医疗、教育等。生态移民从根本上解决了贫困人口再次获得生存权利的问题，也使生存条件得到了大幅度的改善。

通过易地扶贫搬迁，一是极大地改善了移民的生活条件。曾经居住的土木房、木质房、土坯房甚至是茅草房，换成了现如今由政府统一规划的砖混结构住房。靠近便利的城镇安置，共享了城镇的水、电、路、通信等基础设施和医疗、教育等公共服务，有效解决了贫困人口吃水难、行路难、用电难、住房难、就医难、上学难等问题。特别是移民子女在城镇上学和生活，与城镇居民子女站在同一起跑线上，为从根本上阻断贫困代际传递创造了条件。经测算，与"十二五"时期相比，"十三五"时期，搬迁人口平均占有校舍面积扩大了10倍，公共卫生室、文化娱乐公共设施扩大了近3倍。二是极大地改善了移民的生产条件。易地扶贫搬迁将生活在生态环境脆弱区的贫困人口转移到生产要素更加齐全、生活条件更加便捷的区域，生产条件发生质的变化，与移民的生产方式转型不谋而合，极大地促进了移民的转产转业，部分移民依托小城镇、产业园区或旅游景区从事第二、第三产业，收入来源由搬迁前单一的种养业逐步向加工业、运输业、服务业、商贸业、劳务输出等行业多元化转变，收入大幅增长，加快了脱贫致富奔小康的步伐。

二　提高人口素质

生态移民文化教育素质程度低是由多方面因素造成的：第一，落后的贫困地区缺乏体系完善的教育资源；第二，贫困农户自身受教育程度低（如文盲），对孩子的教育不重视；第三，贫困户的经济条件差，在连温饱问题都无法解决的情况下不会再考虑其他费用开支；第四，其他因素，如传统文化、语言障碍等都会影响贫困人口无法接受教育，从而受教育程度低。扶贫生态移民工程不仅要改善生态环境，更重要的是改善人口质量，人力资本是提高人口质量的一个重要因素，而教育普及则是提高人力资本的有效途径。该工程将生态移民从封闭落后、环境恶劣的深山区等搬迁至小城镇安置点,周围的基础配套设施(如交通、用水、医疗、教育、网络等)相对完善,特别是孩子能上学、上好学,移民也能享受文化、技能培训,教学普通话,参与社区文化活动交流,这不仅提高了贫困移民人口素质,而且提升了全国人口质量。

特别是"十三五"时期以来,贵州省坚持城镇集中安置,坚持以岗定搬、以产定搬,为生态移民的就业和多渠道增收提供了条件,确保了生态移民进城后的生计和后续发展。由于生态移民文化素质普遍偏低且技能单一,进入非农产业就业存在许多客观制约因素。政府部门在移民相对集中居住的城镇和园区,结合工业园区、农业园区、特色产业、民贸民品企业等用工需求,整合政府公共财政支持的培训项目、移民安置点各类职业院校、培训机构和吸纳移民就业企业的培训资源,提供多种免费教育和培训项目,开展不同层次的技能培训,使他们掌握适应就业的劳动技能。通过就业创业技能培训,为移民搭建了认识和接受新事物的平台,使他们逐步树立开放发展的意识,提升了移民自我发展能力,增强了移民自身"造血"功能。根据"教育培训一人、就业创业一人、脱贫致富一户"目标,贵州省围绕县内各类企业用工需求和产业发展实际,以及移民意愿,有针对性地做好移民的就业创业培训,努力提升移民的就业技能和创业能力,确保移民在安置地有业可就,有事可做,有钱可赚。2016 年,贵州易地扶贫搬迁首战告捷,对 45 万农村人口实施易地搬迁,建成 562 个安置点,劳动力培训 9 万余人次,户均实现就业 1.54 人[①]。2018 年 11 月底,安置点移民实现就业 18.87 万人,就业率 78.13%,户均就业 1.84 人。

三 改善生态环境

贵州省的森林资源虽然富集,但由于贫困集中,两者之间的矛盾导致了"资源富集—贫困集中—生态脆弱""贫困陷阱"悖论[②],而生态

---

① 《贵州易地扶贫搬迁的"绿色小镇"样本》,《新京报》2017 年 10 月 9 日。
② 陈卫洪、漆雁斌:《喀斯特贫困地区生态建设与林业可持续发展对策研究——以贵州省为例》,《林业经济》2012 年第 11 期。

脆弱地区也基本上是喀斯特地貌区，其水土流失、石漠化等自然灾害频发，可当地贫困人口为了生存必须依靠"天降水地种食"，使土地越垦越荒、越荒越穷导致的人地矛盾使当地贫困人口无法再继续生存下去。将生态移民搬迁出生态脆弱区后，缓解了人口与资源的矛盾，有利于退耕还林、还草，调整土地利用结构，促进生态系统的良性循环。自2001年到2010年实施的生态移民工程期间，贵州累计实施退耕还林117.3万公顷，其中退耕造林43.8万公顷，荒山造林73.8万公顷等；"十二五"时期贵州省坚守"生态"与"发展"两条底线，是生态建设成效最好的五年，完成营造林144万公顷，治理石漠化面积82.7万公顷，森林覆盖率超过50%。① 该工程的实施有效保护和恢复了生态移民迁出地的生态系统，也推进了贵州省生态文明示范区的建设。

就目前来看，将居住在生态脆弱的深山区、石山区、石漠化严重地区的贫困人口迁移出来，不仅大大减轻了人类活动对生态环境的破坏，提高了迁出地的生态承载力，而且还缓解了人口、资源和环境的矛盾，有效修复了生态系统。旧房拆除后对空基地进行复垦复绿，开展生态修复，提高了生态系统的稳定性，有效遏制迁出区生态恶化趋势，搬迁脱贫和生态修复"双赢"效果日益显现。截至2018年11月底，贵州省2016年项目签订旧房拆除协议7.9万户、拆除旧房7.6万户，旧房拆除率96.21%，已复垦宅基地6.67万户，占拆除旧房户数的87.76%。

四 加强民族和谐

贵州是个多民族聚居的地区，少数民族由于历史、文化等原因多聚居在偏僻的深山区、石山区等，没有完善的交通、水电、医疗、教育等基础设施，经济发展落后，所以少数民族人口中贫困人口所占的比重远高于全省平均水平。据统计，在全省农村贫困人口中少数民族约占60%，少数民族长期居住在封闭偏远的生态脆弱地区，几乎很少与外界进行交流，所以本族单一的传统文化与语言使各族人的封闭、防范意识较强。扶贫生态移民工程的实施将不同民族的人安排到同一安置点，其房屋建筑风格继续模仿少数民族原先的建筑结构，加强社区管理，安排

---

① 《贵州省国民经济和社会发展第十三个五年规划纲要》，《贵州日报》2016年2月17日。

开展社区活动、文化交流等形式将少数民族融入新环境,这样有利于各民族之间的友好团结。因此,实施易地扶贫搬迁工程,不仅促进了生态脆弱区生态保护和少数民族地区发展,而且使搬迁群众在迁入区与其他各民族群众不断交流融合、增进感情、团结奋斗、共同繁荣,促进了民族团结和社会和谐。

进入"十三五"时期,贵州省加速移民的社区融入,积极推进以社区为空间单元的基本建设,构建基本公共服务体系,确保了搬迁群众享有同等城市配套、同等公共服务、同等市民待遇;丰富搬迁群众的文化生活,增加社会互动,提高搬迁群众的归属感和自我认同,加速融入新社区;通过科学化、网络化、规范化、立体化"四化"建设完善社区治理体系,实现政府、社区和搬迁群众的良性互动。全省各地移民社区景象和谐生动、移民生活安康幸福、社会和谐氛围日益深厚。

五 助推新型城镇化发展

长期以来,贵州省小城镇经济基础薄弱,基础设施条件差,缺乏产业支撑,不具备各城镇化发展必备的"人气"和"商气",小城镇建设发展动力不足,城镇化水平一直处于全国末端位置。[①] 贵州省"十二五"时期,以"大力推进工业强省和城镇化带动战略"作为全面实现小康建设目标的阶段性战略后,正式提出"城镇化"是实现跨越发展、后发赶超的两大战略之一,而实现推进城镇化的途径就是实施扶贫生态移民工程。该工程将生活在条件恶劣的环境下的贫困人口搬迁至条件相对更好的城镇或产业园区等集中安置,实现了农村贫困人口向城镇转移,让贫困人口能够享受到公共服务,提高人口素质,2015年调研数据显示,通过园区、公益性岗位、外出打工和自主创业等就业的移民占69.4%;还能促进城乡协调发展,推动城镇基础设施建设,壮大城镇规模,增强城镇经济活力,加快城镇化发展步伐。

"十三五"时期以来,贵州省以建档立卡贫困人口为主的农村人口搬迁到以市(州)政府所在城市和县城为主进行城镇化集中安置,在

---

① 王永平、陈勇:《贵州生态移民实践:成效、问题与对策思考》,《贵州民族研究》2012年第5期。

缓解人多地少矛盾的同时，促进了城镇经济要素集聚，推动了城乡融合发展，斩断了贫困代际传递的根源。一是通过易地扶贫搬迁和城镇化"二合一"的发展模式，使人口和资源逐步向城镇聚集，给小城镇注入了内生动力，增强了城镇活力，壮大了城镇规模，加快了贵州省小城镇的发展进程；二是通过鼓励移民积极发展农产品加工、商贸流通、餐饮服务、交通运输等产业，推动了城镇第二、第三产业发展，繁荣了市场，促进了移民的就业与增收，提升了城镇化的发展质量；三是随着新型城镇化进程的加速推进，移民社区变成有动力、有活力、有贡献的城镇社区，移民成为有收入、有信心、有尊严的"城里人"，移民在享受城镇的优质资源之余，同时也促进了自身的市民化进程，进一步助推城镇化的高质量发展，实现"双赢"。"十三五"时期以来，贵州省共建设集中安置点946个，其中县城集镇安置点701个，安置搬迁人口179万人，占95%。截至2018年，年底全省已完成搬迁入住123万人，占搬迁人口总规模的65.43%，其中114万搬迁到城镇，提高全省城镇化率约3个百分点。"十三五"时期的188万人全部完成搬迁，将为全省提高城镇化率贡献约5个百分点。

第三节 贵州省易地扶贫搬迁的现实挑战

贫困与发展是贵州省发展的两大挑战，经济贫困和生态贫困又是面临的两大难题，这意味着生存和生态是贵州发展面临的一对难以化解的矛盾，生态恶化和贫穷落后两大问题一直困扰着贵州省的生态移民。经济发展长期落后，工业化、城镇化、第三产业发展相对缓慢以及人口增长较快，即使是居住在偏僻山区的农民为了解决温饱问题，不得不大肆开发环境资源，对原本生态脆弱区的生态系统持续破坏，最后造成生存困难。扶贫生态移民工程（易地扶贫搬迁）的实施使大部分生存苦难的贫困人口脱贫，也使迁出地的生态环境得到了改善。因此，易地扶贫搬迁不仅是一项社区再造和重建工程，更是一项人口分布、资源环境、经济社会重新调整和完善的系统工程，不仅涉及安置住房、基础设施和

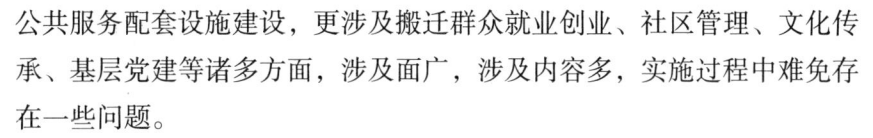

公共服务配套设施建设，更涉及搬迁群众就业创业、社区管理、文化传承、基层党建等诸多方面，涉及面广，涉及内容多，实施过程中难免存在一些问题。

一 移民可持续发展面临挑战

易地扶贫搬迁，搬迁是手段，扶贫是目的。如何解决后续问题，保证搬迁移民生计可持续发展是当务之急，也是巩固脱贫成果的关键内容。目前，贵州省已经从政策层面对搬迁任务完成后的后续发展作出了总体战略安排，但由于涉及基本公共服务、培训就业、文化、社区治理及基层党建等众多内容，需要投入大量的人力、物力和财力，任重而道远。此外，移民搬迁后出现了一些阻碍移民后续发展的现实问题，如就业问题和公共服务配套问题最为突出，使移民后续发展面临挑战。第一，移民就业能力与就业岗位需求不匹配。搬迁后，传统的农业生计模式因生产环境变化而失效，城镇经济发展所需的"非农"技能缺失，移民的农业生产技能与迁入地"非农"就业岗位需求不匹配。第二，产业发展现状与就业岗位创造不匹配。贵州工业化和城镇化水平长期落后于全国平均水平，产业基础较为薄弱，支柱产业尚未形成，有些地方呈现"一产弱、二产缺、三产虚"的现象，就业带动能力弱，无法提供足够的就业岗位，后续发展缺乏产业支撑。第三，就业培训内容与现实需要不匹配。一方面，移民培训动力不足，培训积极性不高，难以提升就业技能；另一方面，由于培训内容单一、培训时间较短、培训质量不高，造成培训无法满足移民的技能提升需求，培训效果大打折扣，无法满足就业的技能需要。第四，公共服务配套与移民需求不匹配。受资金筹措能力限制，公共服务配套存在建设滞后、供给不足及标准不高等问题，主要实现以"通路、通水、通电"为特征的基本服务设施，而与提升移民生活质量息息相关的社区文体广场、便民摊点、幼小初高学校、医院等社区便民设施和外部配套设施等建设水平较低，未能满足移民需求。

二 社会融入面临挑战

贵州少数民族和民族地区贫困问题尤为突出，在全省50个国家扶贫开发工作重点县中，有36个属民族自治地区，在100个一类扶贫开发工作重点乡镇中,有79个属民族自治地方或民族乡,民族地区贫困人口占全省贫困人口的60%以上。① 少数民族自古以来就有特殊的传统文化习俗,其建筑房屋、风俗习惯、文化活动、语言沟通等都非常独特,而且少数民族地区又基本都聚集在深山区和石山区,以种植业和养殖业为主,习惯了"土里刨食""靠天吃饭",文化素质低,劳动技能单一,但满足于自给自足的小农经济状态。所以,当搬迁出原居住地到新安置点,没有地可耕,没有牛羊可养,任何消费包括看电视都需要花钱,生活成本急增。因有着特殊的文化习俗,比如饮食方面,回族人不吃猪肉;传统节日方面,苗族的"吃新节",布依族的"六月六",彝族的"火把节"等,不同的少数民族生态移民与当地居民的习俗习惯存在差异,因此一开始很难快速融入新环境,容易产生在生活、生产、交际等各方面的不适应。

此外,社会学原理中写道,人一旦从一种熟悉的社会关系网中脱离而置身于完全陌生的环境里,必然会产生心理上的孤独感、情绪上的焦虑感、生产生活上的陌生感、社交往来的不安全感和生存环境上的非认同感。② 生态移民多为长期居住在生态脆弱且经济落后的贫困山区的农民,本身这些农民移民很少去外面进行社会交流,思想观念传统保守,文化教育程度较低,产生这些负面的感觉必然会对新环境产生不适应,如生活质量虽然得到改善但消费成本增加了,生活习惯不同又一时无法改变去适应,社会交往出现语言沟通障碍,文化差异与当地习俗不融合等不适应的现象,特别是贵州省是个多民族融合的省份,各民族之间的生活习惯、文化信仰都不一样,并且"故土情结"根深蒂固,搬迁至新环境后心理会产生较大的落差感,因此生活水平的提高与改善需要很长一段时间来适应,这样会导致移民的社会适应性弱,加大了扶贫工作的难度。

"十三五"时期以后,更多的生态移民搬迁到城镇,带来的社会融

---

① 陈政:《贵州扶贫生态移民工程实施中的问题和路径选择》,《贵州民族报》2013年11月11日。

② 王应政、戴斌武:《民族地区生态移民社会适应性研究——以贵州扶贫生态移民工程为例》,《贵阳学院学报》(社会科学版)2014年第9期。

入问题更为突出，生态移民完全融入城镇、适应城镇生活成为"市民"需要较长的适应期，快速融入存在较大障碍。第一，生产生活的重大变迁使移民在短期内无法实现生产方式和生活方式的迅速转型，阻碍移民社会融入的顺利过渡。第二，移民搬迁后，面临原有的社会网络被打破以及构建全新社会网络的现实，但由于搬迁初期解决生计问题首当其冲，移民难以主动适应并投入精力重新构建移民的亲属关系、邻里关系、与当地居民的居民关系及干群关系等内外部人际关系，被动适应过程延缓其社会融入的进程。第三，由于对文化和心理适应问题重视不够，社区治理过程没有更多地注意到因文化传统、宗教伦理、价值观发生变化所致的复杂的社会问题。总而言之，移民搬迁不仅仅是区位上的变迁，更重要的是身份的变迁，而移民社会融入是移民"市民化"进程的关键动力，是推动移民后续发展的社会基础，因此，必须举全社会之力做好移民社会融入工作。

三 迁出区重建面临挑战

移民搬迁后，迁出区主要面临两大困境。一是移民原有住房拆除和宅基地复垦不顺利。因面临诸多不确定因素，不同意或不履约拆除原有住房和不进行宅基地复垦的情况普遍存在，如因缺乏谋生手段，不得不继续耕种原有土地的；因念乡念土，不舍得原住地的；因缺少一定的人力、物力和财力投入，无法实施宅基地复垦。这些问题影响了旧房拆除和宅基地复垦的顺利进行，延误了利用土地增收的时机，更阻碍了自然村寨的生态恢复。二是"承包地、林地、宅基地"三块地盘活不畅。实施易地扶贫搬迁的区域都是自然生态环境脆弱的深度贫困村寨，土地破碎、水利基础设施薄弱，生产环境恶劣，土地流转难度大；再加上贵州现有的农业产业化龙头企业、农民合作社、专业大户、家庭农场等新型农业经营主体发展水平低，辐射带动能力弱，难以覆盖所有自然村寨，无法承接土地流转的重任。这些问题若不能及时解决，迁出地的生产生活环境、自然生态修复将大打折扣，迁出地和迁入地政府、移民群众等都会陷入不断处理移民后续管理的繁杂事务中，甚至出现社会发展中最新的政策与当时搬迁政策衔接不上等问题，势必影响易地扶贫搬迁的最终效果，影响迁出地乡村振兴工作的实施。

本章小结

　　本章在全面介绍易地扶贫搬迁基本情况的基础上,总结了贵州省易地扶贫搬迁的实践成效,并提出了贵州省易地扶贫搬迁面临的现实挑战。贵州省2020年与全国同步全面建成小康社会的"软肋"在于生态环境脆弱区的贫困农户,全面建成小康社会之重点和难点在于易地扶贫搬迁的实施。易地扶贫搬迁作为一项非常重要的反贫困措施,对于降低贫困发生率,减少贫困人口,改善贫困人口生活质量,加强民族团结,促进小城镇发展,加快迁出地脆弱的生态环境的恢复等,都具有非常重要的作用。但是,大规模生态移民的迁出必然也会引发一些问题:生态移民可持续发展问题、社会融入问题及迁出区重建问题等,这些问题的存在使生态移民实现可持续发展面临现实挑战。不过,总体看来,虽然易地扶贫搬迁存在一些问题,未能取得全部的扶贫效益,但在整个实施推进过程中,成效还是显著的,特别是对帮助贫困人口脱贫、改善恶劣的生存环境做出了极大贡献。

第二篇　生态移民可持续发展评价

第五章

生态移民可持续发展总体状况[①]

第一节 贵州省生态移民基本特征

2015年5月调研获取400份有效样本。400户生态移民家庭分布在不同的区域,被调查的农户具有不同的区域特征、年龄特征、性别特征、文化程度特征、家庭身份特征和家庭人口规模特征,在对生态移民可持续发展状况进行描述之前有必要对其家庭及家庭成员的基本情况进行描述。

一 区域特征

400户生态移民家庭分布在全省九个区县市,其具体分布情况如表5-1所示。由表5-1可知,样本分布基本均匀,仅荔波样本数较小,主要是剔除了无效问卷后的结果。

表5-1　　　　　　　　生态移民区域分布情况

区域	开阳	黎平	荔波	六枝	石阡	西秀	兴义	余庆	织金
样本数(个)	46	37	35	48	50	47	48	44	45
百分比(%)	11.50	9.25	8.75	12.00	12.50	11.75	12.00	11.00	11.25

[①] 本章使用的是2015年5月的调研数据,对400份有效问卷进行认真筛选,最后确定400个样本进行本章分析。

以上九个县区市是从全省所有实施生态移民的县区市中挑选出来的典型代表,这些县区市的生态移民工程均是从2012年开始启动的,并且在实施过程中取得了一定的成效并且发挥了一定的示范效应,与那些工程实施较晚、较不成熟的区域相比,这些区域具备开展生态移民可持续发展评价的条件,在这九个区域进行问卷调查获取的一手数据具有较强的说服力。

二 性别特征

400户移民家庭的受访者中,男性257人,占64.25%;女性143人,占35.75%。从男性和女性的分布来看,男性占绝对优势,主要是因为我们的调查对象是移民家庭的户主,而户主多为男性,如果男性户主不在家才选择其配偶作为访谈对象。在农村,男性户主通常对家庭的情况更为了解,能够获得更为准确的家庭信息。

三 年龄特征

从受访者的年龄分布来看(见表5-2),受访者在不同年龄段都不同程度地分布着,其中大多数受访者处于30—40岁及40—50岁这两个年龄段,分别占总样本数的27.75%和26.25%;50岁以上受访者占总样本数的32.5%,约占总样本的三成,这与现实也较为符合,因为在调查中发现有许多移民家庭中的年轻人外出打工,家中剩下老人和孩子。

表5-2　　　　　　　　生态移民年龄分布情况

年龄	20岁以下	20—30岁	30—40岁	40—50岁	50—60岁	60—70岁	70—80岁	80岁以上
样本数(个)	3	51	111	105	60	42	26	2
百分比(%)	0.75	12.75	27.75	26.25	15.00	10.50	6.50	0.50

四 文化程度特征

我们将文化程度从文盲到大学分成六类,其中,初中文化程度受访者人数最多,为167人,占总样本数的41.75%;小学文化程度的受访者居于第二位,为108人,占总样本数的27.00%;文盲受访者的比例排在第三位，为 81 人，占总样本数的 20.25%；高中以上文化程度的受访者共 44 人，仅占总样本数的 11.00%（见表 5-3）。从文化程度分布看，受访者的文化程度多在初中及以下，文化程度呈现总体偏低的状况。

表 5-3　　　　　　　　生态移民文化程度分布情况

文化程度	文盲	小学	初中	高中（含中专和职中）	大专	大学
样本数（个）	81	108	167	33	9	2
百分比（%）	20.25	27.00	41.75	8.25	2.25	0.50

五　家庭身份特征

受访者在家庭中的身份分为男户主、女户主、男户主配偶、女户主配偶及其他，其中，男户主有 218 人，占总样本数的 54.50%，达到一半以上（见表 5-4）。

表 5-4　　　　　　　　生态移民家庭身份分布情况

身份	男户主	女户主	男户主配偶	女户主配偶	其他
样本数（个）	218	31	83	6	62
百分比（%）	54.50	7.75	20.75	1.50	15.50

六　家庭人口规模特征

受访者家庭多为五口之家，占总样本数的 31.25%；其次为四口之家，占总样本数的 29.25%；家庭人口规模超过 10 人以上的大家庭有 6 户；只有 1 个人的家庭有 3 户。全部样本家庭的平均人口规模为 4.80 人。

表 5-5　　　　　　　　生态移民家庭人口数量分布情况

家庭人口数量	1	2	3	4	5	6	7	8	9	大于 10
样本数（个）	3	12	50	117	125	47	24	10	6	6
百分比（%）	0.75	3.00	12.50	29.25	31.25	11.75	6.00	2.50	1.50	1.50

一个家庭拥有的劳动力数量对其家庭的后续发展也非常重要,在全部样本家庭中,拥有2个劳动力的家庭最多,占总样本数的54.75%;其次是拥有3个劳动力的家庭,占总样本数的16.25%。这个结果与家庭人口规模的分布是吻合的。在全部劳动力中,有1个男性劳动力的家庭有237户,占总样本数的59.25%;有2个男性劳动力的家庭有122户,占总样本数的30.50%(见表5-6、表5-7)。

表5-6　　　　　　　生态移民家庭劳动力数量分布情况

劳动力数量	0	1	2	3	4	5	6	大于7
样本数(个)	8	44	219	65	48	10	3	3
百分比(%)	2.00	11.00	54.75	16.25	12.00	2.50	0.75	0.75

表5-7　　　　　　　生态移民家庭男性劳动力数量分布情况

劳动力数量	0	1	2	3	4	5
样本数(个)	18	237	122	17	4	2
百分比(%)	4.50	59.25	30.50	4.25	1.00	0.50

以上从六个方面对样本移民的基本特征进行了详细的描述,从这些描述中,我们发现样本数据有少量的缺失,但并不影响样本的合理性,从六个特征来看都与贵州农村现实的情况基本吻合,说明所收集的数据质量较好,完全可以为后续的研究提供真实的支撑。

第二节　贵州省生态移民可持续发展现状

生态移民从原居住地搬迁到新安置点以后,其生产生活方式都会发生变化,随着生产生活方式的变化,与其相关的社会环境、文化环境、就业方式等方面都会发生改变。欲想了解生态移民的可持续发展状况,就必须对其现有的生产、生活、就业、就学、就医等方面的状况进行清楚的分析。本节就从生态移民家庭收入水平、家庭消费水平、家庭债务负担、就业状况、培训状况、子女就学状况及医疗卫生状况七个方面开展描述性分析。

一 移民家庭收入水平

生态移民家庭搬迁以后,生活水平是否得到改善,其最直观的衡量指标就是家庭的收入水平。由于样本家庭是在2012年实施生态移民搬迁的第一批农户,经过约三年的安置点生活,其收入水平可以反映样本家庭在安置点的生活水平。问卷中我们将收入分成五个档次,即2700元以下、2701—5000元、5001—7500元、7501—10000元以及10000元以上,样本家庭具体的收入分布情况见表5-8。

表5-8　　　　　　　生态移民家庭年人均收入分布

收入	2700元以下	2701—5000元	5001—7500元	7501—10000元	10000元以上
样本数（个）	95	90	51	61	103
百分比（%）	23.75	22.50	12.75	15.25	25.75

由表5-8可知,样本移民家庭似乎存在着比较严重的两级分化现象,家庭年人均纯收入达到10000元以上的家庭有103户,占总样本数的25.75%；但家庭年人均纯收入低于2700元以下的也有95户,占总样本数的23.75%。但从总体来看,家庭年人均纯收入在5000元以下的家庭共有185户,占总样本数的46.25%,基本占总样本家庭的一半,可以认为,约半数家庭在移民搬迁后的收入水平处于中等以下。

无论收入水平是高还是低,其收入构成都是多方面的。从生态移民家庭自身的特征来看,这些移民家庭的收入主要由农业收入、非农业收入和某些后期扶持资金或政府救济补助构成,具体情况见表5-9。由表5-9可知,绝大多数移民家庭其收入有一半以上来源于非农收入,占总样本数的82.25%；只有49户移民家庭收入有一半以上来源于农业收入,仅占总样本数的12.25%。从数据本身来看,生态移民家庭搬迁后的收入来源是非常正常和合理的,因为失去土地、远离土地,收入来源必然会从农业收入转向非农业收入,但是这种转变也不排除是在搬迁前就已经发生了的,因为随着外出打工群体的不断增加,收入构成中非农业收入可能一直占有绝对的优势,所以很有可能这种收入构成并非完全是由于生态移民搬迁引起的,仅仅部分移民家庭收入构成的改变是由于搬迁引起的,这个问题应该清楚地认识。

表 5-9　　　　　　　　生态移民家庭收入构成情况

收入变化	农业收入占一半以上	非农业收入占一半以上	农业收入和非农业收入各占50%	主要靠后期扶持资金或政府救济补助
样本数(个)	49	329	14	8
百分比(%)	12.25	82.25	3.50	2.00

那么,与搬迁前相比,这些移民家庭认为自己的收入发生了什么变化?我们给出了五个选项:上升很多、略有上升、没有变化、略有下降和下降很多,具体的分布情况见表 5-10。由表 5-10 可知,选择家庭收入水平没有变化的移民家庭最多,有 173 户,占总样本数的 43.25%;选择家庭收入水平略有上升的移民家庭共有 115 户,占总样本数的 28.75%,排在第二位;选择收入水平上升很多的移民家庭有 50 户,占总样本数的 12.50%,排在第三位。可以发现,大多数移民对家庭收入水平的变化是向好的,超过 40% 以上的移民家庭认为自身的家庭收入水平是略有上升或上升很多的;而认为收入水平略有下降或下降很多的家庭还是居于少数的,仅占总样本数的 15.50%。

表 5-10　　　　　　　生态移民家庭收入水平变化分布

收入变化	上升很多	略有上升	没有变化	略有下降	下降很多
样本数(个)	50	115	173	46	16
百分比(%)	12.50	28.75	43.25	11.50	4.00

此外,大多数移民家庭在安置点的生活也没有因为生活成本的上升使收入无法满足生活所需(见表 5-11)。由表 5-11 可知,表示不能满足基本生活所需的移民家庭有 102 户,占总样本数的 25.50%;表示基本能满足的移民家庭最多,有 253 户,占总样本数的 63.25%;当然还有 45 户占总样本数 11.25% 的移民家庭表示现有的家庭收入不但能满

足基本生活所需甚至还有部分剩余。

表5-11　　　　　生态移民家庭收入满足基本生活所需的情况

收入变化	有满足且有部分剩余	基本能满足	不能满足
样本数（个）	45	253	102
百分比（%）	11.25	63.25	25.50

因此，从总体上看，生态移民家庭的收入水平可能由于搬迁时间较短的原因没有立刻体现出较快的增长而显得绝对水平不高，但移民自身对收入水平的主观评价还是比较高的。

二　移民家庭消费水平

对于生态移民家庭来说，搬迁前后消费水平会发生比较明显的变化，搬迁后生态移民家庭从那种"靠天吃天、靠地吃地"的状态改变为城镇居民的生活方式，特别是家庭的基本生活资料从完全自给到必须购买才能获得，生活成本会有明显的提高，消费支出必然随之增大。由表5-12可知，这些移民家庭的回答是较为一致的，其中认为家庭消费支出增加很多的移民家庭有186户，占总样本数的46.50%，排在第一位；认为家庭消费支出略有增加的移民家庭有177户，占总样本数的44.25%，排在第二位；而其余认为家庭消费支出没有变化和略有减少以及减少很多的家庭仅占总样本数的9.25%。可见，生态移民家庭搬迁后的消费支出对其家庭的生活产生了较为明显的影响。

表5-12　　　　　　生态移民家庭消费支出变化情况

消费变化	增加很多	略有增加	没有变化	略有减少	减少很多
样本数（个）	186	177	33	4	0
百分比（%）	46.50	44.25	8.25	1.00	0

让我们再来看看这些生活支出的构成情况，我们询问了样本家庭其生活支出中哪个方面占的比重最大（见表5-13）。由表5-13可知，有213户家庭认为所占比重最大的生活支出是日常生活用品，占总样本

数的 53.25%；排在第二位的生活支出是孩子读书，有 132 户家庭选择这项生活支出，占总样本数的 33.00%；认为生活支出所占比重最大的是赡养老人和看病就医的家庭相差不多，两者共占总样本数的 7.50%；只有 1 个家庭选择了请客送礼。这样的结果与生态移民家庭的现实状况是非常接近的，移民家庭搬迁后绝大多数家庭增加的消费支出来自日常生活用品，这也是许多移民家庭不习惯安置点生活的一个表现。

表 5-13 生态移民家庭生活支出构成情况

支出变化	孩子读书	赡养老人	日常生活用品	看病就医	请客送礼	其他
样本数（个）	132	13	213	17	1	24
百分比（%）	33.00	3.25	53.25	4.25	0.25	6.00

三 移民家庭债务负担

在问卷调查的基础上，我们还进行了一些实地访谈。在访谈中，所有的生态移民家庭都面临着一个共同的难题，即严重的债务负担，这些债务负担主要是由于在安置点建房引起的。通过问卷收集的数据资料我们可以比较移民家庭在搬迁前后债务负担的情况。在分析具体的债务负担之前，我们先看看生态移民家庭投入的搬迁建房资金及来源情况，见表 5-14 和表 5-15。

表 5-14 生态移民家庭搬迁投入资金

投入	未投入	10000 元以下	10001—30000 元	30001—50000 元	50001—100000 元	100000—150000 元	150000 元以上
样本数（个）	4	13	21	29	80	87	166
百分比（%）	1.00	3.25	5.25	7.25	20.00	21.75	41.50

由表 5-14 可知，41.50% 的生态移民家庭投入了 150000 元以上的搬迁资金，21.75% 的生态移民家庭投入了 100000—150000 元的搬迁资金，两个档次合计就已经达到了 63.25%。借款来源以亲戚朋友和银行、信用社贷款为主。可以说，大多数生态移民家庭花费了相当多的资

金用于搬迁，这不但增加了生态移民家庭的经济负担，也阻碍了他们搬迁到安置点以后较快地开始新的生产和生活。

表 5-15　　　　　　　生态移民家庭搬迁投入资金来源

	银行、信用社贷款	亲戚朋友借款	民间高利贷	其他
样本数（个）	235	262	16	63
百分比（%）	58.75	65.50	4.00	15.75

搬迁资金是投入了，但是否由此加重了生态移民家庭的债务负担呢？首先了解一下生态移民家庭在搬迁前后家中是否存在没有偿还的债务？（见表5-16）生态移民家庭在搬迁前后的债务情况存在较大差异，由表5-16可知，搬迁前，有未偿还债务的家庭只有99户；搬迁后，有未偿还债务的家庭变成331户，增长幅度明显。这些未偿还债务在短期内的增加主要源于建房资金不足而发生了借贷行为，增加了生态移民家庭的债务负担。

表 5-16　　　　　生态移民家庭搬迁前后是否存在未偿还的债务

		有	没有
搬迁前	样本数（个）	99	301
	百分比（%）	24.75	75.25
搬迁后	样本数（个）	331	69
	百分比（%）	82.75	17.25

债务负担是否到了非常严重的程度，需要了解这些生态移民家庭具体的债务负担程度。同样，我们比较了搬迁前后生态移民家庭的债务负担额度变化。由表5-17可知，在搬迁前，99户有未偿还债务的生态移民家庭的债务负担额度主要在10001—30000元这个档次，占29.29%；其余债务额度的分布比较均匀，基本占搬迁前有未偿还债务家庭的10%—20%。但在搬迁后，基本上债务额度越高的档次，搬迁后有未偿还债务的家庭就越多；其中债务负担达到10001—30000元、

30001—50000元、50001—100000元、100000元以上四个档次的生态移民家庭分别有52户、73户、80户、101户,占搬迁后有未偿还债务的家庭的比重分别为15.71%、22.05%、24.71%和30.51%;约三成的生态移民家庭负担着100000元以上的债务,债务负担是比较严重的。

表5-17　　　　　　　　生态移民家庭搬迁前后债务负担

债务负担		5000元以下	5001—10000元	10001—30000元	30001—50000元	50001—100000元	100000元以上
搬迁前	样本数(个)	13	14	29	12	11	20
	百分比(%)	13.13	14.14	29.29	12.12	11.11	20.20
搬迁后	样本数(个)	20	5	52	73	80	101
	百分比(%)	6.04	1.51	15.71	22.05	24.17	30.51

对于这些生态移民家庭来说,搬迁就意味着承担债务,可是谁来提供这些债务呢?对此,我们也进行了问卷调查。由表5-18可知,生态移民家庭的主要债务来源有三个:一是银行、信用社贷款;二是亲戚朋友借款;三是民间高利贷。生态移民家庭借款的第一选择是向亲戚朋友借款,第二选择是在银行、信用社贷款,最后才会选择民间高利贷。当然借款对象的选择无论在搬迁前还是搬迁后都是一致的。此外,这些生态移民家庭的借款对象并非是唯一的。也就是说,他们既向亲戚朋友借款也同时向银行、信用社贷款,资金不足的部分还会选择民间高利贷。

表5-18　　　　　　　　生态移民家庭搬迁前后债务来源

		银行、信用社贷款	亲戚朋友借款	民间高利贷	其他
搬迁前	样本数(个)	48	65	6	1
	百分比(%)	12.00	16.25	1.50	0.25
搬迁后	样本数(个)	221	230	18	5
	百分比(%)	55.25	57.50	4.50	1.25

从另一角度来说,我们的生态移民家庭的筹资能力还是较强的,当问及他们遇到资金困难时能否筹集到所缺资金,有62.75%的家庭回答

都是肯定的；而且这些资金的来源仍然是首先来自亲戚朋友，其次是银行、信用社借款，最后才是民间高利贷（见表5-19和表5-20）。

表5-19　　　生态移民家庭遇到资金困难能否筹集所缺资金

	能	不能
样本数（个）	251	149
百分比（%）	62.75	37.25

表5-20　　　生态移民家庭遇到资金困难时的筹集资金来源

	银行、信用社贷款	亲戚朋友借款	民间高利贷	其他
样本数（个）	160	195	8	13
百分比（%）	40	48.75	2	3.25

四　移民就业状况

对于生态移民而言，搬迁到安置点以后可以选择多种就业方式，从现实的状况看，这些生态移民能够选择的就业去向主要有四种，即产业园区就业、公益性岗位就业、自主创业和外出打工。下面具体来分析一下这四种移民就业方式的情况。

（一）产业园区就业

随着贵州省各地区产业园区的陆续建成，产生了大量的就业岗位，为生态移民获取就业机会提供了渠道。但是，数据资料显示的结果并不理想。结果显示只有11人在产业园区就业。那么这11个生态移民具体从事的是什么职业呢？其中，管理人员1人，工人6人，保安1人，其他3人。

（二）公益性岗位就业

公益性岗位，是指城市公共管理和涉及居民利益的非营利性的服务岗位，包括各级政府投资开发的城市公共管理中的公共设施维护、社区保安、保洁、保绿、停车看管等[1]。在各地方的移民安置点，政府也提

---

[1] 余丰：《外商直接投资对我国非正规就业的影响研究》，硕士学位论文，湖南大学，2016年。

供一些公益性岗位，为部分移民解决就业问题。结果显示只有 11 人在政府安排的公益性岗位就业，其中 1 人从事社区管理，3 人从事社区保安，6 人从事环卫工人，1 人从事其他职业。

（三）自主创业

在生态移民群体中，有一些具有一定文化程度、一定的经济基础、一定的创业能力的移民在搬迁到新的安置点后有意愿进行自主创业的，政府通常会给予大力的支持。因为自主创业不仅减轻政府安置就业的压力，而且可以产生示范效应，从而带动更多的移民选择自主创业解决自生的生计问题。与产业园区和公益性岗位就业相比，移民中自主创业的人数较多，有 91 人进行自主创业，占 22.75%。这 91 人分别从事不同的职业，具体请见表 5-21。选择自主创业的移民主要从事比较容易进入的行业，如商业服务和餐饮服务，成本较低，收益较稳定。

表 5-21　　　　　　　　生态移民自主创业职业分布

职业	商业服务	餐饮服务	交通运输	家具制造	皮鞋加工	其他
人数（人）	28	20	3	5	1	34
占自主创业总人数的比重（%）	30.77	21.98	3.30	5.49	1.10	37.36

（四）外出打工

除了在产业园区就业、公益性岗位就业和自主创业外，移民更多地愿意选择外出打工。当然，我们必须首先知道这样一个事实，即搬迁前就已经有许多移民外出打工，不过很可惜，我们的问卷并没有将此做出区分。但是，通过明确外出打工的移民规模，至少可以了解这些移民家庭在搬迁后是否能够获得收入来源。结果显示有 238 人选择家庭中有人外出打工，占 59.50%。在这些家庭中，107 个家庭中有 1 人外出打工，占 44.96%；103 个家庭中有 2 人外出打工，占 43.28%；18 个家庭中有 3 人外出打工，占 7.56%。这些外出打工的移民中，在省外打工的占 52.52%，即一半以上的移民都是在省外打工；在省内打工的占 47.48%。外出打工移民主要从事建筑装修和制造业。

移民搬迁以后，那种依靠土地为生的传统生产方式将逐渐改变，转而寻求新的谋生手段，最直接的方式就是通过实现就业或进行自主创业实现移民家庭自身的可持续发展。事实上，目前搬迁后实现就业的移民多数都是在搬迁以前就已经开始外出打工，但在实际就业人数中并没有剔除这部分移民，因此在安置点重新安置移民就业的难度较大。此外，随着移民搬迁人数的进一步增多，移民就业压力也将进一步增大。

从总体上看，依靠外出打工途径实现就业的移民占有绝对优势，主要由于外出打工的就业层次较为多元化，甚至打零工也可归入外出打工，因此移民比较容易进入。就业人数排在第二位的是自主创业，这种就业方式比较灵活，移民可以根据自身的情况选择进入不同的行业或部门，从现有移民的自主创业情况看，首先是所占比例较小，只有少数移民进入；其次，自主创业的形式单一，多集中于一些小型的烟酒店、小卖部、小作坊等，再加上自主创业资金欠缺，提升空间较小。在那些依托产业园区建设的安置点，并没有因为有产业园区的存在而解决了大量的就业问题，反而吸纳能力较弱。一方面全省的园区发展并没有想象中那么乐观，园区的吸纳能力本身也有限；另一方面在产业园区就业需要具备一定的技术技能，在培训跟不上的情况下，移民不能适应园区的需求，无法进入园区就业。在公益性岗位就业的移民也较少。事实上，政府增加公益岗位的能力是有限的。在《贵州省扶贫生态移民工程总体规划（2012—2020年)》中明确提出，2012—2020年规划购买城镇公益性就业岗位65862个，为符合条件的"40""50"人员提供稳定的就业途径。那么平均每年需要增加7318个公益性就业岗位，与目前的情况相比，差距极大。因此，依靠公益性岗位途径解决移民就业力量微弱，举步维艰。

五 移民培训状况

对搬迁农户进行技术技能培训是巩固移民搬迁成果、促进移民可持续发展的重要举措。结果显示有99人选择参加过培训，占24.75%；87人选择听说过但未参加，占21.75%；214人选择没听说过，占53.50%。半数以上的移民没有听说过移民培训，一是可能宣传没有到位，二是可能因为政府的重视程度不够。在参加过培训的99位生态移民中，有35人只参加过一次培训，占35.35%；有6人参加了2次培训，占6.06%；有14位移民参加过3次培训，占14.14%；有26位移民参加过4次培训，占26.26%；有18位移民参加过5次培训，占18.18%。参加过培训的生态移民中有78.79%的移民认为通过参加培训后最大的收获是技能获得了提高。

从移民培训的具体内容上看，主要包括种植技术、养殖技术和移民自主创业等培训类型，其规模见表5-22。显然，种植技术培训开展较多，而就业培训、自主创业培训和养殖技术培训相对较少。究其原因，可能与刚刚搬迁移民的短期需求相适应，因为短期内移民的生产生活方式改变不会太大，对种植业的依赖不会马上改变，所以需求较大。

表5-22　　　　　　　参加不同培训的移民人数

培训内容	就业培训	创业培训	种植技术培训	养殖技术培训	其他
人数（人）	20	18	63	14	7

这里需要说明的是，目前各地实施扶贫生态移民工程的重点主要是放在修建住房、完善基础设施等方面，对移民的技术技能培训关注不够，只有为数较少的移民接受了自主创业、种植技术、养殖技术等方面的技术技能培训，覆盖面窄，带动范围小，多数移民的就业途径并没有因为搬迁而改变，反而因为要回到原居住地务农造成更多的不便。换言之，目前各市（州）的移民技术技能培训工作还没有步入正轨，负责技术技能培训的人力资源和社会保障部门虽然已经出台了相关的促进扶贫生态移民工程的文件，但是还没有进入全面的推进阶段，基本还停留在"有开展技术技能培训，无特别针对移民"的阶段，移民无法获得切实有效的技术技能培训。不过，调查中也发现，专门对移民开展技术技能培训也面临很多困难，如移民流动性大难以组织，即使组织，也有相当一部分移民不愿参加。

六　移民子女就学状况

对于生态移民而言，从原住地搬迁出来所面临的问题不仅仅是经济问题，他们还面临着一些社会问题，或者更确切地说是一些生活必需的问题，包括就业、卫生医疗等，首当其冲的当然是子女的就学问题。

毋庸置疑，就学环境随着生活环境的改善而明显改变，但是生态移民是否能够享用安置地的教学资源是一个更值得关注的问题。这里我们对生态移民家庭中学龄前儿童和学龄儿童的就学情况和就学满意度进行了调查。在具体分析就学情况和就学满意度之前，我们首先要明确在400户生态移民家庭中，到底有多少家庭中有学龄前儿童和学龄儿童。

（一）生态移民家庭中学龄前儿童和学龄儿童规模

在400户生态移民家庭中，有学龄前儿童的家庭123户，占30.75%；没有学龄前儿童的家庭277户，占69.25%。有学龄儿童的家庭197户，占49.25%；没有学龄儿童的家庭203户，占50.75%。从上述结果来看，生态移民家庭对幼儿园和学校都有一定的需求，而且对学校的需求比对幼儿园的需求更大。

（二）就学情况

既然有需求，那么这些学龄前儿童和学龄儿童是否公平地享用了这些公共资源呢？这里，我们用子女是否上学来考察移民子女的就学情况。在123户有学龄前儿童的家庭中，有99户家庭中的学龄前儿童已上幼儿园，占80.49%；在197户有学龄儿童的家庭中，有187户家庭中的学龄儿童已经上学，占94.92%。

大部分的学龄前儿童和学龄儿童已经享受了安置地的公共资源，但为什么少数人没有进入幼儿园和学校呢？24户移民家庭中的学龄前儿童没有进入幼儿园的原因主要是还没来得及安排，这涉及安置地政府和移民家庭自身两个方面，即一方面是政府工作没到位，另一方面是移民家庭自身不主动。此外，有极少数的有学龄前儿童的移民家庭指出没有进入幼儿园的原因是没有幼儿园。通过进一步了解，并不是没有幼儿园，而是没有让这样一些家庭满意的幼儿园。10户移民家庭中的学龄儿童没有入学的原因都选择的是其他原因，没有一户移民家庭选择"还没来得及安排""附近没有学校""学校不接收""小孩不去"中的任何一项，至少可以说明学龄儿童没有入学的原因与安置地政府、安置地的公共资源等没有明显的联系，通过进一步地了解，这些其他原因主要是移民家庭自身的原因，比如在外地上学不用在本地入学等。

(三) 就学满意度

虽然绝大多数移民家庭中的学龄前儿童和学龄儿童都已经进入学校，但这些家庭是否满意这些学校呢？对此，我们也进行了问卷调查。123户有学龄前儿童的移民家庭中有85户对目前的幼儿园是满意的，占69.11%；6户基本满意，占4.88%；8户不满意，占6.50%。究其缘由主要涉及三个方面：一是条件差，二是距离远，三是价格高。其中，价格高是问题的焦点。187户有学龄前儿童的移民家庭中有142户对目前的学校是满意的，占75.94%；41户基本满意，占21.93%；4户不满意，占2.14%，原因只有一个，即条件差。

无论如何，对于幼儿园和学校的总体满意度还是较高的，这在调研中也多次得到了证实。许多受访者都非常诚恳地对调研员提到了这样一个问题，就是让他们决心搬迁出来的原因就是因为到了新的安置地可以让孩子享受到更好的教育资源，更关键的是这些孩子也确确实实获得了这种公平待遇，与搬迁前相比，移民子女的就学情况获得了明显改善。

七　移民医疗卫生状况

生态移民是从生态环境严重破坏地区、生态脆弱区以及自然环境条件恶劣、基本不具备人类生存条件的地区搬迁出来的人口，这些地区除了生态环境脆弱、经济条件落后外，社会公共服务也十分缺乏。在实施扶贫生态移民工程的过程中，各地无论从政策文件还是从实际操作层面，都非常重视安置地是否拥有必需的公共服务以及移民是否能够享有这些公共资源。前面我们分析了教育资源，了解到移民子女的受教育环境有了较大的改变，移民普遍是比较满意的。本部分将关注移民的医疗卫生状况是否获得了改善。

生态移民安置点主要依托产业园区、小城镇、中心村等建设，所以安置点所在的县、乡（镇）、村基本都有现成的医疗卫生资源，所以我们不考察这些医疗卫生资源是否存在，而从医疗卫生资源的距离以及类别来衡量移民的医疗卫生状况。

(一) 公立医院

生态移民的居住地与公立医院的远近可以反映移民就医的便利程度。结果显示离公立医院（卫生所）最近为0千米，即就在家旁边；

最远为5千米；平均1.19千米。从平均距离看，生态移民搬迁到安置地后就医还是比较方便的。那么这些公立医院（卫生所）都是什么级别的呢？见表5-23。

表5-23　　　　　　　安置地公立医院（卫生所）的级别

级别	村级	乡镇级	县级	其他
数量（个）	99	266	34	1
占比（%）	24.75	66.50	8.50	0.25

由表5-23可知，有66.50%的公立医院（卫生所）的级别是乡镇级的，24.75%是村级，只有8.50%是县级。这与大多数安置点是依托乡镇安置的现状非常相符。

（二）药店和私人诊所

药店和私人诊所可以作为公立医院（卫生所）的很好补充，不仅方便移民也给移民提供多种看病治病的选择。400个生态移民家庭给出的答案是这样的，328个家庭指出安置点有药店，占82.00%；22户指出没有药店，占5.50%。在这些有药店的安置点，最多的达到10家，最少为1家，平均有2.97家药店。

当然，如果依靠药店无法解决问题，那么移民还可以选择的就是私人诊所。240位受访者指出他家所居住的安置地是有私人诊所的，占60.00%；155位受访者指出是没有私人诊所的，占38.75%；其余5人不知道安置点有没有私人诊所，说明对周边环境还不熟悉。

虽然药店和私人诊所并非在所有安置点都存在，但至少都有公立医院（卫生所）为移民提供医疗卫生服务。

事实上，考察是否有医疗服务机构及数量并不能完全反映移民的医疗卫生状况，仅仅能表示安置点可以提供一定的医疗服务，但服务的质量如何无从考证，这需要通过进一步的研究获得更为清楚的解释。

本章小结

本章利用相关数据描述了贵州省生态移民可持续发展状况，分别涉及移民家庭收入、消费、债务、就业、培训、子女就学和医疗卫生七个方面。总体看来，生态移民家庭收入水平普遍不高，约半数家庭在移民搬迁后的收入水平处于中等以下，43.25%的家庭认为搬迁前后的收入没有变化，非农收入仍然是无论搬迁前后都处于绝对优势；与收入的变化不同，消费支出特别是生活性的消费支出明显增加；为了修建新居，约41.50%的生态移民家庭用于拆搬迁建房的资金超过15万元，为了解决资金缺口，生态移民家庭都或多或少地存在家庭债务负担，与搬迁前相比，这些家庭的债务负担也明显增大；移民搬迁后的就业状况也让人担忧，产业园区、公益性岗位解决就业的能力有限，自主创业虽然占有一定的比例但发展吃力，外出打工仍是主要的就业方式，但是并不完全是因为搬迁引起的；就业的不充分，可能是由于培训的不到位造成的，只有约24.75%的移民参加过培训，培训的内容主要倾向于种植技术培训，不利于移民在安置点就业；移民子女可以公平地享受安置地的教育资源；公立医院（卫生所）、私人诊所和药店等医疗服务机构基本能覆盖各个生态移民安置点，能够为移民提供较为便利的医疗卫生服务。通过对贵州省生态移民可持续发展状况的描述，我们初步可以判断移民搬迁以后可以获得可持续发展，但这种发展是较为脆弱的，随时可能陷入不可持续的状态。

第六章

生态移民经济可持续发展评价[①]

前面对贵州省生态移民可持续发展的状况进行了初步的评价，从中我们较为清晰地看出，样本移民搬迁以后其生产、生活状况都或多或少发生了一定的变化，这些变化的程度如何，又会受到哪些因素的影响等问题是我们需要进一步明确的。收入水平是反映移民可持续发展最直接且最重要的方面。本章通过分析影响移民家庭收入水平的因素来探讨移民如何实现经济可持续发展。评价并非简单地分析生态移民是否获得了可持续发展，这在前面其实已经有了初步的答案。通过实证分析，我们除了可以了解到底是什么因素影响了生态移民经济的可持续发展以及影响程度如何？更重要的是，为下一步促进生态移民的可持续发展找到突破口，最终实现生态移民的可持续发展。

第一节 研究方法与变量选择

根据因变量的数据特征，本章选择 Ordered Logistic Regression 模型评价生态移民的经济可持续。其中，因变量分别选择收入水平、收入构成、收入变化及收入是否满足生活所需，自变量选择移民个人特征、家庭特征、消费支出、家庭债务、就业、培训及子女教育七个方面的因素，因

[①] 本章使用的是2015年5月的调研数据，对400份有效问卷进行认真筛选，最后确定400个样本进行本章分析。

变量和自变量的描述性统计值参见表 6-1。据此,我们建立以下模型:

$$Y = \alpha + \beta_1 sex + \beta_2 age + \beta_3 culture + \beta_4 job + \beta_5 labor + \beta_6 consume + \beta_7 train + \beta_8 debt + \beta_9 edu_1 + \beta_{10} edu_2 + \delta$$

其中,因变量分别有三个,Y_1 为收入水平,Y_2 为收入变化,Y_3 为收入是否满足生活所需。自变量包括七类共 10 个变量,其中 sex 表示性别,age 表示年龄,culture 表示文化程度,job 表示目前从事的职业,labor 表示家庭劳动力数量,consume 表示消费水平,train 表示是否参加过技术技能培训,debt 表示搬迁后债务总额,edu_1 表示家庭中是否有学龄前儿童,edu_2 表示是否有学龄儿童。

表 6-1　　　　　　　相关变量的描述性统计值

变量	单位及内涵	样本数	均值	标准差	最小值	最大值
收入水平（Y_1）	1. <2700 元 2. 2701—5000 元 3. 5001—7500 元 4. 7501—10000 元 5. >10000 元	400	2.97	1.54	1	5
收入变化（Y_2）	1. 上升很多 2. 略有上升 3. 没有变化 4. 略有下降 5. 下降很多	400	2.66	0.97	1	5
收入是否满足生活所需（Y_3）	1. 能满足且有部分剩余 2. 基本能满足 3. 不能满足	400	2.14	0.59	1	3
性别（sex）	1. 男性 2. 女性	400	1.36	0.48	1	2
年龄（age）	1. 小于 20 2. 20—29 岁 3. 30—39 岁 4. 40—49 岁 5. 50—59 岁 6. 60—69 岁 7. 70—79 岁 8. 80 岁及以上	400	4.02	1.45	1	8

续表

变量	单位及内涵	样本数	均值	标准差	最小值	最大值
文化程度（culture）	1. 文盲 2. 小学 3. 初中 4. 高中（含中专和职中） 5. 大专 6. 大学以上	400	2.47	1.01	1	6
家庭劳动力数量（labor）	人	400	2.40	1.12	0	8
消费水平（consume）	1. 增加很多 2. 略有增加 3. 没有变化 4. 略有减少 5. 减少很多	400	1.64	0.68	1	4
搬迁后债务总额（debt）	万元	400	3.71	2.13	0	6
目前从事的职业（job）	1. 创业 2. 打工 3. 务农 4. 无业 5. 临时 6. 其他	400	2.89	1.34	0	6
是否参加过技术技能培训（train）	1. 是 2. 否	400	2.29	0.84	1	3
家庭中是否有学龄前儿童（edu_1）	1. 是 2. 否	400	1.69	0.46	1	2
家庭中是否有学龄儿童（edu_2）	1. 是 2. 否	400	1.51	0.50	1	2

一 因变量

（一）收入水平

搬迁后生态移民的收入水平直接关系到移民家庭的经济可持续发展。收入水平越高，生态移民家庭的经济越可持续；收入水平越低，生态移民家庭的经济越不可持续。收入水平的样本数为400个，这是一个多元选择变量，若2700元以下为0，其余四项分别为1、2、3、4。收入水平的五个层次中，最低的层次是2700元以下，这主要是为了将生态移民与贫困群体相对比，因而选用了2015年扶贫标准，2015年贵州省的扶贫标准约为2700元。

（二）收入变化

生态移民搬迁前后，生态移民生活由于生产生活方式、外界环境、自身技能水平、家庭债务、消费支出等方面的改变而导致移民的收入发生变化。如果移民认为收入上升很多、略有上升，那么生态移民家庭的经济越可持续；如果移民认为收入下降很多、略有下降，则可能经济就不可持续。当然，这个变量多为移民自身的感受，可能与收入的真正变化不一致，比如有些移民由于消费支出的增加就理所应当地认为收入就下降了，所以这个变量的主观性较强。

（三）收入是否满足生活所需

这是一个与消费相关联的变量，有三个选项：既能满足且有部分剩余、基本能满足和不能满足。如果收入能满足且有部分剩余或基本能满足生活所需，则生态移民家庭经济可持续；如果收入不能满足生活所需，则经济不可持续。

二　自变量

哪些因素会影响生态移民家庭的收入并进而影响生态移民家庭的经济可持续呢？事实上，这些影响因素是多种多样的。第一，反映生态移民个人特征方面的因素，包括性别特征、年龄特征、文化程度特征；第二，反映家庭特征方面的因素，包括所处区域、家庭人口规模及家庭劳动力人口规模；第三，家庭消费因素，包括消费支出变化及构成；第四，家庭债务因素，包括搬迁前后移民家庭债务变化情况及债务额度；第五，就业因素；第六，培训因素；第七，子女就学因素；等等。

（一）个人特征因素

被访问者的性别、年龄及文化程度特征会影响移民搬迁后的收入水平和对收入水平的感知。被访问者的性别、年龄及文化程度差异也会影响家庭的收入水平，通常情况下，男性比女性、年龄小的比年龄大的、文化程度高的比文化程度低的移民更倾向于选择较高的收入水平。

(二) 家庭特征因素

生态移民家庭人口规模和劳动力规模与移民搬迁后的收入存在相关性。家庭人口规模及劳动力规模越大，收入水平则越高，非农收入可能越高，收入会增加较多，也更能满足生活所需；反之则相反。

(三) 消费因素

移民搬迁后消费支出的增加直接影响了移民的收入水平。由于生活方式的改变，消费支出也随之改变，首要的表现就是曾经的那些可以自给自足的物品现在都需要花钱消费了，最明显的就是蔬菜。所以，400个样本中，回答消费支出增加很多和略有增加的比例高达90%。如果消费支出增加越多，则收入水平越低，收入减少越多，也更无法满足生活所需；如果消费支出增加越多，则收入水平越高，收入增加越多，并且能够满足生活所需。

(四) 债务因素

生态移民家庭的债务在搬迁前后发生了较大的变化，如果债务多到在一定的时期内都无法还清，必然影响移民家庭的可持续发展。但是，债务与收入之间的关系并非完全一致。一种情况是移民家庭的债务越多，则收入水平越低，收入增加得越慢，越不能满足生活所需；反之则相反。另一种情况正好相反，移民家庭的债务越多，则可能说明这个家庭收入水平较高才能承担更多的债务。如果正如后一种情况，那么也许可以说明这样一种现象，就是移民家庭花钱建房的意愿是较高的，收入越高的家庭花费就越大，债务也就越多。

(五) 就业因素

从事什么样的工作将直接影响移民的收入水平。从事职业的选项包括创业、打工、务农、无业、临时工和其他，一般而言，创业和打工的收入水平会越高，而无业、临时工的收入水平会越低。在生态移民中，外出打工的人数较多，分析外出打工与收入之间的关系成为必然，一般认为，外出打工的收入比在家务农的收入更高。

(六) 培训因素

通过参加技术技能培训，可能会提高就业并进一步影响收入水平。若参加过技术技能培训，则收入水平越高，非农收入越高，越能满足生活所需。反之,若没参加过技术技能培训,则收入水平越低,非农收入越低,越不能满足生活所需。

(七)子女教育因素

由于绝大多数家庭消费支出的最大比重来自教育支出,那么有学龄前儿童和学龄儿童的家庭收入水平可能越低,非农收入可能会越高,收入也可能越不能满足生活所需。为了给孩子提供更好的教育机会,移民会选择从事更多的非农工作赚钱,因此非农收入可能会增加,但由于支出太多,则收入水平可能仍然较低,且收入下降很多。

第二节　影响因素的实证分析

根据描述性分析,我们认为移民搬迁以来基本处于一种比较脆弱的经济可持续发展状况中,这些状况的程度如何、受到哪些因素的影响需要进一步明确。通过采用 Ordered Logistic Regression 模型进行回归分析,结果如表 6-2 所示。

表 6-2　　　　　　　　　　分析结果

变量	Y_1（收入水平）	Y_2（收入变化）	Y_3（收入是否满足生活所需）
性别	-0.139	0.393	-0.004
年龄	-0.134*	-0.036	-0.049
文化程度	0.183	-0.139	-0.233*
家庭劳动力数量	0.380***	-0.087	-0.428***
消费水平	0.306**	-0.089	-0.386**
搬迁后债务总额	0.020	0.001	0.138***
目前从事的职业	-0.199***	0.118	0.348***
是否参加过技术技能培训	-0.694***	1.418***	1.148***
家庭中是否有学龄前儿童	-0.145	0.190	0.287
家庭中是否有学龄儿童	0.194	-0.067	-0.626***
N	400	400	400
Pseudo R^2	0.064	0.068	0.123

注:*表示在0.1水平下显著,**表示在0.05水平下显著,***表示在0.01水平下显著。

一 收入水平

年龄、家庭劳动力数量、消费水平、目前职业和是否参加过技术技能培训这五个变量对收入水平产生了显著的影响,其中显著性最强的三个变量分别是家庭劳动力数量、目前从事的职业和是否参加过技术技能培训。

(1) 年龄与收入水平呈现出显著的负相关性。年龄越大,收入越低;年龄越小,收入越高。这有可能是因为移民搬迁以后,年龄越大的移民越难适应安置地的生活,越难获得收入。

(2) 家庭劳动力数量与收入水平呈现出显著的正相关性。家庭劳动力数量越多,家庭的收入水平就越高;家庭劳动力数量越少,家庭的收入水平就越低。这说明,农村家庭的劳动力始终是家庭最重要的人力资本。

(3) 目前从事的职业与收入水平呈现出显著的负相关性。与自主创业相比较,打工、务农、无业及临时工的收入水平较低。

(4) 参加过技术技能培训与收入水平呈现出显著的负相关性。参加过技术技能培训的移民家庭的收入水平越低;未参加过技术技能移民家庭的收入水平越高。究其原因,主要是因为移民参加的技术技能培训基本上是农业技术技能培训,这对于在安置点寻找新的工作基本没有帮助。

二 收入变化

从收入变化的回归模型结果看,只有是否参加过技术技能培训与收入变化呈现出显著的正相关性。也就是说,参加过技术技能培训的移民家庭的收入水平下降越多;未参加过技术技能培训的移民家庭的收入水平可能增加越多。这与前面的分析呈现出一致性,移民可能没有从现有的技术技能培训中受益。

三 收入是否满足生活所需

文化程度、家庭劳动力数量、消费水平、搬迁后债务总额、目前从事的职业、是否参加过技术技能培训及家庭中是否有学龄儿童都对因变量产生了显著的影响。

(1) 文化程度与收入是否满足生活所需呈现出显著的负相关性。

文化程度越高,收入就越能满足且有部分剩余;文化程度越低,收入就越不能满足生活所需。这可能说明,文化程度高的移民获得收入的机会越多,进而收入就更能满足生活所需。

(2)家庭劳动力数量与收入是否满足生活所需呈现出显著的负相关性。家庭劳动力数量越多,收入就越能满足且有部分剩余;家庭劳动力数量越低,收入就越不能满足生活所需。这与前文的分析是一致的。

(3)消费水平与收入是否满足生活所需呈现出显著的负相关性。消费水平增加越多,收入就越不能满足生活所需;消费水平减少越多,收入就越能满足生活所需。移民普遍反映搬迁后的消费支出明显增加,这对收入产生了巨大压力。

(4)搬迁后债务总额与收入是否满足生活所需呈现出显著的正相关性。搬迁后债务越重,收入就越难满足生活所需;搬迁后债务越少,收入就越能满足生活所需。这说明,债务对移民家庭的生活产生了显著影响。

(5)目前从事的职业与收入是否满足生活所需呈现出显著的正相关性。打工、务农、无业及临时工与自主创业相比,收入更难满足生活所需。工作越有创造性、越稳定,收入也就越稳定,进而就越能满足生活所需。

(6)是否参加过技术技能培训与收入是否满足生活所需呈现出显著的正相关性。参加过技术技能培训的移民家庭收入越难满足生活所需;未参加过技术技能培训的移民家庭收入越能满足生活所需。这与前面的分析也呈现一致性,获得了一致的结论。

(7)家庭中是否有学龄儿童与收入是否满足生活所需呈现出显著的负相关性。家庭中有学龄儿童的话,移民家庭的收入越难满足生活所需。事实上,移民搬迁以后消费支出中花费最大的项目就是孩子上学。这说明,孩子上学给移民家庭带来较大压力,降低移民收入水平,进而无法满足生活所需。

第三节 结论与建议

一 结论

收入水平是反映移民经济可持续发展最重要的方面,如果不能充分摸清影响收入的相关因素,难以为移民搬迁后的经济可持续发展找准方向。从模型结果可知,影响移民家庭收入的因素很多,其中家庭劳动力数量、从事的职业及是否参加过技术技能培训等因素都产生了显著的影响,并且还获得了一致的结论。第一,家庭拥有的劳动力数量始终是家庭获得收入的主体,是家庭最重要的人力资本;第二,从事的职业直接影响移民家庭的收入,与那些无业的移民和从事临时工工作的移民相比,去进行自主创业、去打工都会获得更高的收入;第三,虽然有部分移民参加了技术技能培训,但培训内容多为种养殖培训,对移民在新的居住地寻找新工作帮助不大,反而由于移民学习了这类技术技能导致移民只能把自己固定在农业上难以从事农业以外的其他工作;第四,移民搬迁以后,生活受到明显影响,消费支出增加,特别是教育支出增加,对移民家庭收入水平产生压力,降低移民家庭的生活水平。

二 政策建议

移民要想实现经济可持续发展,首要的问题就是要解决收入问题,没有持续稳定的收入来源,即便有了移民新村、移民新房,也无法让移民安心地生活下去。所以,政府部门和社会各界都应积极参与到生态移民工程中来,共同努力寻找适合生态移民的可持续发展路径,从政策上帮助移民就业,让移民参加有利于就业的技术技能培训,可能是实现移民可持续发展的重要途径。具体可以从以下三个方面着手。

(一) 应促进移民就业

一是引导生态移民积极到企业就业,企业也应明确自己的社会责任,利用生态移民的相关政策优势和廉价劳动力,促进企业发展壮大,主动开拓适合生态移民尤其是适合少数民族生态移民群体的岗位,政府对于吸纳一定比例或规模生态移民就业的企业,在权限范围内给予税收等方面的政策优惠，动员和促进城镇园区、企业等在用工方面重点向生态移民群体倾斜。二是大力扶持移民自主创业，通过开展创业培训、信息咨询、方案设计、风险评估等创业服务以及提供政策优惠、贷款支持等措施，积极引导和扶持生态移民开展农产品加工、民族工艺品加工、商品经营、餐饮服务、运输服务等创业活动，以创业促进就业。三是积极开展区域劳务合作，搞好移民转移就业服务；四是努力增加城镇（社区）公益性就业岗位，为部分生态移民提供稳定的就业途径。

（二）应提高转型能力

要实现移民的身份转型，生产方式和生活方式的转变，一是必须获得稳定的就业途径；二是必须在移民安置点获得认同；三是必须与原住居民在社会保障方面享受同等的待遇。在此基础上，生态移民才有可能真正提高自身的转型能力。

（三）应加强生态移民的技能培训

按照因人施策、分类指导的原则，向移民开展不同类型的培训。一是对于农业能手应与农业院校和科研院所联合加强现代农业实用技术培训，帮助生态移民尽快适应生产方式的转变；二是根据各地区产业化发展的需求，联合职业中学、职业技术学院等培训资源，对生态移民进行就业技能培训和岗位技能提升培训；三是加强如美容美发、汽车修理服务、建筑施工等第三产业方面的技术培训，帮助移民依靠自身技术水平的提升实现劳动力转移；四是由于移民受教育水平普遍较低、技能缺乏、汉语水平差等情况普遍存在，有必要组织开展有关文化知识、语言、法律法规等方面的培训，逐步接受市场观念、法制观念、现代生育观念和自我实现等价值观念，帮助生态移民尽快适应新的环境。

本章小结

贵州省实现全面小康的难点在于生态移民。本章以贵州省为研究区域，采用现场调查、统计分析的手段，探讨影响生态移民经济可持续发展的因素。

收入水平是反映移民可持续发展最重要的一个方面，如果解决不好影响收入水平的相关因素，移民搬迁后的可持续发展也会受到影响。从模型结果可知，影响移民家庭收入水平的因素很多，其中家庭劳动力数量、从事的职业及是否参加过技术技能培训等因素都产生了显著的影响，并且还获得了一致的结论。第一，家庭拥有的劳动力数量始终是家庭获得收入的主体，是一个家庭最重要的人力资本；第二，从事的职业直接影响移民家庭的收入，与那些无业的移民和从事临时工工作的移民相比，去进行自主创业、去打工都会获得更高的收入；第三，虽然有部分移民参加了技术技能培训，但培训内容多为种养殖培训，对移民在新的居住地寻找新工作机会帮助不大，反而由于移民学习了这类技术技能导致移民只能把自己固定在农业上难以从事农业以外的其他工作；第四，移民搬迁以后，生活受到了明显的影响，消费支出增加了，特别是教育支出增加，这些都对移民家庭的收入水平产生压力，降低了移民家庭的生活水平。

研究表明，生态移民搬迁以后的家庭收入水平、家庭债务负担、就业状况、培训状况、子女就学状况及医疗卫生状况等与其实现经济可持续发展有着极为密切的关系，其中收入水平是反映移民经济可持续发展最重要的方面，家庭劳动力数量、从事的职业及是否参加过技术技能培训等因素对收入都产生了显著的影响。因此，获得持续稳定的收入来源是移民实现经济可持续发展的前提和保障，从政策上帮助移民就业，让移民参与有利于就业的技术技能培训，是实现移民可持续发展的重要途径。具体而言，一是政府、企业和移民三方联动，采取自主创业、区域劳务合作、增加城镇公益性岗位等措施有效促进移民实现就业；二是通过开展现代农业实用技术培训、针对性的岗位技能培训、文化知识道德素养提升培训等内容帮助移民提升生产方式和生活方式的转型能力。本章为实现生态移民可持续发展提供了重要的参考与借鉴。

第七章

生态移民社会可持续发展评价[①]

易地搬迁打破了移民原有的生活方式和社会关系，为了让移民能够尽早融入和适应新的生活环境，政府通过提供资金援助、就业保障、保险兜底等一系列政策措施，以提高移民自身的后续发展能力，保证安置区整体的发展效率和社会稳定，为移民打造生态环境优雅、人文氛围融洽、社会服务健全的安置点，实现社会整体的可持续发展。在上一章的内容中，我们已经讨论了生态移民的经济可持续发展问题，本章我们将重点讨论生态移民的社会可持续发展问题，结合贵州省生态移民社会发展的实际情况，从生态移民安置点人口素质、就业状况、居住环境、生活质量、社会关系、目前面临的困难6个方面选取30个具体的三级指标，运用描述性统计分析和综合评价法来分析贵州省生态移民的社会可持续发展状况。

第一节 有关生态移民社会可持续发展的研究进展

一 社会可持续发展的定义

可持续发展是一个内涵丰富的概念，它最初的核心理念是要正确处

[①] 本章使用的是2015年2月及2017年的调研数据，对有效问卷进行认真筛选，最后2015年确定585个、2017年确定393个样本进行本章分析。

理人与人、人与自然之间的关系,随着各学界对其展开深入的研究,不同的研究者对可持续发展这一概念理解和强调的重点有所不同。张志强等学者总结了可持续发展的研究大致可分为生态学、经济学、社会学和系统学四个方向,他认为社会可持续发展以人口增长与人口控制、消除贫困、社会发展、社会分配、利益均衡、科技进步社会学问题作为基本研究内容。①郝晓辉指出,人民生活质量、人口素质、社会文明程度不断提高是社会发展的宗旨,而人是社会发展过程中的主体,因此选择人口增长率、人口平均寿命、就业率和失业率、国民受教育程度、每万人拥有的医生数、电话数、铁路和公路的长度、人均消费和人均收入、绝对贫困人口、人口政策等作为社会可持续发展的评价指标。②许学强等认为,社会可持续性是目的,环境可持续性是基础,经济可持续性是条件,以此为基础,他从人口指数、人口密度居住水平、基础设施水平、教育水平、文化生活条件、医疗卫生条件、社会治安状况、生活水平、科技水平等方面来评价社会可持续发展水平。③

二 生态移民社会可持续发展的评价指标选取

自 20 世纪 90 年代以来,随着生态环境恶化、贫困等问题的出现,国内学者开始对生态移民展开相关研究,但是大多侧重于生态移民搬迁动因、工程效益、搬迁必要性、生态修复、环境保护等方面。随着移民搬迁工程的推进,我国已经取得了显著成效,相关学者对于生态移民主体搬迁后的生计问题以及可持续发展问题研究更为深入。

周鹏认为,生态移民在新的安置环境下不仅要面对更多的市场风险、生产风险,还要面对社区变化所产生的影响,他提出影响生态移民可持续发展的社会因素有基础设施建设、金融环境、工程建设遗留问题、生态贫困、产业结构和自身发展水平、民族文化等。④金莲等对生

---

① 张志强、孙成权、程国栋、牛文元:《可持续发展研究:进展与趋向》,《地球科学进展》1999 年第 6 期。
② 郝晓辉:《可持续发展指标体系初探》,《世界环境》1996 年第 1 期。
③ 许学强、张俊军:《广州城市可持续发展的综合评价》,《地理学报》2001 年第 1 期。
④ 周鹏:《中国西部地区生态移民可持续发展研究》,博士学位论文,中央民族大学,2013 年。

态移民可持续发展相关研究表明，社会因素（政府、社区、企业及民间组织）、经济因素、自然条件、移民自身经济条件、文化思想素质是影响生态移民可持续发展的重要因素；制约生态移民社会可持续发展的因素主要有政府、社区、企业及民间组织四个方面；家庭收入水平、家庭债务负担、就业状况、培训状况、子女就学状况及医疗卫生状况等因素是影响搬迁以后的生态移民经济可持续发展的重要因素。[①②③] 陈昀等基于嵌入理论，从过程视角分析生态移民搬迁实际上是一个与原有社会经济文化联系脱嵌的过程，从而导致移民在安置地边缘化。[④] 黄海燕等认为，生态移民可持续发展能力的影响因素主要有经济收入、物质条件、居住环境、社会机会功能。[⑤] 魏向前认为，生态移民资金投入不足、基础设施建设滞后、农民技能欠缺、后续产业难以跟进是生态移民可持续发展面临的困境。[⑥]

三 促进生态移民社会可持续发展的对策

金莲等提出从政府、企业和移民三个方面着手，采取自主创业、区域劳务合作、开展现代农业实用技术培训、针对性的岗位技能培训、文化知识道德素养提升培训等措施帮助移民提升生产方式和生活方式的转型能力，促进生态移民的可持续发展。[⑦] 陈昀等认为，要实现移民与安置地的社会融合，生态移民就需要从经济、社会和心理等方面嵌入安置地社区。应确保移民享有平等权利、免受歧视和充分发挥移民个体的能

---

① 金莲、王永平：《贵州省生态移民经济可持续发展研究》，《山地学报》2019年第1期。

② 金莲、王永平、周丕东、黄海燕：《制约少数民族生态移民可持续发展的因素探究》，《生态经济》2012年第11期。

③ 金莲、王永平、周丕东、黄海燕：《贫困地区大规模生态移民可持续发展初探》，《经济研究导刊》2012年第24期。

④ 陈昀、向明、陈金波：《嵌入视角下的生态移民可持续发展》，《管理学报》2014年第6期。

⑤ 黄海燕、王永平：《城镇安置生态移民可持续发展能力评价研究——基于贵州生态移民家庭的调研》，《农业现代化研究》2018年第4期。

⑥ 魏向前：《集中连片特困地区生态移民可持续发展研究》，《长春市委党校学报》2014年第5期。

⑦ 金莲、王永平：《贵州省生态移民经济可持续发展研究》，《山地学报》2019年第1期。

动作用，充实社会资本，丰富多元文化，吸引移民积极参与社区建设、推动社会变革。① 史俊宏从生计潜力角度研究生态移民的可持续发展，他认为较低的生计潜力是导致生态移民可持续发展的主要困难和问题，所以他认为增强生态移民生计资本积累和培育、提高生态移民生计转型能力、建立和完善生态移民社会安全保护体系、合理构建旨在促进生态移民实现顺利转型的产业体系是促进生态移民可持续发展的必要措施。② 张梦媛提出从政策和物质两个要素方面保障生态移民的社会可持续发展。③ 张丽君提出牧区生态移民可持续发展的根本保障是构建政策体系，根本出路是产业支撑。④ 赵庚建议从资金、社区管理、产业开发、教育培训、法规政策五个方面促进生态移民的可持续发展。⑤ 王永平等从生态移民规划编制、移民资金筹措、配套设施建设、移民就业创业、移民教育培训、社区环境营造、社保体系建设七个方面提出促进生态移民可持续发展的对策措施。⑥ 张喻认为，一方面要充分发挥各行为主体在少数民族生态移民可持续发展中的推动作用，另一方面要充分运用地区优势和发展特色经济促进少数民族生态移民可持续发展，推动小城镇经济持续发展。⑦

社会可持续发展已经有相当成熟的研究成果，而单独涉及关于生态移民社会可持续发展的评价文献甚少，本章借鉴生态移民可持续发展研究成果，结合生态移民自身特征、移民安置点的条件选取与生态移民社会可持续发展相关指标，对贵州省生态移民的社会可持续发展进行深入

---

① 陈昀、向明、陈金波：《嵌入视角下的生态移民可持续发展》，《管理学报》2014年第6期。
② 史俊宏：《少数民族牧区生态移民可持续发展战略研究》，《生态经济》2015年第10期。
③ 张梦媛：《我国生态移民模式及可持续性研究》，硕士学位论文，北京林业大学，2015年。
④ 张丽君：《中国牧区生态移民可持续发展实践及对策研究》，《民族研究》2013年第1期。
⑤ 赵庚：《宁夏生态移民可持续发展研究》，硕士学位论文，东北大学，2014年。
⑥ 王永平、刘希磊、黄海燕、周后东：《生态移民可持续发展对策探讨：基于城镇集中安置模式的思考》，《贵州农业科学》2013年第12期。
⑦ 张瑜：《少数民族生态移民可持续发展的动力机制研究——以贵州小城镇集中安置模式为例》，《经济视角》（下）2011年第12期。

研究与评价。

第二节　评价指标体系构建

一　生态移民社会可持续发展评价指标选择的原则

（一）前瞻性原则

可持续发展本身就是一个考虑长远利益的发展理念，对某个区域进行可持续发展评价就是为了及时了解可持续发展的状态，以采取措施弥补发展中的不足之处。所以在进行可持续发展评价时，特别是选取评价指标时，既要考虑当前利益也要考虑长远利益，这样的评价结果才具有意义。①

（二）区域性原则

不同地区的搬迁农户具有自身的发展特点，区域之间社会发展的各个方面也存在极大的差异，因而在评价指标选取时，应当充分考虑各地区的特点，结合当地的发展实际情况，选取具有区域特色的指标，这样才能准确、全面地反映出研究区域的可持续发展状况。

（三）相关性原则

可持续发展是经济、社会与生态保持健康的良性发展，是各子系统间相互促进、相互协调的发展。因此，社会可持续发展评价指标的构建必须遵循相关性原则，重点考虑两个方面：一是各子系统间的相关关系指标；二是各指标间必须存在密切关系。

（四）可操作性原则

构建评价指标，尽可能选择一些数据获取便利、容易处理以及与实际情况联系紧密的指标，由此保证选取指标具备可操作性，以便在信息不完备时，有利于调节系统使其不断协调，并进而实现可持续发展。②

---

① 洪银兴：《可持续发展经济学》，商务印书馆2000年版，第79—80页。
② 贾若祥、刘毅：《中国区域可持续发展状态及类型划分》，《地理研究》2003年第5期。

二 生态移民社会可持续发展指标选择的方法

根据贵州省生态移民区域特征，按照可持续发展评价指标选取原则，采用"自上而下"和"自下而上"相结合的方法，构建贵州省生态移民社会可持续发展评价指标体系（见图7-1）。所谓"自上而下"，就是依据区域系统特殊性，根据框架自上而下分解评价目标，每一个评价目标与每一级子系统相对应。所谓"自上而下"，就是以现有数据为基础，运用数据统计分析方法，提取反映区域各子系统的主要信息，构建合适的指标体系。通过"自上而下"和"自下而上"两种方法的充分结合，既体现系统特征，又兼顾现有数据，构建出反映现象状况的评价指标体系。[①]

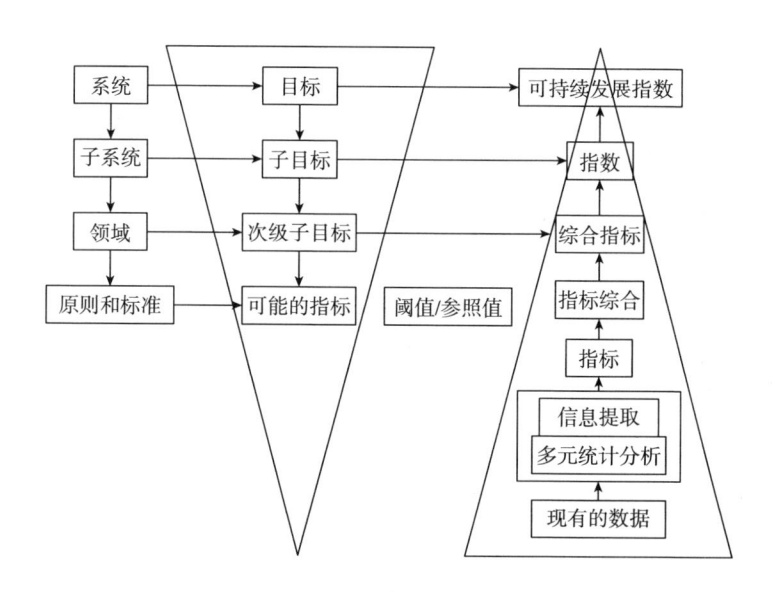

图 7-1 指标筛选方法示意[②]

[①] 李利锋、郑度：《区域可持续发展评价：进展与展望》，《地理科学进展》2002 年第 3 期。

[②] 李利锋、郑度：《区域可持续发展评价：进展与展望》，《地理科学进展》2002 年第 3 期。

三 贵州省生态移民社会可持续发展指标体系

通过参考相关学者对生态移民可持续发展的研究和有关社会可持续发展评价指标的选取，本章结合贵州省生态移民各安置区社会发展的特点，遵循可持续发展评价原则，并且根据调研实际所获得的样本数据反复进行"从上到下"和"从下到上"筛选，最终构建出贵州省生态移民社会可持续发展三级评价指标体系（见表7-1）。

表7-1 贵州省生态移民社会可持续发展评价指标体系

一级指标	二级指标	三级指标
社会可持续发展状况	人口素质+（%）	参与培训的比例
		高中及以上学历比例
		具有技能特长的比例
		健康状况良好人数的比例
	就业状况+（%）	创业比例
		安置点产业园区就业比例
		外出务工比例
		务农比例
		政府安排的公益性岗位就业比例
	居住环境+（%）	对现居住环境满意的比例（%）
		平均每户居住面积（平方米）
		五公里以内农贸市场数量（个）
		五公里以内小学初中学校数量（个）
		五公里以内银行数量（个）
		五公里以内医院数量（个）
	生活质量水平+（%）	搬迁后生活水平上升比例
		拥有摩托车电动车比例
		拥有电脑比例
		拥有移动电话（手机）比例
		拥有电视机（彩色）比例
		拥有洗衣机比例
		拥有电饭煲比例

续表

一级指标	二级指标	三级指标
社会可持续发展状况	社会关系＋（%）	困难时能找到现在的邻居帮助的比例
		困难时能找到亲戚朋友帮助的比例
		困难时能找到金融机构帮助的比例
		困难时能得到资金帮助的比例
		与亲朋好友交往频繁的比例
	目前面临的困难－（%）	缺少发展资金的比例
		债务负担重的比例
		就业困难的比例
		生活成本增加压力大的比例

将贵州省的生态移民社会可持续发展作为一级目标层，二级评价指标包括人口素质状况、就业状况、居住环境、社会关系、生活质量水平和目前面临的困难6个方面，最终确定30个三级指标，从而比较客观、全面地反映和评价贵州省生态移民社会可持续发展的现状。

第三节 生态移民社会可持续发展现状

一 人口素质状况

人口是一个区域发展的主体，社会的进步能够促进人口素质的提升，反过来良好的人口素质也能影响社会的发展，一个地区的人口素质状况往往能反映该地区社会整体文明和发展程度。为了更为细致地评价生态移民的人口素质状况，本章选择了移民的高中及以上学历比例、具有技能特长的比例、健康状况良好人数的比例、参与培训的比例4个指标来具体分析贵州省生态移民的人口素质状况。

（一）高中及以上学历比例

受教育程度反映了一个地区整体的知识智力结构和水平，一般而言，它能反映生态移民后续发展潜力，即人均受教育程度越高，整体发展的潜力就越强。从表7－2可以看出，2015年初中及以下学历人数占总样本人数的90.43%,高中及以上学历占总样本人数的9.58%,2017年初中及以下学历人数占总样本人数的93.38%,高中及以上学历占总样本人数的6.62%,说明整体学历偏低,2015年与2017年生态移民学历层次结构比例没有明显的差异,这是因为一个地区人口学历状况的改善需要经过长时间的积累与发展才能达到预期目标。

表7-2　　　　　　　　　生态移民学历状况统计

文化程度	2015年		2017年	
	频数(个)	频率(%)	频数(个)	频率(%)
小学及以下	327	55.90	250	63.61
初中	202	34.53	117	29.77
高中	28	4.79	18	4.58
高中以上	28	4.79	8	2.04
合计	585	100.00	393	100.00

(二) 参与培训的比例

目前生态移民的整体学历偏低,在搬迁到城镇安置点后,面临生计转型的问题。通过参与政府组织的技能学习活动,积极参加就业创业培训,能帮助移民尽快认识和适应新的生产生活环境,学习到新的就业技能。现阶段移民培训的主要内容有就业创业培训、养殖业培训、种植业培训,从2015年和2017年这两年移民参与培训的情况看(见表7-3),在2015年调查的585个家庭户主中只有58人(9.90%)参与培训,在2017年调查的393个户主中只有41人(10.43%)参与培训,说明贵州省生态移民培训的参与性和积极性不高。而且2017年与2015年相比,参与各类培训的移民人数比例没有明显增加,原因有两点:一是安置点移民培训相关部门没有积极宣传和组织各种就业技术技能的培训;二是生态移民自身学习意识不足,参与培训的积极性不高。

表7-3　　　　　　　　　生态移民参与培训具体状况

参与培训内容	2015年		2017年	
	频数(个)	频率(%)	频数(个)	频率(%)
就业创业培训	28	4.79	18	4.58
养殖业培训	2	0.30	4	1.02

续表

参与培训内容	2015年		2017年	
	频数（个）	频率（%）	频数（个）	频率（%）
种植业培训	25	4.30	5	1.27
其他	3	0.50	14	3.56
合计	58	9.90	41	10.43

（三）具有技能特长的比例

本章所指的特长表现为移民所具有的工作劳动方面的特长，即具备的技术技能特长。技能特长可以作为生态移民的一项生计资本，是一种谋生手段，随着社会的发展和进步，移民也需要不断更新和学习新的特长以适应新的社会需求。据实地调研了解到贵州省生态移民具有的比较传统的技能特长有木材家具制作、打铁、工艺品制作、兽医、刺绣、编背篓、酿酒等。在2015年调查的585个户主中有43人（7.35%）具有这些传统的技术技能，2017年调查的393个户主中有16人（4.07%）具有这些传统的技术技能。其他方面技能特长主要包括做菜、泥水建筑、销售、种地、经商、装修等，2015年174人（29.74%）具有这些技能特长，2017年149人（37.91%）具有这些技能特长。2017年与2015年相比，传统特长比例都有下降。总的看来，虽然2017年生态移民拥有的特长类型不断丰富，但是拥有特长的生态移民人数较少，因此需要通过培训等方式增强移民自身的技能特长。

表7-4　　　　　　　　　　生态移民特长具体状况

具有特长类型	2015年		2017年	
	频数（个）	频率（%）	频数（个）	频率（%）
木材家具制作	24	4.10	7	1.78
打铁	3	0.51	2	0.51
工艺品制作	8	1.37	5	1.27
刺绣	5	0.85	2	0.51
兽医	3	0.51	0	0.00
其他	174	29.74	149	37.91
合计	217	37.09	165	41.98

(四)健康状况良好人数的比例

健康的身体是生活和发展的前提,据了解,全国许多贫困家庭是因病致穷,主要表现为身体不好或身体残疾导致无法工作,没有稳定的收入来源。移民的健康问题不但影响自身的生存,而且贫困在一定程度上给社会造成负担,阻碍区域社会经济的发展。要实现区域长期的可持续发展,必须加强移民的身体素质,因而生态移民的健康状况可以作为评价社会可持续发展的一项重要因素,本章将身体一般、较好和很好都视为健康,不太好和很不好视为不健康。从表7-5可以看出,2015年有87.86%的人身体健康,12.13%的人不健康①。2017年84.48%的人健康,15.52%的人不健康。可见2017年个别移民的身体素质有下降,即100个人就有15.52个人有身体健康问题,移民健康问题应该受到关注和重视。

表7-5 生态移民健康状况

健康状况	2015年		2017年	
	频数(个)	频率(%)	频数(个)	频率(%)
很好	248	42.39	165	41.98
较好	170	29.06	102	25.95
一般	96	16.41	65	16.54
不太好	66	11.28	55	13.99
很不好	5	0.85	6	1.53
合计	585	100.00	393	100.00

注:由于四舍五入问题,本表中比例总数可能不为100%。

二 就业状况

就业是民生之本,地区的就业状况和就业质量能够反映区域发展是否稳定,高质量就业是社会稳定发展的重要保障。在搬迁之前,这些移民大多数以务农和外出务工为谋生方式,搬迁到安置点之后,务农移民无法再耕种土地,面临着失业、没有稳定收入、生活成本高等诸多生计问题,因而确保移民实现稳定就业是全面完成生态移民工程后续工作的

---

① 由于四舍五入问题,健康人和不健康人两者比例相加略大于100%或略小于100%。

重要内容。本章根据贵州省生态移民就业特征,选择创业比例、安置点产业园区就业比例、政府安排的公益性岗位就业比例、外出务工比例、务农比例五项就业指标来反映生态移民的就业状况。

从调查的样本统计数据来看(见表7-6),搬迁之后,2015年贵州省生态移民的整体就业率是70.09%,2017年的整体就业率大约是58.52%,相比2015年下降了11.57%,移民就业不稳定,面临生计风险。2015年移民的创业、安置点产业园区就业、政府安排的公益性岗位、外出务工、务农的比例分别是9.57%、2.22%、1.03%、40.51%、16.75%。2017年为5.34%、2.29%、0.51%、32.57%、17.81%,外出务工的比例占总就业率的一半以上,而且多数都是从事建筑工人生产制造类的工作;在安置点就业的人员占已就业人员的58.52%;回原居住地务农的占5.85%。其中,外出务工的比例下降明显,这可能是受到全国经济环境的影响,也说明了生态移民的就业对外部就业市场的依赖较大。至于移民创业方面,起初由于政府对移民创业进行了多方面的鼓励扶持,2015年创业比例为9.56%,但是到了2017年就下降到了5.34%,其原因可能是因为移民自身缺乏创业技术和经验,创业积极性没有得以体现。2015年和2017年政府直接安排的安置点产业园区和公益性岗位就业比例都在2%左右,吸纳就业能力弱。总体来看,贵州省生态移民安置点当地就业岗位少,对外部依赖性较大且缺乏技术技能,就业优势不足,整体就业率有较大幅度下降。

表7-6　　　　　　　　　就业状况统计

就业状况		2015年		2017年	
		频数(个)	频率(%)	频数(个)	频率(%)
创业	商业服务	15	2.56	1	0.25
	餐饮	15	2.56	4	1.02
	交通运输	5	0.85	2	0.51
	工艺品	1	0.17	1	0.25
	家具	6	1.03	3	0.76
	其他	14	2.39	10	2.54
	合计	56	9.56	21	5.34

续表

就业状况		2015 年		2017 年	
		频数（个）	频率（%）	频数（个）	频率（%）
安置点产业园区就业	管理人员	1	0.17	1	0.25
	技术人员	0	0.00	0	0.00
	销售人员	1	0.17	0	0.00
	工人	7	1.20	7	1.78
	保安	2	0.34	0	0.00
	其他	2	0.34	1	0.25
	合计	13	2.22	9	2.29
政府安排的公益性岗位	社区管理	1	0.17	0	0.00
	社区保安	1	0.17	1	0.25
	环卫工人	0	0.00	1	0.25
	绿化	0	0.00	0	0.00
	幼儿教师	0	0.00	0	0.00
	其他	4	0.68	0	0.00
	合计	6	1.03	2	0.51
外出务工	建筑装修	100	17.09	53	13.49
	制造业	53	9.06	44	11.20
	餐饮服务	11	1.88	4	1.02
	商业服务	10	1.71	2	0.51
	农业	2	0.34	4	1.02
	其他	61	10.43	21	5.34
	合计	237	40.51	128	32.57
务农	回原居住地务农	37	6.32	23	5.85
	安置点务农	61	10.43	47	11.96
	合计	98	16.75	70	17.81
总计		410	70.09	230	58.52

注：由于四舍五入问题，本表中合计比例与实际算出的比例可能有误差，总比例也可能不为100%。全书表格下同。

三 居住环境

良好的居住环境有益于人们的身心健康，促进社区居民和谐发展，方便人们生产生活，有利于区域和谐稳定。居住环境主要包括基础公共设施条件和环境条件，贵州省生态移民的安置方式大多数是小城镇集中安置模式，水、电、交通等公共基础设施条件比较完备。本章根据安置点生态移民对现居住环境满意的比例、平均每户居住面积、"五公里以内"的公共基础设施条件来评价生态移民居住环境整体情况。由表7-7可知，居住环境整体状况良好，2015年有67.69%的移民对安置点的居住环境感到满意，2017年下降到了59.80%，可能是由于移民不太适应城镇的生产生活方式以及日常消费压力增大等原因所致。2015年平均每户居住面积125平方米，2017年平均每户居住面积118平方米，因为住房建设方式从统建自建相结合转为以统建为主，平均住房面积有所下降。在调查的十个安置点中，"五公里以内"的基础公共设施也比较健全，基本上平均每个安置点都有相应的学校、银行、医院、农贸市场，可以满足移民日常生活需要。

表7-7　居住环境状况统计

复合指标	具体指标	频数	
		2015年	2017年
居住环境	对现居住环境满意的比例（%）	392（67.69%）	235（59.80%）
	平均每户居住面积（平方米）	125	118
	五公里以内农贸市场数量（个）	9	9
	五公里以内小学初中学校数量（个）	18	18
	五公里以内银行数量（个）	9	9
	五公里以内医院数量（个）	9	9

四　生活质量

生活质量是社会发展的结果，主要体现在人们对物质生活资料占有和工具使用方面，从微观角度比较一个地区的社会平均生活质量情况，能够反映一个地区的发展程度和水平。当前，电饭煲、洗衣机、电视机、电动车、手机电脑等生产生活工具已经成为最基本生活要素。但是，生态移民在搬迁之前对于这些生活资料和工具的拥有量都较少。从移民对搬迁后生活质量是否上升的主观认识可看出，2015年只有25.30%的人认为搬迁后生活质量水平上升，而2017年有46.31%的移民认为搬迁后生活质量水平上升。此外，随着生态移民对安置点生产生活方式的逐步适应，2017年家庭拥有基本生产生活工具的比例相比于2015年都有所增加。从这些指标的变化可以看出，生态移民在生活质量这一方面有明显的改善和提升。

表7-8　　　　　　　　　　生活质量状况统计

二级指标	三级指标	2015年		2017年	
		频数（个）	频率（%）	频数（个）	频率（%）
生活质量	搬迁后生活水平上升	148	25.30	182	46.31
	拥有摩托车、电动车比例	175	29.91	186	47.33
	拥有电脑比例	24	4.10	55	13.99
	拥有移动电话（手机）比例	484	82.74	384	97.71
	拥有电视机（彩色）比例	427	72.99	347	88.30
	拥有洗衣机比例	246	42.05	336	85.50
	拥有电饭煲比例	412	70.43	378	96.18

五　社会关系

社会关系作为一种社会资本，对生态移民社会可持续发展具有重要影响，良好的社会关系能让移民获取更多的资源和帮助，也可以反映移民的社会融入程度。介于生态移民本身的人际关系比较单一，本章选择困难时能得到帮助的情况，比如困难时能找到现在邻居、亲戚朋友、金融机构帮助的比例，以及能得到资金帮助的比例、与亲朋好友交往频繁的比例五个指标来评价生态移民的社会关系状况。从统计的数据可知，2015年和2017年困难时能找到现在邻居帮助的移民比例分别是4.96%、12.98%，困难时能找到亲戚朋友帮助的比例分别是29.23%、40.20%，困难时能找到金融机构帮助的比例分别是26.67%、22.39%，困难时能得到资金帮助的比例分别是91.97%、81.93%，与亲朋好友交往频繁的比例分别是61.54%、69.47%。在大多数情况下，他们获得资金帮助的比例比较大，有助于度过困难时期，所以，从社会关系的各个指标来看，大部分移民困难时能得到不同程度的帮助，其社会的融入度较高，有助于贵州省生态移民的社会可持续发展。

表7-9　　　　　　　　　　社会关系状况统计

复合指标	具体指标	2015年		2017年	
		频数（个）	频率（%）	频数（个）	频率（%）
社会关系	困难时能找到现在邻居帮助的比例	29	4.96	51	12.98
	困难时能找到亲戚朋友帮助的比例	171	29.23	158	40.20
	困难时能找到金融机构帮助的比例	156	26.67	88	22.39
	困难时能得到资金帮助的比例	538	91.97	322	81.93
	与亲朋好友交往频繁的比例	360	61.54	273	69.47

六　目前面临的困难

生态移民在搬迁到新的安置点之后，许多移民失去了土地生计资本，尤其是以务农为主的移民，他们缺乏专业技术技能，面对新的生活方式和新的环境，他们面临着缺少发展资金、债务负担重、就业困难、生活成本增加等问题和困难，不利于生态移民的社会可持续发展。2015年移民面临缺少发展资金、债务负担重、就业困难、生活成本增加压力大的比例分别是44.96%、44.10%、25.98%、44.79%，2017年则为38.42%、23.66%、20.10%、41.98%。2017年相比2015年具有这些困难的移民比例都有所下降，说明移民面临的这些困难和问题逐步得到解决。虽然各方面的困难有所改善，但是仍然还有一部分的人困难没有解决，38.42%的人面临缺少发展资金的困难，41.98%的人面临生活成本增加压力大的困难，20.10%的人面临就业困难，23.66%的人面临债务负担重的困难，实现社会的可持续发展仍然还要经过较长时间的实践，需要继续从这几方面解决移民困难。

表7-10　　　　　　　　　　目前面临的困难状况

复合指标	具体指标	2015年		2017年	
		频数（个）	频率（%）	频数（个）	频率（%）
目前面临的困难	缺少发展资金的比例	263	44.96	151	38.42
	债务负担重的比例	258	44.10	93	23.66
	就业困难的比例	152	25.98	79	20.10
	生活成本增加压力大的比例	262	44.79	165	41.98

第四节　模型构建与计算

一　评价方法

上一节对贵州省生态移民社会可持续发展评价的各项指标以及所搜集的样本数据进行了描述性统计分析，本节将通过计算2015年和2017年贵州省生态移民社会可持续发展的综合指数来更加深入地了解其社会可持续发展的现状。基本思路是首先运用均值化处理方式对原始数据进行无量纲化处理，然后运用变异系数法求每个三级指标在所属的二级指标系统中的权重，最后计算各二级指标可持续发展综合指数。该方法的优点是可以根据发展指数综合评价每个二级指标对生态移民社会可持续发展的贡献程度，但是由于调研数据只有两年，在进行数据无量纲化处理时采用的是均值化方式，因此计算的数据存在一定的片面性，再加上目前缺乏生态移民社会可持续发展综合指数的相关评价标准，所以本章计算出来的各个二级指标的可持续发展综合指数不具有横向对比性，即不能像其他评价综合指数一样进行等级划分，而着重于纵向对比2015年和2017年各级社会可持续发展综合指数的变化情况。各个指标评价值与指标权重有较大相关性，权重又由各指标内部差异程度决定，差异越大权重越大，差异越小权重越小，由此可以评价2015年和2017年社会可持续发展的变化程度。

二　数据处理

各个指标类型和单位不同，量级和量纲存在差异，为了计算各指标的综合值必须对其进行无量纲化处理，一般都采用极差变换法，但是由于只有两年的样本调研数据，所以本章采用均值方法，即该指标数值与平均值的比，分别计算出每个二级指标系统中各三级指标的标准化值。标准化值 U_{jki} 计算公式为：

$$U_{jki} = \frac{X_{jki}}{X_{ki}}$$

式中，U_{jki} 为指标在 j 年第 k 个二级指标系统中第 i 个三级指标无量纲化的值，X_{jki} 为指标在 j 年第 k 个二级指标系统中第 i 个三级指标的实际值，X_{ki} 为第 k 个二级指标系统中第 i 个三级指标的平均值。

三 权重测算

（一）变异系数法原理

为了将主观因素和极值指标造成的影响最小化，并将数据间的微小差异显现出来，本章采用较高精度的变异系数法确定权重。变异系数法是一种非主观的赋权方法，将数据的标准差和平均值求比获取权重。变异系数越大，其分布变异性则越大，因此赋予较大权重；反之，则反之。如果两年的指标值没有变化，则权重就会是零，说明该指标所对应的条件没有改善和进步。

（二）权重计算

本次筛选出 6 个二级指标系统 30 个三级指标对 2015 年和 2017 年贵州省生态移民社会可持续发展进行评价，权重计算公式为：

$$W_{kt} = \frac{V_{ki}}{\sum_{i}^{n} V_{ki}} \quad V_{ki} = \frac{S_{ki}}{\overline{X}_{ki}}$$

式中，W_{kt} 为第 k 个二级指标系统中第 i 个三级指标的权重值，V_{ki} 为第 k 个二级指标系统中第 i 个三级指标的变异系数，$\sum_{i}^{n} V_{ki}$ 为第 k 个二级指标系统所有指标变异系数之和。S_{ki} 为第 k 个二级指标系统中第 i 个三级指标的标准差，$\overline{X}_{ki}$ 为第 k 个二级指标系统中第 i 个三级指标的平均值。

表 7-11　　　　　　　人口素质指标无量纲化值及权重

二级指标	三级指标	标准化值		变异系数 V	权重 W
		2015 年	2017 年		
人口素质 + (%)	参与培训的比例	0.99	1.01	0.02	0.05
	高中及以上学历的比例	1.18	0.82	0.25	0.60
	具有技能特长的比例	0.94	1.06	0.09	0.21
	健康状况良好人数的比例	1.04	0.96	0.06	0.14

表 7-12　　就业状况各指标无量纲化值及权重

二级指标	三级指标	标准化值 2015 年	标准化值 2017 年	变异系数 V	权重 W
就业状况 +（%）	创业比例	1.33	0.67	0.47	0.41
	安置点产业园区就业比例	0.98	1.02	0.02	0.02
	外出务工比例	1.11	0.89	0.15	0.13
	务农比例	0.97	1.03	0.04	0.03
	政府安排的公益性岗位就业比例	1.34	0.66	0.47	0.41

表 7-13　　居住环境各指标无量纲化值及权重

二级指标	三级指标	标准化值 2015 年	标准化值 2017 年	变异系数 V	权重 W
居住环境 +（%，m²，个）	对现居住环境满意的比例（%）	1.06	0.94	0.08	0.66
	平均每户居住面积（平方米）	1.03	0.97	0.04	0.34
	"五公里以内"农贸市场数量（个）	1	1	0	0
	"五公里以内"小学初中学校数量（个）	1	1	0	0
	"五公里以内"银行数量（个）	1	1	0	0
	"五公里以内"医院数量（个）	1	1	0	0

表 7-14　　生活质量水平各指标无量纲化值及权重

二级指标	三级指标	标准化值 2015 年	标准化值 2017 年	变异系数 V	权重 W
生活质量水平 +（%）	搬迁后生活水平上升比例	0.70	1.30	0.42	0.17
	拥有摩托车、电动车比例	0.78	1.22	0.31	0.13
	拥有电脑比例	0.44	1.56	0.79	0.32
	拥有移动电话（手机）比例	0.92	1.08	0.12	0.05
	拥有电视机（彩色）比例	0.91	1.09	0.13	0.05
	拥有洗衣机比例	0.66	1.34	0.48	0.19
	拥有电饭煲比例	0.84	1.16	0.22	0.09

表 7 – 15　　　　　社会关系各指标无量纲化值及权重

二级指标	三级指标	标准化值 2015 年	标准化值 2017 年	变异系数 V	权重 W
社会关系 + (%)	困难时能找到现在的邻居帮助的比例	0.56	1.44	0.63	0.54
	困难时能找到亲戚朋友帮助的比例	0.84	1.16	0.23	0.19
	困难时能找到金融机构帮助的比例	1.10	0.90	0.14	0.12
	困难时能得到资金帮助的比例	1.06	0.94	0.08	0.07
	与亲朋好友交往频繁的比例	0.94	1.06	0.09	0.08

表 7 – 16　　　　　目前面临的困难各指标无量纲化值及权重

二级指标	三级指标	标准化值 2015 年	标准化值 2017 年	变异系数 V	权重 W
目前面临的困难 – (%)	缺少发展资金的比例	1.08	0.92	0.12	0.16
	债务负担重的比例	1.29	0.71	0.42	0.54
	就业困难的比例	1.13	0.87	0.18	0.24
	生活成本增加压力大的比例	1.03	0.97	0.05	0.06

三　计算结果

根据无量纲化的指标值和各指标的权重,最后可计算出贵州省生态移民社会可持续发展二级评价指标综合指数。社会可持续发展综合指数计算公式为:

$$F_{jk} = \sum_{i}^{n} U_{jki} W_{ki}$$

式中,F_{jk} 表示第 j 年第 k($k=6$)个二级指标系统的社会可持续发展综合值,U_{jki} 表示第 j 年第 k 个二级指标系统中第 i 个指标的标准化值,W_{ki} 表示第 k 个二级指标系统中第 i 个指标的权重值。

表7-17　　　　　　　　　　人口素质状况综合指数值

二级指标	三级指标	综合指数	
		2015年	2017年
人口素质+ （%）	参与培训的比例	0.05	0.05
	高中及以上学历的比例	0.70	0.49
	具有技能特长的比例	0.20	0.23
	健康状况良好人数的比例	0.15	0.13
	合计	1.10	0.90

表7-18　　　　　　　　　　就业状况综合指数值

二级指标	三级指标	综合指数	
		2015年	2017年
就业状况+ （%）	创业比例	0.54	0.27
	安置点产业园区就业比例	0.02	0.02
	外出务工比例	0.14	0.12
	务农比例	0.03	0.04
	政府安排的公益性岗位就业比例	0.55	0.27
	合计	1.28	0.72

表7-19　　　　　　　　　　居住环境综合指数值

二级指标	三级指标	综合指数	
		2015年	2017年
居住环境+ （%，m²，个）	对现居住环境满意的比例（%）	0.71	0.63
	平均每户居住面积（平方米）	0.35	0.34
	"五公里以内"农贸市场数量（个）	0.00	0.00
	"五公里以内"小学初中学校数量（个）	0.00	0.00
	"五公里以内"银行数量（个）	0.00	0.00
	"五公里以内"医院数量（个）	0.00	0.00
	合计	1.06	0.97

表7-20　　　　　　　　　　生活质量水平综合指数值

二级指标	三级指标	综合指数	
		2015年	2017年
生活质量水平+（%）	搬迁后生活水平上升比例	0.12	0.22
	拥有摩托车、电动车比例	0.10	0.15
	拥有电脑比例	0.14	0.50
	拥有移动电话（手机）比例	0.04	0.05
	拥有电视机（彩色）比例	0.05	0.06
	拥有洗衣机比例	0.13	0.26
	拥有电饭煲比例	0.08	0.10
	合计	0.66	1.34

表7-21　　　　　　　　　　社会关系综合指数值

二级指标	三级指标	综合指数	
		2015年	2017年
社会关系+（%）	困难时能找到现在的邻居帮助的比例	0.30	0.78
	困难时能找到亲戚朋友帮助的比例	0.16	0.22
	困难时能找到金融机构帮助的比例	0.14	0.11
	困难时能得到资金帮助的比例	0.07	0.06
	与亲朋好友交往频繁的比例	0.07	0.08
	合计	0.74	1.25

表7-22　　　　　　　　　　目前面临的困难综合指数值

二级指标	三级指标	综合指数	
		2015年	2017年
目前面临的困难-（%）	缺少发展资金的比例	0.17	0.14
	债务负担重的比例	0.70	0.38
	就业困难的比例	0.27	0.21
	生活成本增加压力大的比例	0.07	0.06
	合计	1.21	0.79

表7-23　　　　　　　　　　贵州省生态移民社会可持续发展综合值

一级指标	综合指数	
	2015年	2017年
贵州省生态移民社会可持续发展	6.05	5.98

第五节 实证结果分析

一 贵州省生态移民社会可持续发展整体状况

2015年社会可持续发展综合指数值为6.05,2017年社会可持续发展综合指数值为5.98,说明贵州省生态移民社会可持续发展状况不乐观。在图7-2中,虚线代表2015年社会可持续发展二级指标综合发展指数,实线代表2017年社会可持续发展二级指标综合发展指数,可以看出2017年生活质量、社会关系的综合指数明显上升,目前面临的困难综合指数下降,说明生态移民生活质量、社会关系、目前面临的困难整体状况有所改善,对生态移民社会可持续发展具有积极的影响。居住环境方面两年没有明显的变化,但是人口素质和就业状况的综合指数下降的幅度较大,其中就业状况的综合指数下降幅度是最大的,而就业又正是实现社会可持续发展关键的一环,说明就业问题是影响贵州省生态移民社会可持续发展最大的阻碍因素。因此总体来看,贵州省生态移民社会可持续发展具备条件,但是仍然需要集中精力解决移民的就业问题。

二 人口素质

人口素质所选取的四个三级指标均对生态移民社会可持续发展产生正向作用。同样虚线代表2015年人口素质状况各个指标的发展指数,实线代表2017年人口素质状况各个指标的发展指数。

从图7-3可看出,2015年人口素质状况的综合指数是1.10,2017年的综合指数为0.90。2015年和2017年参与培训的比例指数均为0.05,2015年高中及以上学历比例的指数为0.70,2017年的指数下降到0.49,这可能是因为人才的外流所导致。2015年具有技能特长比例指数为0.20,2017年为0.23,略有上升。2015年健康状况良好人数比例指数为0.15,2017年为0.13,略有下降。总的来看,高中及以上学历的比例指数有明显下降,参与培训情况、技能特长、健康状况三个指标的指数变化差异均不大。所以要想推进生态移民社会可持续发展,今后可以将工作的重点放在移民培训、提升移民的技术技能、培养自身就业特长、健康管理、人才引进等方面。

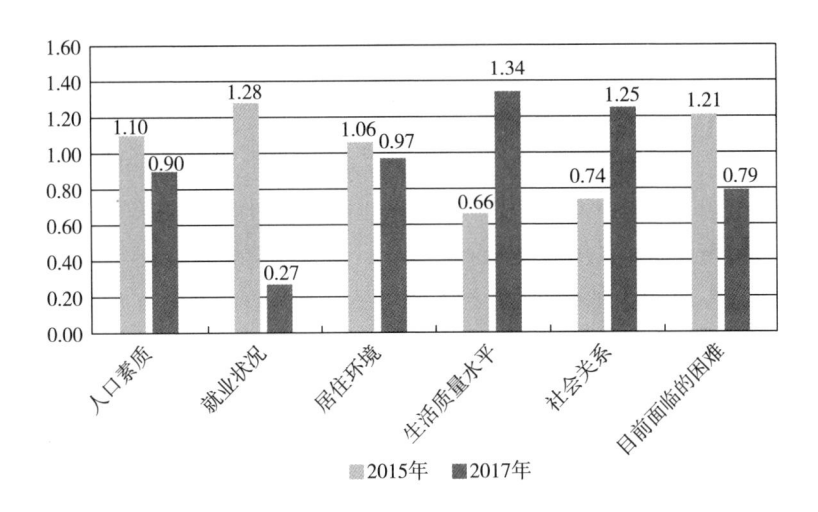

图7-2 生态移民社会可持续发展整体综合指数

注：横坐标代表具体指标，纵坐标表示指标综合值，下同。

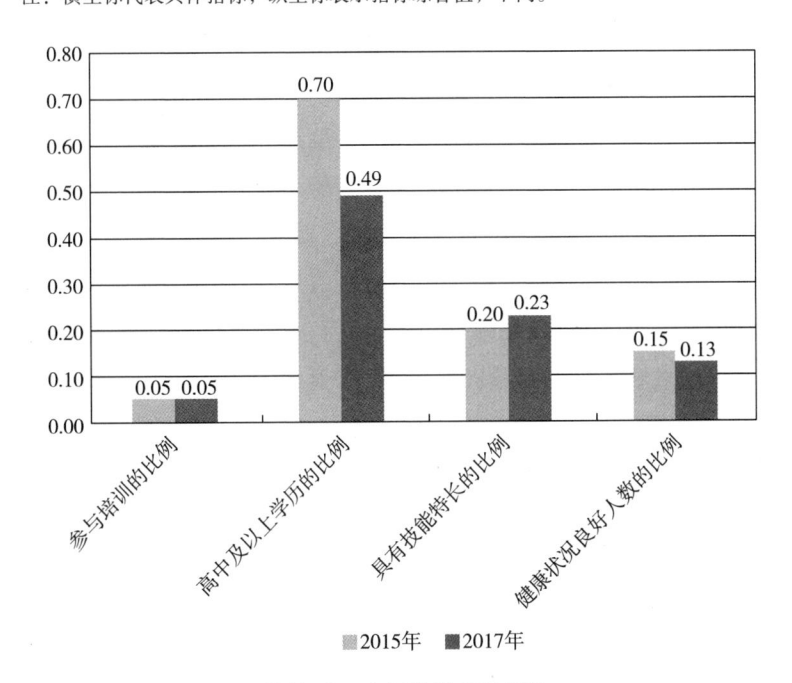

图7-3 人口素质状况指数

三 就业状况

由于移民缺乏熟练的技术技能、受教育程度低、安置点就业岗位较少、自主创业能力有限等,大约有1/4的移民家庭存在就业问题,没有稳定的收入来源,就业可持续发展综合指数较低。搬迁之初,在就业方面,政府会为符合条件的移民提供公益性就业岗位,允许有能力的少数移民继续在原居住地务农,为当地创业的移民提供资金、政策扶持,2015年生态移民的就业综合发展指数为1.28。但是,由于移民自身就业创业技术技能的缺乏,学习意识和学习能力低下,又存在人岗匹配问题,2017年就业发展情况并没有稳步提升反而呈现下降趋势,就业综合发展指数下降到0.72。由图7-4可知,一方面是创业比例严重下降,2015年创业比例指数为0.54,2017年创业比例指数为0.27;另一方面是由于政府安排的公益性岗位就业比例严重下降,2015年政府安排的公益性岗位就业比例指数为0.55,2017年政府安排的公益性岗位就业比例指数为0.27。但是,安置点产业园区就业比例、外出务工比例、务农比例的指数基本保持稳定,这些传统的维持生计的方式在短期内甚至会在很长的一段时期内持续下去。总的来看,生态移民的就业状况令人担忧,就业指数有明显下降,这将不利于生态移民的社会可持续发展。归根结底还是因为移民自身素质以及技术技能的缺乏,就业竞争力不强。

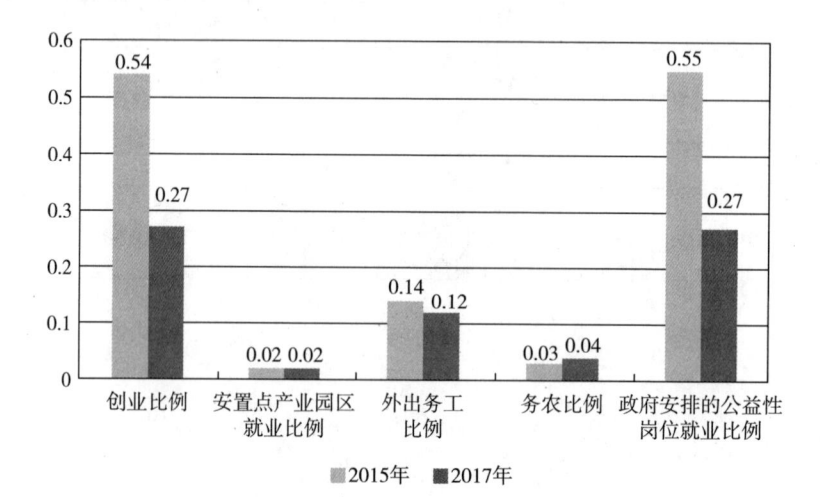

图7-4 就业状况指数

四 居住环境

2015年贵州省生态移民居住环境可持续发展综合指数为1.06，2017年为0.97，两年差异不大。公共基础设施2015年和2017年一样，因而这些指标对居住环境综合指数差异没有影响。主要差异表现为对现居住环境满意的比例和平均每户居住面积两个指标上，2015年对现居住环境满意比例的指数为0.71，2017年下降为0.63，很大程度上是由于生活成本高、面临失业无收入来源、政府补贴减少等原因造成的。所以应该继续改善安置点的居住环境，保障移民的基本需要，尤其是基本生活需要。

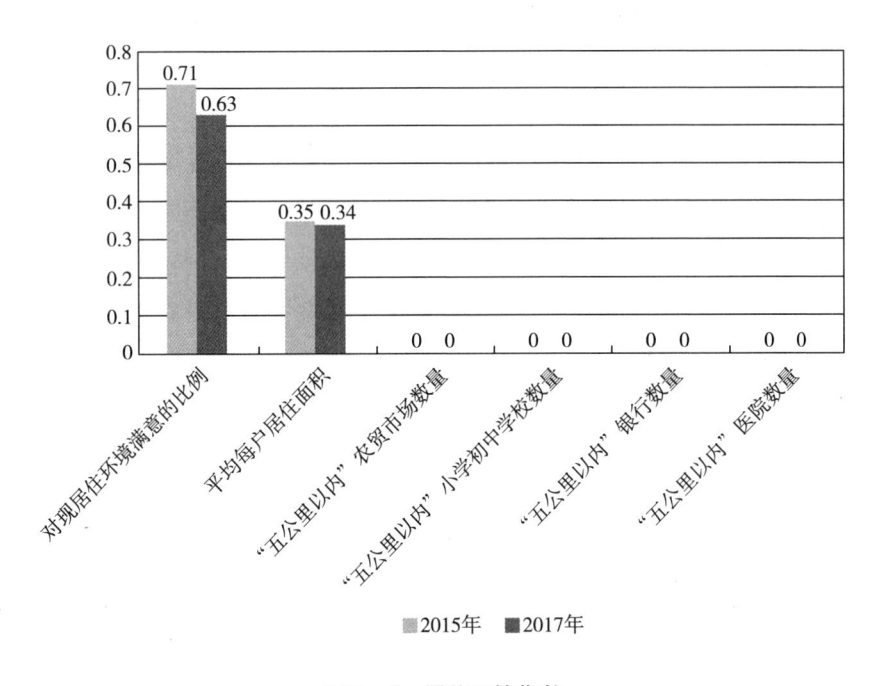

图7-5 居住环境指数

五 生活质量水平

生活质量是一个相对的概念，生活质量的高低是相对于社会整体发展水平而言的，一般情况下生活质量主要通过家庭消费水平、消费结构和家庭支出情况来体现。但是，由于调研数据的有限性，本章对生态移民生活质量可持续的评价通过家庭所拥有的基本生产生活工具，比如家庭拥有摩托车和电动车、电脑、洗衣机、手机、电饭煲等这些生活日常工具来反映。从图7-6中可以看出，2015年的生活质量水平综合发展指数是0.66，2017年增长为1.34，综合指数明显大幅度上升了，两年的综合指数差异表现在内部各个具体的指标上的变化，其中2015年搬迁后生活水平上升比例指数为0.12，拥有摩托车、电动车比例指数为0.10，拥有电脑比例指数为0.14，拥有移动电话（手机）比例指数为0.04，拥有电视机（彩色）比例指数为0.05，拥有洗衣机比例指数为0.13，拥有电饭煲比例指数为0.08。2017年搬迁后生活水平上升比例指数为0.22，拥有摩托车、电动车比例指数为0.15，拥有电脑比例指数为0.50，拥有移动电话（手机）比例指数为0.05，拥有电视机（彩色）比例指数为0.06，拥有洗衣机比例指数为0.26，拥有电饭煲比例指数为0.10。其中，最明显的就表现在拥有电脑比例的指数上升。说明贵州省生态移民在搬迁到安置点后，整体的生活质量是有所上升的，生活条件逐渐得到改善。

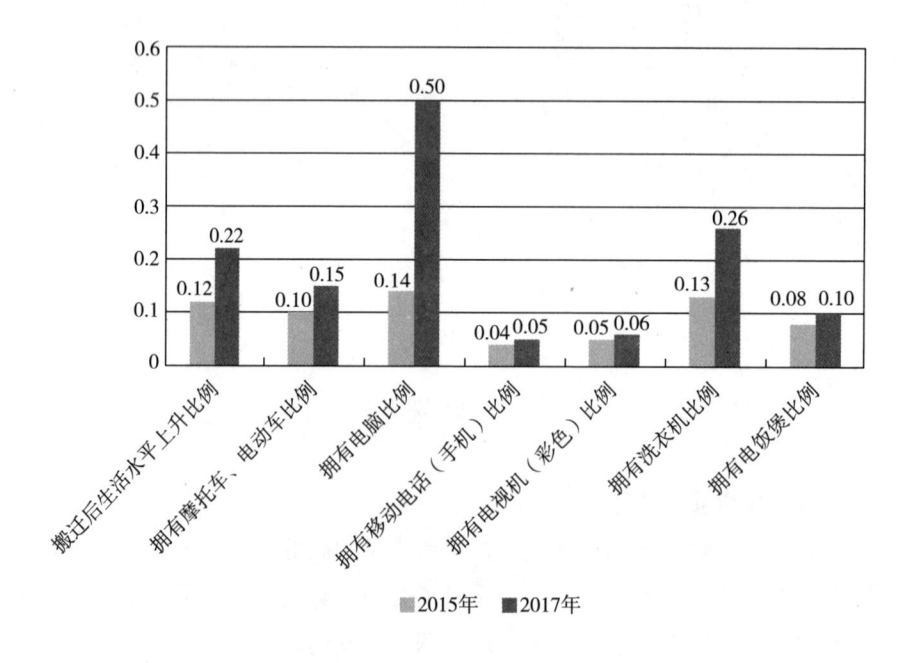

图7-6　生活质量水平指数

六 社会关系

生态移民的社会关系比较单一,来往密切的对象主要是邻居、亲戚和朋友,因而本章通过了解移民与邻居、亲朋好友的相处情况,可获得金融机构帮助以及能获得资金帮助的比例这几个方面来反映移民社会关系的可持续发展状况。2015年生态移民社会关系的综合发展指数为0.74,2017年社会关系的综合发展指数为1.25,其中困难时能找到现在的邻居帮助比例的指数上升很明显,2015年指数值为0.30,2017年该指数值上升到0.78,这说明经过两年的相处和社会活动的参与,移民搬迁到城镇安置点后能较快融入新的社会关系中去。

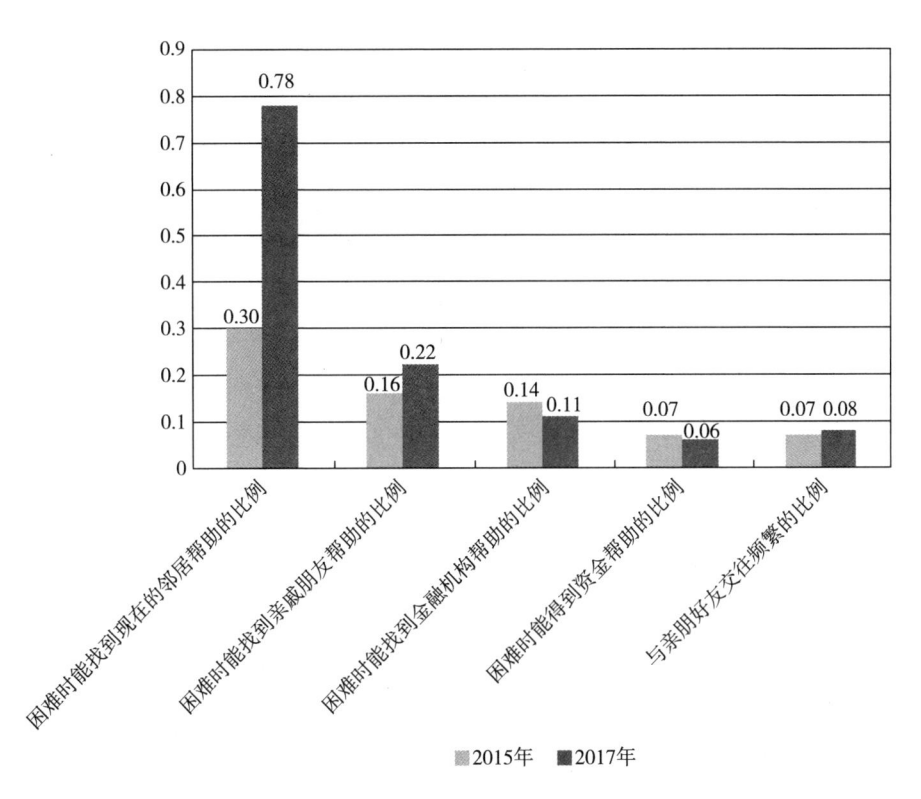

图7-7 社会关系指数

七 目前面临的困难

从图7-8可以看出,2015年生态移民的困难综合指数为1.21,2017年为0.79,显然看到各项指标均有所下降。每个指标值都有下降,其中缺少发展资金的比例的指数2015年为0.17，2017年为0.14；债务负担重比例的指数2015年为0.70，2017年为0.38；就业困难的比例的指数2015年为0.27，2017年为0.21；生活成本增加压力大比例的指数2015年为0.07，2017年为0.06，说明移民面临的困难正逐步得到解决。

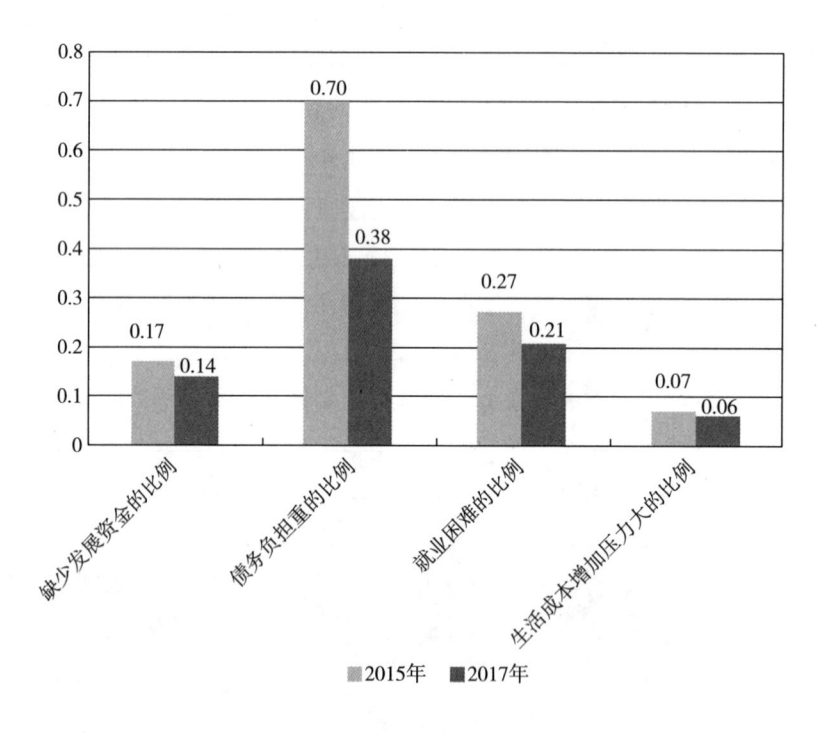

图7-8　目前面临的困难指数

第六节　结论与建议

一　贵州省生态移民社会可持续发展存在的问题

从第三节、第四节和第五节对贵州省生态移民的统计描述和发展综合指数的分析结果可知，贵州省生态移民的社会可持续发展还存在很多需要完善和解决的问题：①贵州省生态移民整体人口素质偏低，具体表现为平均受教育程度低、相关部门组织和移民主动参与培训积极性不高、缺乏技术特长、移民健康问题。②生态移民整体就业率且就业质量不高，部分移民面临失业问题，这是最主要最根本的问题。③在社会关系方面，生态移民的社会关系比较单一，尤其是在资金帮助的获取方面。④虽然移民的居住环境和生活质量方面普遍有所提升，但移民仍存在生活成本高、缺少发展资金、就业困难的问题。

二 对策建议

贵州省生态移民的社会可持续发展对于推动贵州省整体可持续发展具有重大意义，因此本章根据分析的结果和存在的问题提出如下几条建议：①安置点相关部门应该加强移民就业创业的培训，展开切实的、具体的有针对性的培训，按实际需要制定培训内容和方案，进行有针对性的培训，比如，农业技术培训、工艺技术培训、创业经验分享、就业培训、文化常识教育等。同时有必要成立专门的生态移民培训工作和监督小组，一方面监督和考评培训工作的绩效，另一方面及时了解移民对培训内容的学习状况以及他们的真实需求，以保证达到培训的目的和效果。②建立健全移民医疗保障体系，设立安置点公共卫生医院，定期进行社区健康大检查，建立生态移民健康档案管理，关注生态移民的健康问题。③根据当地的自然环境、社会经济发展等方面的优势，结合移民自身的特长，政府牵头带动移民发展当地特色产业，鼓励自主创业，并且给予移民资金、技术等方面的支持，比如水果药材之类的农业种植产业、工艺品加工制作、商业服务等。④安置点可以在节假日举办一些群众活动，鼓励群众参与，增加群众交流与沟通，多听取移民的意见，增强生态移民的社区融入，促进社会关系的发展。

本章小结

本章在参考其他学者关于生态移民可持续发展的观点和思路的基础上，对贵州省生态移民社会可持续发展进行评价，首先根据生态移民自身发展的特点，筛选出一套能反映贵州省生态移民社会可持续发展的评价指标体系，再运用描述统计和指标综合发展指数评价方法对贵州省生态移民社会可持续发展的现状进行分析，最后提出针对性的对策建议。研究结果显示：虽然居住环境、生活质量、社会关系以及面临的困难等方面社会可持续发展状况呈现出较好的趋势，但是最关键的就业状况和人口综合素质状况整体比例低且综合指数下降，说明在短期内贵州省生态移民社会可持续发展的整体现状不乐观，需要重点解决就业问题和整体人口素质问题，实现移民自身的循序渐进的可持续发展。

由于知识储备的缺乏以及可获得数据的局限性，本章存在以下三个方面的不足：第一，在评价指标选取方面，指标不够全面，涉及面相对狭隘，因而生态移民社会可持续发展水平的计算结果缺乏说服力；第二，在评价方法上，由于只有两年的数据，指标综合指数无法进行横向比较，且没有具体的评价标准，分析不够深入；第三，由于理论知识和相关实践经验的缺乏，对于移民自身及相关政策的了解不够深入详细，未能深入剖析内在原因。

第八章

生态移民生态可持续发展评价

生态环境是人类生存与发展的外界依赖,随着经济社会的加速发展,自然灾害频发、自然资源匮乏、生态功能退化、生态承载力减弱等生态环境问题日益凸显,给人类敲响了保护生态环境的警钟。生态环境问题产生的根源在很大程度上是人们为摆脱贫困、创造财富所进行的不合理行为,因而只有解决好贫困这个根本性问题,才能有效治理持续恶化的生态环境。20世纪80年代,我国以保护生态环境为目的、以提高人民生活水平为目标开始探索实施生态移民工程,以期改善贫困地区的生存环境,维持生态系统的平衡。实践证明,在工程实施过程中,通过不断深化生态环境保护理念,加大水土流失、荒漠化、石漠化综合治理力度,扩大森林、湖泊、湿地面积,加强对自然保护区的管理,推进生态保护红线工作,实施重大生态修复工程,对生态系统的改善与维护产生重要作用,我国的环境保护和生态文明建设也不断取得新成效。

第一节 研究背景和意义

一 研究背景

随着全球经济社会的快速发展,为了追求经济利益的最大化,大多数国家选择走先污染后治理的发展之路,而全球陆续爆发的各种灾难警示着世人继续走过去"先污染、后治理"的老路已然行不通,只会加速生态环境的恶化，给人类社会带来无穷无尽的灾难。造成生态环境破坏的主要原因是人类不合理的生产生活方式，而部分人口因为贫困无法自主实现对破坏性行为方式的转变，阻碍了整体保护与改善生态环境的进程，因而生态环境治理将贫困治理纳入其中成为重要的组成部分。

贫困人口多处于生态脆弱或生态环境恶化的地区，我国为兼顾解决人口贫困问题和生态环境问题，以实现人口、资源、环境与经济社会的可持续发展，早在20世纪80年代便开始施行生态移民工程，1983年宁夏的"吊庄移民"是我国生态移民实践的开端。[①] 1986年，我国首次提出重点扶持贫困县并确定了141个少数民族贫困县，1994年党中央、国务院决定实施《国家"八七"扶贫攻坚计划》，确定了592个重点扶持贫困县，其中少数民族贫困县有257个。此外，对极少数生存和发展条件特别困难的村庄和农户，实行开发式移民。宁夏、内蒙古、云南和贵州被最先列为易地扶贫开发试点地区。截至2000年年底，全国17个省区共258万人被纳入生态移民工程。[②] 2001年党中央颁布了《中国农村扶贫开发纲要（2001—2010年）》，再次把贫困人口集中的中西部少数民族地区作为扶贫开发的重点。自"十二五"时期以来，生态移民规模不断在扩大，推进速度也在不断加快，我国为打好扶贫攻坚战，在实施移民工程时将生态环境治理和建设纳入其中并同步推进，成效显著，超前完成了"十二五"时期的环境规划目标。"十二五"期间，污染物排放总量持续大幅度下降，尤其是二氧化硫和氮氧化合物排放量大量减少，COD排放量下降，劣Ⅴ类断面比例下降到9.0%，重金属污染物排放总量也大幅度下降，带来明显的环境效益。国家林业局于2014年2月公布的第八次全国森林清查结果显示，我国森林面积增加了12.23万平方千米，森林覆盖率提高了1.27个百分点，达到了21.63%；森林蓄积量增加了14.16亿立方米；全国森林植被总碳储量为84.27亿吨；生态服务功能年价值超过13万亿元；湿地、草原、生物多样性丰富区域等重要生态系统保护修复工程取得重大进展。"十三

[①] 贾耀锋：《中国生态移民效益评估研究综述》，《资源科学》2016年第8期。
[②] 武国友：《"八七"扶贫攻坚计划的制定、实施及其成效》，《北京党史》2011年第5期。

五"时期是我国脱贫攻坚、全面建成小康社会的决胜时期，党中央、国务院决定对生活在人地矛盾突出、生态环境脆弱、贫困发生率高、地质灾害多发等不具备基本生存和发展条件地区的贫困人口实施新一轮易地扶贫搬迁工程。

2019年，"十三五"时期易地扶贫搬迁任务基本完成，全国生态保护和污染防治取得新的成效。全年完成造林面积10605万亩，其中退耕还林工程造林1284.89万亩，治理沙化土地3390万亩，新增水土流失治理面积5.4万平方千米，完成石漠化综合治理371万亩，岩溶地区石漠化土地总面积年均减少38.6万公顷，年均缩减率为3.45%。党的十八大以来，我国共治理水土流失面积34.1万平方千米，年均治理面积达5.7万平方千米，重点治理的区域控制土壤流失90%以上，林草植被覆盖率提高30%以上，生产生活条件和生态环境明显改善，这些治理成效与扶贫生态移民工程息息相关。

贵州省作为全国重点扶贫地区，一方面，自然资源匮乏、环境容量有限、土地退化严重、生态环境脆弱、自然灾害暴发频繁、生态系统自我修复能力弱等问题，严重阻碍了区域内的产业发展，加重了当地人口的贫困程度；另一方面，人类不合理的资源利用方式和生产活动，使区域内生态系统功能不断退化、生物多样性受到威胁、物种濒危程度加剧、遗传基因不断流失，当地居民更加难以利用少有的资源创造财富，因而形成了生态环境不断恶化与居民贫困不断加剧的恶性循环，致使人口发展与资源环境的矛盾越发严重。面对日益恶化的生态环境和居民生活条件这一双重压力，生态移民成为解决这一困境的最佳出路。贵州省于2012年5月开始全面实施生态移民搬迁工程，以居住在深山区、石山区、生态环境脆弱地区、集中连片特困地区和民族地区的贫困农户为主，旨在确保其贫困地区的经济、社会发展与生态环境相适应，在提高贫困人口的生活水平的同时实现生态可持续发展。"十二五"期间，水土流失治理面积167.03平方千米，石漠化面积减少55.37万公顷，面积减少18.31%，治理成效显著。2015年12月2日，贵州省启动新一轮易地扶贫搬迁工程，以贫困程度深的自然村寨整体搬迁为主攻方向，加大政府投入，完善后续扶持政策，将扶贫搬迁与新型城镇化相结合，与区域经济发展相结合,探索扶贫开发与资源环境相协调、脱贫致富与可持续发展相促进的生态脱贫有效途径。2019年年末,贵州省全面完成"十三五"期间规划的188万人易地扶贫搬迁项目。近年来,贵州省大力发展既有含金量又有含绿量的绿色产业,绿色经济占比超过40%,绿水青山正在变成金山银山。此外,贵州坚持生态优先、绿色发展,坚持多彩贵州拒绝污染,全力推进国家生态文明试验区建设,经济发展与生态保护实现"双赢";坚持不懈推进石漠化治理和生态修复,近五年减少石漠化面积830多万亩,森林覆盖率达58.5%。目前,全省县城以上城市空气质量优良天数比率保持98.3%以上,城市污水处理率、生活垃圾无害化处理率分别提高到94.1%和93%;万元地区生产总值能耗、用水年比上一年分别下降4.1%和6.6%;主要河流出境断面水质优良率保持100%,生态文明公众满意度居于全国第2位。

二 研究意义

生态移民是以移民迁出区的生态修复和安置区的生态发展为逻辑出发点,旨在通过生态移民工程修复生态环境,解决生态环境条件恶劣地区扶贫困难的问题,以实现国家全面脱贫、奔向小康的目标。30多年的生态移民扶贫攻坚实践证明这一伟大工程必然是改善移民生活条件、解决生态环境退化和发展社会经济的有效路径。本章通过对易地扶贫搬迁在生态环境方面的影响进行可持续发展分析,论述在移民搬迁实施过程中,贵州地区的生态效益与经济效益、社会效益是否存在冲突,生态环境是否得到有效保护,生态建设是否取得明显成效。本章研究的目的是让生态移民以及其他环境治理项目工程的参与人员及部门在项目实施过程当中,协调生态效益与经济效益、社会效益的关系,注重保护和修复生态环境,从而引导政策沿着预期的方向开展。

从理论意义层面来说,本章在参考有关学者对于易地扶贫搬迁以及生态效益评价的研究基础上,结合生态移民的自身特点,归纳出一套关于评价生态移民生态可持续发展的指标体系,以期对今后此类项目的生态效益评估起到一定的借鉴作用,为生态移民生态可持续发展研究提供科学理论依据。从现实意义层面来说,本章深入分析贵州省实施移民搬迁所产生的生态效益,以及在实施过程中主要存在的生态问题,以期对贵州地区易地扶贫搬迁生态治理与建设的后续执行效果检验工作提供可行性参考，避免出现生态持续恶化现象，全面推进生态移民工作。此外，通过该研究能够使相关工作者清楚地了解生态移民所具有的改善环境、削减贫困、发展经济的实际效果，能够进一步完善生态移民政策并加以正确引导和实施，对促进生态移民后续发展，加快贵州地区的经济和生态建设，具有十分重要的实践意义。

第二节 生态移民生态可持续发展相关论述

一 生态可持续发展定义

生态可持续发展，是一种以保护自然环境为基础，在保持自然资源的质量及其所提供服务不变的前提下，以实现经济发展与生态环境承载力相适应，让经济发展既能够在保持当代人的福利增加，也不会使后代的福利减少的前提下使其净利益增加到最大限度的发展。生态可持续不仅强调人们需要保护自然环境，保护生物的多样性和地球生态的完整性，同时也强调需要采用更为清洁、有效的生产生活方式，尽可能减少各项自然资源的消耗，不超出生态系统涵容能力和系统更新能力的范围，保证以可持续利用的方式使人类社会的发展维持在地球承载能力之内，实现社会、经济、人口、资源与环境的相互协调与共同发展。

生态可持续发展是可持续发展的基础，可持续发展认为经济发展与环境保护彼此联系，互为因果，发展社会经济和提高自身生活质量是人类追求的目标，而它们都需要足够的自然资源和良好的生态环境作为依托，因此，发展的基本目标是环境保护，实现发展的重要目标是建设舒适、安全、清洁、优美的环境，只有做好生态的可持续发展，并且满足经济可持续发展的条件，才能实现整个人类社会的可持续发展目标。在生态移民的生态可持续发展中，应以保护自然资源和生态环境为前提，以改善生态环境质量、建设生态文明为目标，合理配置耕地、住宅、用水等民众生产生活所需的能源资源，使这些资源不仅能满足我们当代人的需要，还能满足后代人发展其自身的需要，以促进整个人类社会的可持续发展。

二　影响生态移民生态可持续发展的因素

（一）自然因素

1. 水土流失

水土流失，是指自然营力和人类活动对水土资源所产生的破坏，包括土地表层侵蚀和水的损失。贵州省地属喀斯特地貌，土层较薄且坡度大，容易发生水土流失，尤其是坡耕地、荒山荒坡、低覆盖林地等类型的土地易受水土流失影响。大量表层土壤的流失，会使土壤肥力下降，土层变薄，耕地退化，甚至导致岩石裸露，加剧石漠化程度，造成土地生产力大幅下降，最终使耕地丧失农业使用价值，加剧人地矛盾，陷入生态恶化与贫困相互交织的恶性循环，严重威胁粮食安全。此外，水土流失造成水域大量泥沙淤积，降低水利设施调蓄功能和天然河道泄洪能力，抵御自然灾害的能力减弱，泥石流、山体滑坡等自然灾害频繁发生，给当地居民的生命财产安全带来威胁；水土流失在输送泥沙的同时，也将大量化肥、农药和生活垃圾中的有害物质带进水体，对自然界的水环境产生污染，也对人畜饮水安全构成严重威胁。

2. 沙漠化因素

沙漠化是由于干旱少雨、植被破坏、大风吹蚀、流水侵蚀、土壤盐渍化等原因造成土壤生产力下降或丧失的一种现象。土地沙漠化问题不仅威胁到区域经济与社会的发展，而且更为严重地影响了生态环境的稳定，沙漠化加剧了气候的恶化，对区域土地生产能力、生物多样性造成破坏，很大程度上制约了区域整体实现可持续发展的目标。土地沙漠化对生态环境造成的负面影响主要表现为：耕地、草场等农业用地退化，可利用面积减少，使原本就很有限的农业自然资源更加紧缺，同时土地生产能力下降也限制了区域粮食的生产潜力，引发食品短缺；沙漠化导致地表植被被破坏、动物种群数量和植物种类资源不断减少，严重影响人类生存所必须依赖的自然环境，造成相当数量物种面临灭绝或濒临灭绝的危险，大大减少了生物的多样性；另外，沙漠化的地表不但成为大气尘埃的来源地，对环境造成严重污染，还会增加地表对阳光的反射率及地面蒸发状况，影响土壤水分的转移，从而对区域气候变化造成影响,进一步恶化了人类的生存环境。

3. 石漠化

石漠化是因水土流失导致土壤遭受严重侵蚀,基岩大面积裸露,土地退化,土地生产力下降和生态环境恶化的一种现象,威胁当地人们的生存环境。石漠化集中发生在我国西南部和南部的岩溶地区,最为严重的省份是石漠化土地面积最广的贵州省。石漠化地区岩石裸露率高,土壤层薄且少,植被覆盖率低,水源涵养能力低下,岩层漏水性强,易引起缺水干旱,而大雨又会导致严重的水土流失。此外,石漠化地区极易发生山洪、山体滑坡、泥石流等自然灾害,加上地下岩溶发育,加剧了水旱灾害暴发的频率。水土资源不断流失后所呈现的"石漠化"现象,不仅恶化了当地的农业生产条件,而且使居民失去赖以生存的生态环境,导致人口生存困难、资源利用短缺等问题,极大地限制了区域的可持续发展。

4. 自然灾害

贵州省独特的喀斯特地貌构成了一种特殊的岩溶生态系统,加之受大气环流及地形等因素的影响,气候多样而不稳定,易引发自然灾害,干旱、洪涝、山体滑坡、泥石流、塌方、冰雹、冰冻等发生频率大,给人们的农业生产和日常生活带来了不利因素,严重制约着贵州省区域经济与社会的稳定发展,也加剧了生态环境的脆弱性。自然灾害会导致土地肥力下降、水体污染变质、食物腐烂、燃料短缺、居住环境进一步恶化等危害,不仅给人们造成了巨大的经济损失,而且很大程度上打破了原有的生态平衡,更易引发其他自然连锁反应,对整个生态系统产生不可逆转的消极影响。

(二)人为因素

1. 人口压力

贵州省具有非常典型的喀斯特地貌,面临着来自贫困与环境恶化的双重压力,贫困是导致环境恶化的重要根源之一,而环境恶化又加剧了地区的贫困程度。贵州省近几十年来人口数量一直不断增长,但可利用的耕地面积却越来越少,有限的耕地无法满足无限增长的人口需求,人地矛盾十分突出。人口的增长导致对粮食、淡水以及生活资源的需求量大幅增加，面对生存环境恶劣、农业生产困难、人均用地减少、可获资源受限等问题，当地居民只能通过毁林毁草、乱砍滥伐、陡坡开荒、开采地下水等破坏原生态环境的方式获取物资来源以满足生产生活所需。因而随着人口的增长与集中，地区生态环境的恶化不断加剧，资源储存量逐渐减少，人地矛盾、人资矛盾都导致了人口贫困和生态环境之间恶性循环的形成，严重地阻碍了当地群众的脱贫致富进程和社会经济的可持续发展。

2. 环境污染

人们在生产生活中所产生的农业与工业废弃物污染、生活垃圾污染等，所造成的最直接的后果是使人们的生存环境优良指数下降，影响人们的生活质量、身体健康和日常活动。农药挥发、工业废气、生活燃煤、汽车尾气等导致的大气污染会衍生出温室效应、酸雨、臭氧层破坏等一系列环境效应，导致森林生态功能衰退，生态安全受到威胁，给生态环境带来了巨大的破坏力。水污染导致水资源质量恶化，水体富营养化，严重破坏水中动植物生存所必须依赖的环境，可利用淡水资源量减少，也危害人们的身体健康。土壤遭受重金属、工业"三废"、农药等化学污染，出现土壤板结等问题，加之水土流失问题，土地沙化速度加快，资源退化，肥力下降，土地生产与再生产能力减弱。此外，受到环境污染的影响，许多野生动物的生存环境遭到破坏，面临着濒临灭绝的危险，生物多样性减少，遗传资源丧失，同时，外来有害生物入侵也打破了生态系统的平衡，加剧了环境的恶化，制约了经济、社会与生态的协调发展。

3. 其他因素

乱砍滥伐会破坏森林和草场原有的生态系统，使土地防风固沙能力大幅度降低，加剧了泥沙流失速率，造成可利用绿化土地面积减少，在自然条件作用下会产生土地沙化、水土流失等土地退化问题，还会频繁发生水灾、旱灾以及沙尘暴等自然灾害，加剧当地的环境恶化。同时，森林大面积减少，破坏了生物的栖息地，使许多物种濒临灭绝，植物种类也会减少，打破了生态系统固有的平衡。此外，臭氧层越来越薄，进行光合作用的植物减少，产生的氧气量变少，二氧化碳增加，温室效应加剧。乱捕滥杀野生动物，致使部分特别是珍稀物种濒临灭绝，生物多样性不断丧失，威胁到生物链的延续与平衡，生物多样性保护也面临严峻挑战。过度开垦的主要原因是开荒成本低、收益快，开垦者又无须为生态退化的后果埋单，但是过度、不合理的开垦会导致被开垦地区周围森林植被遭到破坏，存在严重的水土流失、泥石流、山体滑坡等生态隐患。同时，大多数农民不合理的耕作方式致使地表裸露，使土壤易受雨水冲刷而造成水土流失。此外，粗放的无序开荒所引起的盐碱化、水质恶化等环境问题进一步加剧了生态环境的脆弱性，需花费大量的人力、物力、资金和技术投入进行长期的生态恢复建设。过度放牧会引起草地退化，一方面，牲畜过度采食植物的枝叶，使植物的叶面积不断减少，光合作用能力降低，从而影响到大气中的氧气含量，也影响到植物的生长发育和繁殖能力，植物种群的覆盖度随着放牧强度的增加而降低，植被逐步遭到毁坏，生物量减少，生态功能被削弱。另一方面，畜蹄践踏使土壤变得密实，水分渗入量减少，从而产生一系列潜在的减少土壤养分和降低植物根系增长速度等有害影响。

三　生态移民生态可持续发展评价指标

生态环境的优劣程度是衡量生态可持续发展的重要标志，也是评价易地扶贫搬迁促进生态恢复和发展程度的重要方面。生态可持续发展的评价指标包括水土、大气、固体废物、环境保护和生物多样性等方面，根据研究内容和领域的不同，可以因地制宜地选取合适的指标进行生态可持续发展方面的评价。本章通过对生态移民相关文献和生态可持续发展相关文献的研究，并结合当下生态移民工程实施及研究现状，总结了关于评价生态移民生态可持续发展方面的指标（见表8-1）。在对易地扶贫搬迁进行生态可持续发展评价时，应涉及生态环境的各个领域，以保证其评价结果的客观性和有效性，可以结合各地域其不同的生态环境和生态移民情况，选取适宜的指标进行评价。本章的指标体系以生态系统的垂直结构划分，涉及大气、水体、土地等不同的领域，指标属性因其对生态环境效益的正、负向影响分为正向指标、负向指标以及中性指标。

表8-1　　　生态移民生态可持续发展评价指标体系

目标层	准则层	指标层	指标属性
生态移民生态可持续发展	大气	空气质量指数（AQI）	∧
		主要污染物排放总量	∨
	水体	水域面积	-
		水体环境质量指数	∧
		水资源利用率	∧
		废污水排放量	∨
		废污水处理率	∧
	土地	人均耕地面积比率	-
		土壤质量指数	∧
		土壤有机质含量	∧
		湿地面积比重	∧
		退耕还林还草面积	∧
		沙漠化面积年减少率	∧
		石漠化面积年减少率	∧
		水土流失面积年减少率	∧
		盐碱地治理面积率	∧
		土壤侵蚀模数	∨
		植被覆盖率	∧
	生物多样性	自然保护区比	∧
		野生动植物种数量比	∧
	其他	生活垃圾处理率	∧
		固废综合利用率	∧
		自然灾害成灾率	∨
		环境保护投资指数	∧

注："∧"表示正向指标；"∨"表示负向指标；"-"表示中性指标。

四　生态移民生态可持续发展评价研究综述

（一）生态移民生态可持续发展评价方法

目前关于生态移民生态可持续发展评价方面的研究，国内外学者大多以生态效益来判别易地扶贫搬迁给生态环境带来的影响是否符合地区的可持续发展,由于生态系统的连续性和复杂性,生态环境的正负效应作为评价易地扶贫搬迁在生态环境方面所产生的作用更具有客观性,因此,生态移民生态效益的价值评估是评价生态移民生态可持续发展的重要方法。

国外学者对生态移民的研究多侧重于因自然灾害引起的移民和移民所产生的生态效益两个方面,大多数学者将生态系统服务价值的评估方法作为理论基础,并采用环境经济学及相关的理论和方法来量化生态效益。Costanza 等(1997)以货币形式估计了 16 个生物群落的 17 种生态系统服务的经济价值,估算出整个生物圈的价值平均每年约为 33 亿美元。[①] *Ecological Economics* 于 1998 年出版了"生态系统服务的价值"专辑,该专辑讨论了 Costanza 等的研究,掀起对生态系统服务价值研究的热潮。但是,Jenny Springer(2009)则认为,在生态移民实施的过程当中,其生态方面的得失很难进行量化处理,对于生态移民所实施的生态补偿措施很难真正做到位并且达到实效,而且在生态环境的保护过程中,最初产生的效益往往远远低于资本投入,加之很多生态移民政策更多的是考虑经济效益和社会效益,很难使当地居民直接感受到自己是生态保护的受益者,但实践证明,生态移民确实对生态保护项目起到积极的推动作用,作者建议在生态移民实施过程中应侧重于研究人类活动对生态多样性的影响。[②]

国内学者对生态移民生态效益方面的评价一般都是选择定性描述与定量测算相结合的研究方法,且因学者的研究领域不同,其研究内容的侧重面和研究方法也存在差异。在资源利用方面,比较常用的研究方法是借助"3S"技术,利用遥感影像数据和经济学方法研究生态移民区的生态环境状况。孟宪玲等(2013)通过研究吉县 2000 年和 2012 年搬迁前后的遥感影像,应用费用效益分析法评价该地区生态移民的水土保持服务功能,研究结果显示吉县生态移民使该地区土壤肥力损失减少,

---

[①] Costanza, R., Darge, R. C., De Groot, R. et al., "The Value of the World's Ecosystem Services and Natural Capital", *Nature*, 1997, 387(6630): 253–260.

[②] Springer, J., "Addressing the Social Impacts of Conservation: Lessons from Experience and Future Directions", *Conservation and Society*, 2009, 7(1).

带来了较为显著的水土保持效应。① 宝鲁（2006）也运用费用效益分析法并结合"3S"技术对浑善达克沙地牧区生态效益的直接价值和间接价值进行估算，得出该地区在搬迁后其生态服务功能得到明显的提高，草场得到一定的恢复。② 在生态承载能力研究方面，相关学者主要运用生态足迹法测算研究区的生态足迹、生态承载能力以及生态赤字（盈余）。王静等（2018）应用生态足迹模型和"STIRPAT"（可拓展的随机性的环境影响评估模型）模型评价广西环江移民迁入区的生态环境变化，结果表明研究区的土地生态承载力处于较低水平，生态移民政策的实施对该区生态环境的可持续性产生了负面影响，人均生态赤字严重。③ 在可持续发展研究方面，"压力—状态—响应"模型（PSR模型）是典型的代表，史俊宏（2010）应用PSR模型并在此基础上构建可持续发展指标体系，进一步综合评估湖南湘西贫困地区的可持续发展能力，研究表明该区域的资源环境状况还不具备移民生存与发展所需要的最基本条件，因此该地区是不可持续的。④ 此外，生态效益方面比较普遍的研究方法还有层次分析法（AHP）、主成分分析法（PCA）、系统动力学分析等。钟水映等（2018）通过构建生态移民工程生态系统可持续系统动力学模型，模拟三江源地区生态移民搬迁前后对迁入地和迁出地生态系统可持续性发展的影响，仿真结果说明生态移民生态可持续发展不但依赖于对迁出地和迁入地生态环境保护投资的增加，更依赖于生态投资资金分配比重以及运作效率。⑤ 张涛等（1997）运用主成分分析法评估生态效益，认为生态效益应由生态系统生产力、生态效应、生物对生态环境的改造及稳定能力来表示，作者建议生态效应的定量评估应

---

① 孟宪玲、张爱国、尹惠敏：《吉县生态移民水土保持效应的价值评估》，《中国水土保持》2013年第7期。
② 宝鲁：《浑善达克沙地牧区生态移民工程效益研究》，硕士学位论文，内蒙古师范大学，2006年。
③ 王静、胡业翠、武淑芳：《广西环江移民迁入区生态移民的环境影响研究》，《山地学报》2018年第1期。
④ 史俊宏：《基于PSR模型的生态移民安置区可持续发展指标体系构建及评估方法研究》，《西北人口》2010年第4期。
⑤ 钟水映、冯英杰：《生态移民工程与生态系统可持续发展的系统动力学研究——以三江源地区生态移民为例》，《中国人口·资源与环境》2018年第11期。

在农业开发和移民实施后,以便资料收集。① 蒋瑶等(2016)采用 AHP 与 PCA 相结合的方法综合评价黔东南的生态移民效益,计算得出黔东南生态移民生态效益评价分值为 0.2849,占综合效益的 34.92%,安置区的生态环境得到了改善。②

(二)生态移民生态可持续发展研究进展

1. 国外关于生态移民生态可持续发展的研究

国外学者对生态移民的研究始于 20 世纪初,主要围绕其定义、分类、动因、数量预测等方面展开。③ 自 20 世纪 70 年代,Lester Brown 首次提出环境难民以来④,许多学者都对其进行了定义。UNEP(联合国环境署)研究员 Hinnawi 在 1985 年最先将环境难民定义,认为是显著的环境崩溃严重影响生活质量,威胁生存,所以不得不迁移的人。⑤ 英国环境学家 Norman Myers 在总结环境变化与人口迁移关系的基础上,认为环境难民是由于环境问题和社会经济问题相交织的产物。⑥ Diamond(2005)的研究显示,环境变化特别是气候变化对社会变迁的影响最大。⑦ 由于对"难民"这一提法的争议不断,UNHCR(联合国难民署)于 2007 年提出了环境迁移人这一概念,并将其定义为"由于不利的环境、生态和气候变化,导致人们的生命、生活以及自身财产受到严重威胁,从而被迫离开原来生存地的人"。⑧ 后 UNU – EHS(联合国

---

① 张涛、袁辕、张志良:《移民效益评估理论与方法》,《中国人口科学》1997 年第 6 期。
② 蒋瑶、陈文波、吴雍琴、陈其兵:《黔东南生态移民效益评价研究》,《凯里学院学报》2016 年第 6 期。
③ 税伟、徐国伟、兰肖雄等:《生态移民国外研究进展》,《世界地理研究》2012 年第 1 期。
④ Ethan Goffman, "Environmental Refugees: How Many, How Bad?", *CSA Discovery Guides*, 2006, 7: 1 – 15.
⑤ El – Hinnawi, E., *Environmental Refugees*, Nairobi: United Nations Environment Programme, 1985: 1 – 3.
⑥ Myers, N., "Environmental Refugees: An Emergent Security Issue", http://www.osce.org/docu – ments/eea/2005/05/14488_ en.
⑦ Jared Diamond, Collapse, *How Societies Choose to Fail or Succeed*, New York: Viking Penguin Publishers, 2005.
⑧ Sophie Kimura, "Environmentally Displaced Persons", *Jackson School Journal of International Studies*, 2010, 1 (1): 10 – 21.

大学环境暨人类安全中心)在一份研究报告中将其定义为环境移民。从人口迁移的角度来看,国际上普遍认为保护生态环境、维护生态系统多样性是生态移民政策实施的重要因素。

国外关于生态移民生态可持续的研究重点与我国学者存在一定的差异,国内学者更多地关注与移民相关的生态原因。并将人口等因素也纳入考量范围,部分学者侧重于研究移民对自然环境的影响。Brad D. Jokisch(2002)对卡纳尔省两个地区进行农业调查,分析国际迁移对农业生产和土地使用的影响,作者认为该地区的个人或家庭不能改变土地的用途,对环境没有造成什么影响。[1] Sabine Henry 等(2004)研究位于非洲的布基纳法索从 1960—1999 年的人口迁移路径,结果显示人口迁移受到生态环境的影响,尤其是受到诸如土地退化这类比较缓慢的环境因素的影响,而并非是由于突发性灾害造成[2],这也从某种程度上说明工程移民与生态移民的差异。H. Ricardo Grau 等(2007)从可持续发展角度分析了城乡人口流动对山区产生的环境影响,他们认为从农村到城市的移徙能够刺激生态系统的恢复,改善流域和生物多样性的保护。[3] Kees(2008)通过对加纳北部移民开展问卷调查后发现,土地资源的不合理利用是移民迁移的关键原因,当环境退化、土地肥力降低、农作物产量不能满足当地人的经济需求等,环境因素以经济作为桥梁,间接对人类的迁移行为产生影响。并利用摇感数据选取降水量、ND-VI 值、森林覆盖率、移民数量等指标验证自然资源与移民行为之间的相关关系。[4] Jason Davis 等(2010)通过对危地马拉西部高地两个社区的人种学案例研究,认为汇款能够增加居民消费水平从而增长对经济资

---

[1] Jokisch, B. D., "Migration and Agricultural Change: The Case of Smallholder Agriculture in Highland Ecuador", *Human Ecology*, 2002, 30 (4): 523-550.

[2] Sabine Henry, Victor Piché, Dieudonné Ouédraogo, Eric F. Lambin, "Descriptive Analysis of the Individual Migratory Pathways According to Environmental Typologies", *Population and Environment*, 2004, 25 (5).

[3] Grau, H. R., Aide, T. M., "Are Rural-Urban Migration and Sustainable Development Compatible in Mountain Systems?", *Mountain Research and Development*, 2007, 27 (2): 119-123.

[4] Kees van der Geest, "North-South Migration in Ghana: What Role for the Environment?", http://geest.socsci.uva.nl/publications/vd_geest_2008a.

源的消费，但是当地缺乏有效处理因消费产生的白色垃圾的设施，会对环境产生负面影响。① Yogendra Bahadur Gurung（2012）通过对尼泊尔的移民研究，认为农民工流动能够冲击传统的生育理念以控制生育，而人口数量的降低有利于环境的可持续。②

2. 国内关于生态移民生态可持续发展的研究

我国大部分研究生态移民的学者更多关注的是移民搬迁后对迁出（入）区生态环境所产生的积极和消极影响。王黎明等（2001）利用地理信息系统技术，建立了基于GRID的坡耕地退耕压力指数模型以及环境移民模型，对三峡库区由坡耕地退耕引发的潜在移民数量进行模拟，得出三峡库区的环境容量不足以安置数量庞大的环境移民。③ 李宁等（2003）通过对宁夏吊庄移民的生态效益进行描述性统计分析，得出宁夏地区吊庄移民的扶贫实践改善了西海固移民迁出地的生态环境，加快了移民迁入地生态建设的步伐。④ 韩立（2006）对红寺堡灌区农业移民开发效益进行实证分析，得出该区生态移民的生态效益十分显著的结论。⑤ 孙曼莉（2008）运用主成分分析法，对陕西省靖边县小桥畔村生态移民项目进行了生态效益分析，结果显示生态环境正在逐渐改善，但是效果并不明显。⑥ 朱丽（2008）运用生态足迹模型和人居环境评价模型对定西市峻口镇和李家堡镇生态承载力进行分析，结果显示研究区存在不同程度的生态盈余，迁出地的水土保持能力增强，生态环境得到改善，实现了生态可持续发展。⑦

---

① Davis, J., Lopezcarr, D., "The Effects of Migrant Remittances on Population-environment Dynamics in Migrant Origin Areas: International Migration, Fertility and Consumption in Highland Guatemala", *Population and Environment*, 2010, 32 (2): 216–237.

② Gurung, Y. B., "Migration from Rural Nepal: A Social Exclusion Framework", *Himalaya: The Journal of the Association for Nepal and Himalayan Studies*, 2012, 31 (1).

③ 王黎明、杨燕风、关庆锋：《三峡库区退耕坡地环境移民压力研究》，《地理学报》2001年第6期。

④ 李宁、龚世俊：《论宁夏地区生态移民》，《哈尔滨工业大学学报》（社会科学版）2003年第1期。

⑤ 韩立：《农业移民开发效益实证分析——基于对宁夏红寺堡灌区的调查》，《西北人口》2006年第4期。

⑥ 孙曼莉：《迁入区生态移民项目的效益评估》，硕士学位论文，陕西师范大学，2008年。

⑦ 朱丽：《环境脆弱区生态移民问题研究》，硕士学位论文，甘肃农业大学，2008年。

马斌（2013）以草原、水和空气为主体测算内蒙古阿拉善盟生态移民工程的生态效益，结果表明在实施生态移民工程后，该地区生态效益总体上有改善，但是变化不明显，还需要不断地巩固和加强。① 杨显明等（2013）从迁入区的环境影响程度和迁出区的生态恢复程度分析了宁夏生态移民的生态效益、经济效益以及社会效益，评价结果显示宁夏生态移民的生态效益最为显著。② 李培林等（2013）认为，宁夏中南部地区贫困的根本原因是生态条件的不断恶化，人口迁移促进了贫困人口的脱贫致富、迁入区的经济发展和迁出区的生态恢复，减轻了南部山区的环境压力，治理了黄河灌区大量荒地，但是现有的移民模式仍然依赖黄河水资源，该地区的水资源问题逐渐显现。③ 韩沐汶等（2014）以影像数据和土地利用数据等资料为基础，利用生态绿当量评价了宁夏盐池县花马池镇四个生态移民区的生态效益，结果显示2008—2013年研究区生态环境质量虽然在逐步改善，但生态绿当量值均低于1，生态移民区生态环境仍较为脆弱。④ 李群等（2016）从生物丰度指数、植被覆盖指数、水网密度指数、土地胁迫指数、污染负荷指数5个方面构建生态环境评价模型，利用GIS技术评价宁夏红寺堡区生态脆弱移民区的生态环境质量，结果显示该区域所辖各乡镇生态环境质量不一，整体生态环境状况一般，镇中南部和乡西南部是今后生态环境保护的重点区域。⑤ 董晓燕（2017）评价了武陵山片区石阡县的生态效益，结果显示2010—2013年石阡县生态效益值从0.076上升到0.354，生态效益改善明显。⑥

---

① 马斌：《内蒙古阿拉善盟生态移民工程效益评价研究》，硕士学位论文，中央民族大学，2013年。
② 杨显明、米文宝、齐拓野、程子彪：《宁夏生态移民效益评价研究》，《干旱区资源与环境》2013年第4期。
③ 李培林、王晓毅：《移民、扶贫与生态文明建设——宁夏生态移民调研报告》，《宁夏社会科学》2013年第3期。
④ 韩沐汶、庄逐舟、马超等：《基于生态绿当量的生态移民区生态效益评价——以盐池县移民区为例》，《水土保持研究》2014年第6期。
⑤ 李群、郭慧秀、贾科利：《基于GIS的生态脆弱移民区生态环境质量评估——以宁夏红寺堡区为例》，《安徽农业科学》2016年第13期。
⑥ 董晓燕：《基于生态文明视角的高山生态移民效益评价研究——以武陵山片区石阡县为例》，《现代经济信息》2017年第21期。

张玉等（2019）采用 AHP 方法对江西省国家重点生态功能区上犹、安远和寻乌三个贫困县的生态扶贫效果做了定量评价，结果显示在生态保护方面，生态移民搬迁和生态项目建设的效果优于林果产业扶持效果。[①] 刘玉侠（2019）分析了 S 县实施生态移民工程后，迁出地的生态修复和迁入地的生态环境、生态承载力状况，其研究结果说明该县迁出地的生态效益呈正向变化且迁入地的生态环境仍在可接受的范围内。[②]

学者普遍认为，移民后生态环境的恢复效果需要很长的时间才能显现，短时间内无法看出其显著变化，此外，生态效益方面的数据很难获取，所以大量关于生态移民生态效益的研究多为包括经济效益、社会效益以及生态效益在内的综合效益，有些学者也会将其他方面的效益纳入考量范围，而单独评估生态效益的研究很少。从生态效益的研究结论来看，生态移民所产生的环境影响既有正效应，也存在负效应，虽然各学者评价生态移民生态效益所研究的区域、运用的研究方法以及得到的结论不一，但从总体上来看，易地扶贫搬迁能够逐步改善生态治理区的生态环境质量，促进其生态可持续发展。

第三节 贵州省生态移民生态可持续发展现状

一 生态环境改善效果不明显

贵州省大部分贫困户居住在生态脆弱、环境承载能力低的地区，再加上人为活动的破坏，水土流失、泥石流、山体滑坡等自然灾害时常发生。随着当地居民逐渐被迁移至其他地区，原宅基地采取拆旧复垦复绿措施以增加其植被覆盖率，此外，原本退化的耕地、草地和恶化的自然环境能够通过退耕还林、退牧还草等措施得以改善。但是，生态系统的修复是一个漫长的过程，特别是垃圾随地丢弃、化肥农药滥用造成的土

---

① 张玉、程文燕、孙美伦、杨雷：《江西省重点生态功能区生态扶贫政策效果评价研究》，《经济研究导刊》2019 年第 32 期。
② 刘玉侠：《精准扶贫中异地搬迁政策执行效果评估》，硕士学位论文，郑州大学，2019 年。

地退化甚至是土地污染，仅靠生态系统的自我修复能力根本无法解决问题，还需要投入人力、财力、物力并采取休耕等措施加以保障。再者，宅基地复垦复绿、退耕还林、轮作休耕等生态建设的效果短时间内也显现不出来，而且贵州省生态移民项目的施行时间较短，迁出地的生态环境并没有完全得到恢复。

迁入地交通方便，地势平坦，生存环境相对较好，但由于安置地工程建设、各种配套产业的施工，将原本是其他用途的土地转变为居民住宅、交通道路等，一定程度上降低了森林覆盖率和人均绿地面积。在缺乏有效物业管理的人口集中安置地，一部分移民短期内无法改变原本的生活方式，加之环保意识淡薄，缺乏有效处理各种生产生活垃圾的常识，比如将无法降解的塑料瓶、塑料袋，以及容易变质的食物，还有一些重金属物品随地丢弃，污染了居住区的生活环境，迁入地的居住环境保护情况并不乐观，对该地自然环境造成一定的影响和破坏。另外，一些社区的垃圾都集中丢弃在垃圾房，未曾经过分类等方式处理，污染周边环境。

通过移民安置点实地调研发现，易地扶贫搬迁的实施一定程度上改善了迁出地的生态环境，但由于迁出时间较短，其自我修复需要较长的时间，生态效果并不明显，而迁入地的生态环境遭到不同程度的破坏，也增加了其生态承载的压力。

二　人地矛盾仍旧突出

生态移民旨在缓和地区的人地矛盾，贵州省土地面积17.62万平方千米，"十二五"期间贵州省总人口从2011年的4238.44万人增至2015年的4395.33万人，其中，2011年农业人口为3551.18万人。2011年年末，贵州省常用耕地面积为1754.9千公顷，其中水田为752.25千公顷，人均耕地面积约为0.04公顷，较前十年已降低0.01公顷，远远低于全国平均水平。截至2017年，贵州省165个5000亩以上耕地大坝中，划定永久基本农田面积88.22千公顷，其中，51个万亩大坝中永久基本农田面积仅为37.86千公顷。不断减少的耕地面积面对不断增加的农业人口数量，只会加剧贵州省农业人口与耕地的矛盾。

人口压力会阻碍生态系统的自我修复进程。易地扶贫搬迁是将无法进行正常生产生活的生态脆弱区居民迁往生态相对完好且资源较为充足的地区，从局部来看，把贫困人口迁往其他地区，确实能够解决原迁出地的人地矛盾，但是移民搬迁路径大多在市域范围内，该工程只是缓解了原迁出区的人口压力，从整个省域范围来讲，人口压力依旧存在。随着贫困人口集中搬迁至移民安置点定居，迁入地人口数量的突增不可避免地会造成人均耕地的紧张，原本可用来作为耕地或绿地的土地被建设为集中安置房，使耕地面积大幅减少，植被覆盖率降低。此外，还会加重迁入区人口对各类用地、水电等资源的压力，加剧迁入区的人地矛盾。

移民从生态脆弱区迁至规划的移民安置区，原迁出区没有了人为活动的干预，加之宅基地拆旧复垦复绿、退耕还林等配套举措，其脆弱的生态环境会随着时间的推移不断改善，但是，在调整过程中县域整体生态压力并未减小。调研地 1/3 的贫困户在搬迁前便无地可耕，基本农田储备量更是少之又少，他们拥有的耕地其中大部分为旱地、坡耕地和退耕还林地，耕地质量差，移民在搬迁后因距离等原因也无法有效利用原有耕地，大多数移民选择将耕地闲置或流转给未搬迁的农户，而目前留在家务农的农民大多为年迈的老人，他们多选择耕地质量较好且离家近的耕地进行耕作，并不能完全解决耕地闲置问题。同时，迁出区包括不适宜耕作的陡坡地等耕地因无人管理而处于闲置甚至是撂荒状态，没有得到有效的利用；许多石漠化耕地仍处于耕作状态，并未进行生态修复建设；部分生态脆弱区拆旧复垦复绿效率不高；退耕还林地也无人打理，尚未对生态环境起到明显的改善作用。

三 自然资源利用不合理

在土地资源的规划与利用方面，为支持扶贫开发，贵州省按照生态优先、绿色发展的要求，落实了耕地保护制度、节约用地制度和生态环境保护制度，实行城乡建设用地增减挂钩政策，对深度贫困地区因地制宜进行拆旧复垦，优化配置和利用城乡土地资源，保持土地产权关系稳定。在实际调研中，一些贫困县并未及时将闲置的旧房拆除并复垦复绿，而是任由其闲置，造成土地资源的浪费。一方面，因为政府未将迁出地质量相对较好的耕地进行合理规划再分配，致使坡耕地和质量较差的耕地仍处于闲置、撂荒状态，生态修复建设存在较多缺口。另一方面，为了将贫困人口集中安置以进行可持续生产，需要科学选取适宜的地址进行工程建设以满足移民的生产生活所需，这就需要将迁入区的部分耕地或者其他土地规划为建设用地，但是建设用地的增加并未等量替代农户原来的旧房所占用地，便造成了耕地等土地资源大量减少和建设用地大量增加的占补不平衡现象，不利于合理可持续使用有限的土地资源。此外，人流量和居民消费能力也是吸引线下实体个体经营者的关键因素，在安置区移民入住率还不高的前期，该地区人流量少，加之移民本就是低收入低消费人群，前往经商的风险大，因此投资积极性不高，这使大量商服用地闲置，造成建设用地的浪费。

在水资源利用方面，由于贵州农村地区的饮用水资源大部分来自于山泉和地下水，农户在搬迁前用水方式较为粗放，使用后将水直接排入沟渠或河流，并无节约用水和减少污染的意识。移民搬迁后居民并未转变原来传统的生活方式，导致对水资源的过度使用和污染，进一步破坏了水环境。贵州省水资源利用率不高，近20年平均每年的水资源总量为986.8亿立方米，而水资源平均利用率却低至9.98%。移民迁入区对水资源的低效利用制约着该地的可持续生产发展，如果迁入地规模化的生态农业建设得不合理，管理得不恰当，不仅不会提高水资源的利用效率，还会增加对水资源的摄取程度，进一步加剧水资源的枯竭。

在安置区规划方面，由于行政组织实施的困难，迁移地的选择决定了移民未来生产生活的可持续条件，而大多数移民在大规模的集体迁移过程中，只是被就近集中安置在本地区所辖县域范围之内，从生态脆弱区迁至生态相对脆弱区，很难彻底迁出生态脆弱区，因此，迁入地也必然存在生态资源匮乏的现象。随着大量移民的迁入，对于安置区生态资源的需求量大大增加，资源的有限性和人类需求的无限性，加之移民还未完全改变原来的生产生活方式，仍存在资源浪费的现象。

四 生态可持续发展能力低下

当自然资源因被人们过度利用而逐渐枯竭或退化后，已无法满足人们的需求，当地居民为维持家庭生计只能采取不同的方式开发土地，会导致水土流失和土地退化等现象，对生态环境造成破坏，加之贵州省地质灾害频发，迫使原迁出区陷入生态环境脆弱导致贫困，贫困又致使环境进一步遭受破坏，从而形成贫困的恶性循环。原迁出区的环境承载压力随着移民的迁出不断降低，但该地的资源也因移民的搬迁而无法得到有效利用，产生更为严重的耕地撂荒、果园荒废、宅基地闲置、退耕还林地无人打理等资源浪费现象。此外，移民前便已产生的环境污染、土地退化等问题因村民的减少更加难以治理，降低了迁出区的生态可持续发展能力。

移民安置区即便获得了部分土地，但基本是质量不好的土地，因长期不耕种，土地条件较差，导致移民后仍从事农业生产的移民其生产资源较移民前大幅度下降，移民可持续发展动力严重不足。自然资源和环境资源的不足，致使移民难以摆脱贫困的处境，资源与环境的约束已成为迁入区移民可持续发展的主要障碍。随着安置区人口数量的不断增加，该区的人均耕地资源会变得更少，严重限制其生态农业等产业的发展。

相比较政府的优惠政策，许多企业更关心安置区投资的综合环境以及配套设施，因此安置区的软硬件设施是吸引企业投资的关键，但是安置区的基础设施以及其他相应的配套设施无法满足现代化的生产需要，难以吸引投资。安置区没有实力雄厚的新兴产业和高新技术作为支撑，不仅原企业很难做到转型，在其他方面也难以实现其可持续。

五 生态效益评判标准片面化

扶贫生态移民的目标是实现贫困人口的全面脱贫，同时达到生态修复的要求。由于生态环境各领域的指标与生态移民项目的相关程度不同，扶贫办及有关部门将宅基地拆旧复垦复绿率、退耕还林面积、水土流失综合治理面积、植被覆盖率、空气质量等与生态移民项目相关度较高的生态建设成果作为衡量生态移民生态效益的指标，用这些指标来量化生态移民工程修复生态环境的成效。而在这些指标中，植被需要成长时间，水环境质量、大气环境质量的改善也需要治理时间，短期效果不显著。此外，生态系统由生产者、消费者、分解者以及非生物环境组成，是包括生物与环境的一个不可分割的整体，生态系统中的各个成分紧密联系且相互作用，使生态系统成为具有一定功能的有机整体，因此，单一的指标无法将生态移民在复杂的生态系统中产生的生态效益量化。

以上问题的存在具有阶段性特征，随着易地扶贫搬迁进入后续扶持发展阶段，生态环境修复仍然是实现生态移民可持续发展的关键环节，并且全社会将以问题为导向，全力解决生态修复过程中存在的难题和障碍，最终实现经济、社会和生态效益的统一。

第四节 生态移民政策对生态可持续发展的影响

一 积极影响

（一）促进迁出区生态环境恢复

一方面，移民在迁出原住地以后，迁出区人为活动相对减少，降低了对迁出区资源的开发和使用力度，遏制了该地的生态环境退化状况，减轻了生态承载压力；另一方面，迁出区通过大力实施宅基地拆旧复垦复绿、退化耕地轮作休耕、陡坡耕地退耕还林等生态建设措施，加之生态系统的自我修复能力，提高了该地区的植被覆盖率、耕地的土壤肥力、林地的水土保持能力以及各类用地的利用效率，逐步改善该地区的资源环境状况。虽然这些生态建设措施在短期内没有明显的效果，但从长期来看，将会有效改善生态环境质量，提高生态承载能力。

（二）缓解迁出区人口与资源的矛盾

人口的不断增长势必会增加其对粮食、水以及其他生活资源的需求，加大对自然环境的开发力度，导致原本脆弱的生态环境进一步恶化。而农户搬迁后，迁出区现有人口对于土地资源的需求量大幅减少，能够缓解当地的人地矛盾。易地扶贫搬迁通过将土壤条件良好的宅基地复垦为耕地，将贫瘠的宅基地复垦为绿地或林地，并将退化的土地进行休耕以恢复其肥力，在陡坡耕地种植树木以保持水土等方式，扩大自然保护范围，提高生态环境承载力。此外，通过合理调配闲置撂荒的耕地，也能够提高土地的生产面积和能力，加大基本农田储备量，保障土地资源的有效供给。人口的迁出使原居住地居民对水资源的需求和使用量会减少，对其他资源的开发力度也明显下降，在很大程度上缓解了生态脆弱区濒临枯竭的资源现状。

（三）减少迁入区生产生活污染

移民前大部分村民都是分散性独居或少数民族聚居，交通闭塞，村民受教育程度低，思想落后，在生产生活过程中没有保护生态环境的意识。移民搬迁后在迁入地规模聚居，逐渐形成小城镇和小集市，各地政府加强安置区基础设施建设，为移民提供了良好的教育和生活条件，对移民进行思想教育宣传，培养移民控制人口增长、节约利用资源、保护生态环境的意识。在移民的生产活动中，通过针对性的培训，可以让移民采用可持续的生产方式，以减少对环境的污染。

移民工作变化情况关系着移民生产生活方式及生活水平的变化。移民前后居民的工作情况发生了很大的变化，在移民前，大部分村民从事农业生产，移民后，因安置地耕地数量少、与原耕地距离太远等原因，大多数移民放弃原来的农耕生活转而以务工、经商为生，从事农业生产的人数明显减少，减缓了因从事农业生产对土壤造成的污染、破坏和对生态环境造成的压力。此外，移民在融入城镇生活之后，随着生活环境的变化其生活方式也会转变，在资源的利用处理、垃圾的回收处理等方面都有不同程度的改变。高效率的资源利用方式能够减少垃圾的生产，而清洁的垃圾处理方式，又能在很大程度上减缓对迁入区环境的污染。

同时，在安置区进行规模化产业开发实现产业化经营，有利于培植和发展安置区的特色产业和优势产品，调整地区产业结构。当地政府采取积极的优惠政策，引进金融、科技、新能源等新兴产业，既有利于企业聚合发展，营造良好的营商环境，还能带动当地居民就业，助推当地经济发展和环境保护。新兴产业采用先进的生产技术，将其广泛运用到低碳经济、生态经济等新生产方式当中，进一步提高资源利用效率的同时，能够大幅度减少主要污染物的排放，显著改善迁入区的生态环境质量。

（四）降低自然灾害对生态环境的破坏程度

由于特殊的地形地貌，贵州省域内容易发生泥石流、山体滑坡、山洪、冰雹、强降雨等自然灾害，迁出区自然生态环境脆弱，抵御自然灾害的能力低下，加之生态环境系统自我修复速度慢，灾后重建困难。偏远地区村民大多依山而居，且居住的房屋大多为土木结构、砖木结构或石头与泥土混合结构，容易变形甚至是倒塌，如若遇到山体滑坡或冰雹，会造成极其严重的破坏。此外，村民遗弃的一些锂电池等重金属物质会污染房屋附近的土壤，造成土地退化。同时，山村的泥路、耕地和坡地也容易塌方，造成水土流失，严重地区还会加重石漠化，对自然界的水环境产生严重影响。

移民后，当地政府将迁出区的宅基地拆除后进行复垦复绿建设，提高了土壤的水土保持功能。此外，污染行为随着迁出区居民的减少而减少，通过土地治理消除原有的环境污染源，可以修复土壤肥力，在强降雨等自然灾害来临时能够大幅度降低自然灾害对生态环境的破坏程度。搬迁后的移民居住在钢筋混凝土结构的现代楼房，安全耐久性较高，大幅度提高抵御冰雹等自然灾害的能力。移民后将人口集中安置，大大方便了自然灾害监测和防治工程的建设，提高了自然灾害监测预警能力。安置区通过加强抗灾设防监管，做好应急准备，能够更加科学高效地应对各种自然灾害，降低环境受损程度，提高后续生态恢复进度。

二　消极影响

（一）引起新的环境退化

随着移民的外迁，如若当地政府未能及时规划并处理移民原有的宅基地和耕地，将其继续闲置，不仅会导致土地资源的浪费，加重土地退化，还会使生态环境治理难度加大，不利于生态环境的全面修复。此外，移民原宅基地未能及时拆除，安置区建设又占用了大量的土地，并不能满足耕地占补平衡的移民政策要求，导致耕地面积大幅减少，从而引起生态环境的不平衡发展。尽管地方政府不断加大搬迁扶贫、退耕还林、水利修缮等方面的投入力度，但由于目标完成度并非为百分之百，实际解决生态与贫困问题的效果并不能达到预期效果，比如生态移民中耕地、林地等生态建设用地面积减少，建设用地面积大幅增加，大大降低了生态系统的承载能力。

（二）加大迁入区资源开发力度

人口密度超过生态环境承载力是导致生态脆弱区人地矛盾的根本原因，而人地矛盾突出则是生态脆弱区生态环境恶化的根本原因。大量的移民集中聚居在迁入区，区域内人口数量激增，对资源的索取程度大幅度增加，进一步加强了生态承载压力。

迁入地在进行移民安置工程的建设中会大量开发地质较好的土地资源，缩减原有的耕地、绿地范围，使宜于生态建设的地类面积大幅减少。安置区大多数移民无地可耕，生活需求的增加使他们将原来对土地资源的过度开发利用，转变为加大对其他资源的开发利用。

贵州省土地资源储备量少，受其独特地貌特征的影响，在规划建设中一些政府会选择将辖区内高度尚可、挖掘难度低的丘陵作为建设用地，破坏了森林资源。山上不仅有木材资源，还有一些珍贵的植物、药材、菌类，生物多样性也遭受影响。

移民从缺水地区集中迁往水资源充足的安置区，对安置区的水资源需求不断增长，进一步加大对地下水的抽取，地下水位不断下降导致土地退化，加深自然环境的受威胁状况，加大了人口对迁入区生态承载的压力。资源的过度开发利用使当地资源逐渐匮乏，影响其可持续发展，又陷入了"一方水土养不了一方人"的困境。

第五节 典型案例

牢固树立和践行"绿水青山就是金山银山"理念，紧紧围绕生态优先、绿色高质量发展，坚持生态建设与脱贫攻坚有机结合，探索生态扶贫新路径，实现产业发展与环境保护互利，经济效益与生态效益双丰收。例如，某市把旧房拆除复垦复绿作为易地扶贫搬迁的关键环节强力推进，以"四个到位"确保易地扶贫搬迁旧房应拆尽拆。为了解除移民的担忧，市县采取各种方式将易地扶贫搬迁的生态政策宣传到人、宣传到位。比如，将政策宣传与新时代大讲堂、新时代文明实践中心结合，多渠道开展政策培训；又如，通过电视、广播、报纸、视频播放、举办专题宣传、遍访移民户、召开群众会方等方式进行政策宣讲。由此，移民群众对易地扶贫搬迁的生态政策掌握充分，对旧房拆除，复垦复绿工作给予了重要的理解和支持，有力地推动了易地扶贫搬迁工作有序开展。为体现政策公平，市易地扶贫搬迁工程建设指挥部要求各县区除少量拆除会影响其他未搬迁群众住房安全的连体房外，对旧房必须应拆尽拆，原则上不得以生产生活用房名义保留旧房。此外，市政府积极推动土地资源有效开发利用，既保障移民群众的土地权益，又最大限度地增加移民群众的经济利益。一方面，建立助民增收机制，大力支持龙头企业和新型经营主体统一流转经营管理移民的承包地、山林地和复垦后的宅基地，通过"三块地"的盘活，增加移民群众的土地收益。另一方面，建立生态建设常态化机制，充分结合生态建设，退耕还林、国家储备林项目等政策，对符合条件的承包地、山林地和复垦后的宅基地进行生态建设，产生的生态建设补贴进一步增加了移民群众的经济效益。该市旧房拆除复垦复绿以及退耕还林等一系列生态建设措施，不仅促使迁出区的土地资源能够得到有效、合理利用，避免了耕地的闲置浪费，也在一定程度上增加了拆迁户的经济收入，降低了搬迁户的返贫风险，植被覆盖率的提高对生态环境的改善起到了很大的作用。

然而，由于工程建设、资金流转、后续管理等问题的存在，导致各地在易地扶贫搬迁政策实施过程中，都出现了一些生态不可持续的现象。例如，某地新建的农贸市场长期未投入使用，村民以街为市，影响了正常交通，撤市后造成的"脏乱差"现象，不仅影响该区的清洁卫生，还污染环境；此外，垃圾站选址不合理，清理不及时，垃圾长期堆存将发酵腐败，散发出恶臭，特别是在高气温、高湿度季节会分解出有毒有害气体并滋生蚊蝇，传播细菌、疾病，危害人体健康，影响环境空气质量，垃圾中的重金属和化学成分也会污染附近的土壤和水资源，进一步恶化当地的环境，与易地扶贫搬迁政策目标背道而驰。又如，某地用地紧张，安置点选择在生态环境不太好的区域，在建设过程中将加重区域水土流失的面积和强度，造成地表植被的破坏和植被生物量的减少。在施工过程中，地面扬尘污染、施工机械燃油废气、运输车辆汽车尾气及施工营地临时厨房油烟影响了区域大气环境。施工期产生的废水包括施工人员生活污水和施工产生的施工废水，施工期固体废物主要包括旧房拆除产生的建筑垃圾、施工人员的生活垃圾、施工废渣土及废弃的各种建筑装饰材料等都产生了大量的污染物，极大地影响了当地的生态环境。

事实上，在易地扶贫搬迁政策实施的不同时期都会对生态造成一些不可避免的影响，一方面需要继续采取积极的措施应对，另一方面需要加强搬迁后续管理，以最大限度地规避生态风险，最终推动移民的生态可持续发展。

本章小结

我国从2000年逐步开始施行生态移民政策，至今已有20年的历程，经过多年的规划实施，生态环境虽有大幅度改善，但总体上不乐观，形势仍旧严峻。生态移民的实施，极大地促进了生态环境的修复进度，提高了其修复能力，使移民区加快恢复生态环境的治理进程，并带动了全国治理生态环境问题的风尚，是修复并保护生态环境最有效的方法。贵州省生态移民的实践证明，此项目对缓解贫困和生态环境的治理都有着可观的积极作用，也在一定程度上促进了城镇化进程。在治理过程中生态移民地区其生态脆弱问题和土地退化问题得到了大幅度改善，但要彻底改善移民区的生态环境现状，从源头上解决生态环境的根本性问题，就必须转变这些地区原来的生产、生活方式，遏制人类活动对生态环境的破坏。在协调生态环境的保护和经济社会的发展中，我国做出了许多方面的探索，最有效的一条路便是坚定不移地走生态可持续发展的道路，在尊重自然、保护生态环境的基础上合理循环利用、治理自然资源，创新技术开发新环保能源，达到人口、资源环境与经济社会的可持续发展。

第三篇 生态移民可持续发展机制

第九章

生态移民可持续发展模式

易地扶贫搬迁符合中央精神、符合贵州省情、符合民心民意，是守住发展和生态两条底线，统筹扶贫开发、生态保护和小城镇建设三大功能的生态工程、民生工程和德政工程，其主要目的是实现贫困人口大规模脱贫和帮助迁出地脆弱生态环境的修复，这正响应了党中央"全面建设小康社会"和"建设生态文明城市"的号召，所以贵州省始终坚守"生态"与"发展"两条底线不动摇。作为我国脱贫攻坚扶贫的主战场，以"既要绿水青山生态美，又要金山银山百姓富"为目标，在经济发展与生态保护等多重压力下，既要"赶"——增强经济实力，又要"转"——实现生态经济转型。实现这个目标需要一个较长的发展过程，为使易地扶贫搬迁发挥最大化的效益，应抑制生态移民返迁率，促进生态移民可持续发展。周鹏（2014）在分析中国生态移民进程时发现有很多制约因素阻碍易地扶贫搬迁顺利开展，须注重"移民"和"生态环境"两个方面同时实现可持续发展，必须树立"以人为本"的科学发展观，才能解决"脱贫致富"和"恶劣生态环境问题"的双重难题。[①] 本章归纳总结出小城镇发展模式、低碳发展模式和特色产业发展模式三种模式，并分别就这些模式的适用性和优缺点进行阐述，并进一步结合典型案例开展深入的讨论。

---

① 周鹏：《试论中国生态移民可持续发展的思路与原则》，《财经界》（学术版）2014年第3期。

第一节　小城镇发展模式

从 2012 年 5 月起,贵州省启动实施大规模扶贫生态移民工程,将居住在深山区、石山区、集中连片贫困地区的农村人口搬迁出来,从根本上改善农民的生存与发展条件。"十三五"以来,贵州省进一步实施易地扶贫搬迁,目前已经完成了全部搬迁任务。王永平等(2014)指出,以贵州为代表的土地资源稀缺地区未来生态移民安置的可行模式为依托城镇化发展的集中安置模式[①],刘诗宇(2015)也提出,贵州省扶贫生态移民工程应与城镇化政策共同推进。[②] 经济发展是基础,城镇化进程是结果。所以要实现生态移民的可持续发展,可选择以小城镇发展的安置模式,重点关注移民的后续发展问题。这种模式又可以细分为旅游开发型小城镇发展模式、资源开发型小城镇发展模式和异地小城镇发展模式。

一　旅游开发型小城镇发展模式

(一) 适用性

在许多的贫困山区,既拥有美丽的自然风光,也传承了独特的传统民族文化,两者结合在一起,便形成了优良的旅游资源,并成为摆脱贫困、发展经济、促进小城镇发展的重要源泉。贵州是一个旅游资源大省,拥有丰富多彩的旅游民俗文化资源,16 个世居少数民族保留了各种各样的民族节日、民族艺术、民族风情、神话传说、饮食习惯,再加上青山绿水,可以说有着取之不尽、用之不竭的旅游资源。许多生态移民安置点都是依托这些得天独厚的文化旅游资源建设的,形成了许多独具特色的旅游小城镇,移民通过参与到旅游产业的发展过程中,既解决了自身的生计问题,也带动了小城镇的快速发展。第一,移民可以借助于安置点的旅游资源发展旅游产业,移民获得了稳定的收入来源,实现

---

① 王放、王益谦:《论生态移民与长江上游可持续发展》,《人口与经济》2003 年第 2 期。
② 刘诗宇:《贵州省扶贫生态移民工程与城镇化推进政策研究》,《贵阳学院学报》(社会科学版) 2015 年第 2 期。

了生态移民的可持续发展；第二，旅游业的大力发展吸引外来资金、人才和技术投入，对外交流与沟通也日益增加，移民参与旅游业的同时也大大提升了自身的素质，为可持续发展积累了更丰富的人力资源；第三，在旅游产业的带动下，小城镇也因为人口的聚集，实现了前所未有的发展势头。因此，将旅游开发与小城镇有机结合，并作为生态移民的安置模式，既充分响应"生态文化旅游"号召，又帮助贫困移民解决就业问题。

（二）优缺点

贵州青山、绿水、溶洞、少数民族文化以及本土特色饮食、习俗等丰富的旅游资源，美丽的自然资源与独特的人文资源融合在一起，给小城镇增添独创一格的色彩，通过将小城镇与旅游产业相结合形成的旅游开发型小城镇发展模式，具有如下优点：一是能够提供各种层次的就业机会，满足不同素质移民的就业需求，解决搬迁移民后续发展问题；二是易地扶贫搬迁在某种程度上可能对传统文化传承造成冲击，可能对传统村落造成一定的损害，但是县内安置方式使移民并未远离传统文化，反而由于旅游小城镇安置点的建设而得以将传统文化传承下去，弥补传统村落因搬迁而衰落的现状；三是在大力促进新型城镇化发展的现实要求下，移民搬迁带来的人口聚集无疑为小城镇发展注入了强有力的动力和能量。当然，这种模式也存在一定的缺陷：第一，旅游资源开发不到位，景点单一无特色就难以吸引游客，大量的生态移民滞留在旅游业中但没有办法获得生活所需，使其陷入生活困境，缺乏技能的生态移民存在职业转移障碍，一旦失去旅游产业的支撑，移民无法在短时间内转移到其他岗位就业，所以这种模式是否能实现生态移民可持续发展，与旅游产业的发展息息相关；第二，进入旅游产业从事基本的服务行业的门槛比较低，不需要进行专门的职业培训即可完成，但同时也让移民失去了提升技能水平的机会，对于提升人力资本储备，增强后续发展能力可能造成影响，进而使移民的生计出现危机。

（三）在贵州的实践

1. 实践情况

贵州省拥有独特的旅游资源，在广大的农村又有着深厚的民族传统文化。随着新型城镇化战略的实施，旅游开发型小城镇生态移民安置模式有效地将旅游资源、传统文化和新型城镇化结合在一起，既保护了历史悠久的传统文化，也促进了新型城镇化的快速发展，当然更重要的是，为移民提供了更多的就业机会。因此，在贵州省实施易地扶贫搬迁的过程中，旅游开发型小城镇生态移民安置模式成为一种主要的安置模式，在贵州的九个地（州、市）分布广泛。

旅游开发型小城镇生态移民安置模式重在为移民建设特色城镇，通过打造精品旅游景点，加上旅游宣传、文化传递，来吸引各地游客，从而促进安置区所在区域的经济社会文化发展。既能保证生态移民搬迁至新安置点的生活生产条件，解决了产业发展及移民就业问题；又能安抚移民心理防止回迁现象发生，确保迁出地生态环境的自然恢复。该模式的安置点主要分布在贵州有名的景点区域，如省级扶贫生态移民工程示范点——百里杜鹃、荔波少数民族聚集区等，自安置点建成后，成效明显，移民生计获得一定保障。

2. 典型案例

荔波县移民安置点规划与旅游型小城镇建设相融合。一是以景设点，相辅相成。按照就近迁入和自愿原则选择在景区、景点附近集中连片进行安置。同时，通过引进旅游开发项目挖掘民族、民俗文化发展旅游产业，把移民点建成集旅游服务，民族、民俗文化观光和生态旅游农业发展于一体的新型集镇。这既丰富了荔波旅游的内涵，又有效地减轻了大小七孔景区接待负担，也为移民群众提供了创业、就业条件和平台，促进了移民群众增收。例如，作为荔波县重点打造的"千户瑶寨"瑶山拉片移民安置点由于邻近小七孔景区，通过挖掘瑶族民族、民俗传统文化，发展旅游服务和民俗文化观光，日均接待游客 1000 人次左右，极大地增加了移民的收入。二是因点成景，城景合一。围绕旅游强县目标，以城镇化为抓手构建旅游区域板块的重点集镇的方式，按照城镇建设发展规划和生态文明发展建设规划"两划同步"的硬性要求，以民族文化挖掘和生态文明建设为载体，城镇化建设与生态文明建设同步实施，在移民建筑设计中融入民族文化元素。通过实施易地扶贫搬迁，把安置点建成具有民族特色、生态文明、商旅合一的旅游新城镇。又如，甲良移民安置点在实施移民搬迁政策的同时同步启动了黄江国家湿地公园的建设，构建了甲良城景互动、商旅相承的新格局；翁昂移民安置点建筑设计融入了布依族文化元素，同时注重布依族传统文化的挖掘，把翁昂建成了具有民族特色、城景合一的旅游小镇。

（四）影响制约因素

旅游开发型小城镇的经济收入主要源于旅游产业，如门票、住宿、观光交通费、饮食及特色产品消费等收入。但在发展过程中仍然会存在一些影响制约因素：①季节性。旅游季节一般分为旺季和淡季，旺季的时候无论价格如何抬高游客量都是源源不断，但是淡季的时候人流量就会很少。如何在淡季的时候吸引游客，或是充分利用淡季人流量少的特点去发展其他产业，是值得探究的问题。②交通。随着社会的进步，人们的思想越来越开放，从仅仅追求物质到开始追求精神文明，旅游无疑成为开阔眼界、提升个人价值的途径，因此越来越多的人更愿意把钱花在旅游上。绝大多数人愿意选择交通便利的旅游景区，因为旅游本身就是一件耗时耗脑耗体力的活动，如果交通不方便导致在路途中耽搁太多时间，那么该景区的游客会越来越少，从而影响当地旅游经济发展。③特色产品。贵州作为多民族聚集的省份，其民族特色是吸引游客的一大优势，主要形式有民族风俗、民族舞蹈、民族歌曲、民族服饰等，如果民族特色没有体现出来或者不能吸引游客，这会在旅游品牌上大打折扣，进而客流量就会减少。目前，旅游特色产品同质化现象特别严重，缺乏自己的特色，而且产品单一，呈现出低档次的旅游产品市场。移民在经营小商品时的短视性很强，收益也极为有限，如何通过提升旅游产品质量，增加旅游产品收益，加强移民参与其中的主动性和积极性，以便获取可持续性收益。

二 资源开发型小城镇发展模式

（一）适用性

贵州蕴藏着丰富的自然资源，不仅有适于农、林、牧、渔各业综合发展的土地资源、气候资源和较为富足的地表水、地下水资源，更有在全国占据重要地位的能源资源、矿产资源、生物资源和独特的旅游资源。以煤炭、水能为基础的能源工业已发展成为贵州省的重点支柱产业，贵州是国家实施"西电东送"战略的重要省区。资源开发型小城镇是以自然资源开发为主的产品型城镇，城镇企业多以吸收剩余劳动力来完成技术含量较低的生产环节，工业产业带动经济发展小城镇，基础设施建设也逐步完善。庞大的移民群体因其整体文化程度较低、技能水平较差，没有办法从事高水平的技术工作，这种模式有助于移民的初期转移，既为移民找到谋生的出路，也为社会减轻负担，同时也解决了相关企业的用工荒问题。

（二）优缺点

依托各类资源形成的资源开发型小城镇可持续发展模式是立足贵州特色、直击现实问题的重要选择，具有一定的适用性，源于以下优点：一是将政府需求、移民需求和企业需求充分结合，解决了三个利益主体的难题，实现了帕累托改进；二是充分依托自然资源的禀赋及分布状况决定小城镇的产业特色及地理位置，使移民以资源产业发展为生产基础，促进产业结构升级，带动经济及小城镇发展。当然，这种模式也存在明显的缺点：一是这种模式下形成的小城镇对以资源为基础形成的产业具有较强的依赖性，可是众多的移民安置点中能拥有这样的产业支撑的情况比例并不大，所以这种模式的适用性有限；二是贵州虽然富含多种自然资源，但资源分布不均衡、开采难度大、耗竭速度快等因素阻碍了资源没有发挥出其应有的价值，产业发展受限，直接影响产业的吸纳能力，进而无法保障移民的后续发展；三是依托资源建设的小城镇，虽然能够为移民提供一定的就业机会，但这并非是促进小城镇发展的充分必要条件，小城镇的区域位置、人文环境、交通条件等都会影响小城镇的发展，并进而影响资源型企业的发展，当前，许多资源开发型小城镇地理位置较偏，小城镇自身发展能力较弱，限制持续发展的因素较多。

（三）在贵州的实践

1. 实践情况

将生态移民安置与小城镇发展充分结合是一种普遍认可的移民安置模式，贫困地区的生态移民搬迁至小城镇多以发展特色产业、新型产业、生态旅游等为主，以开发能源资源产业的较少，基于当前人们对美好生态环境的诉求，生态产业是小城镇发展的主要载体。从贵州省的实际情况来看，这些小城镇多与当地的工业园区充分结合，一方面，工业园区利用当地的资源优势办好产业，为小城镇持续发展提供动力支撑；另一方面，将生态移民安置到这些拥有工业园区、农业园区的小城镇，既可为资源型产业提供劳动力，也可为生态移民获得持续的生计来源。此外，借助于工业园区和农业资源的良好发展，小城镇的发展势头也逐见成效，实现了"双赢"。当然，在贵州省，工业园区基本上是外来企业入驻带动园区发展的，而农业园区多是依赖于当地优势资源发展起来的，无论是依靠外在力量还是内部资源，都为移民提供了一定的就业机会。

2. 典型案例

贵州省黔南布依族苗族自治州惠水县的明田易地扶贫搬迁安置点就是依托惠水经济技术开发区企业多、就业条件好等优势规划建设的园区产业型安置点，地处经济技术开发区的核心区。目前，明田易地扶贫搬迁安置点已经实现基础配套功能化、管理服务精细化、后续发展精准化，成为移民搬迁群众"一步住上好房子，逐步过上好日子"的新样板。2017年6月，已转移就业1668人，其中，在惠水经济技术开发区务工741人，外出务工870人，公益性岗位安置26人，自主创业31人，户均收入可达到每年2.4万元以上，人均收入5700元以上。这种安置模式就是将生态移民与工业园区相结合，利用工业园区充分挖掘本地资源，实现生态移民、小城镇和工业园区的共同发展。

此外，有些地区将移民安置与农业资源优势相结合，在带动农业产业发展的同时，解决移民生计问题，促进小城镇发展。遵义市全力做好易地扶贫搬迁"后半篇文章"，将易地扶贫搬迁安置与农业资源优势充分结合。比如习水县将生态移民搬迁至三岔河乡，在安置点道路两旁种植花椒，既可美化环境也可增加农业收入。凤冈县永安镇移民以茶产业为主导产业，除了茶叶种植，还招商引资三家茶加工企业，为移民提供了更多的就近就业机会。正安县安置点组建烤烟生产协会、茶叶生产协会、特种养殖协会并建立支部，使移民群众加入城镇周边农业生产队伍，增收致富。

(四) 影响制约因素

依托资源优势,并充分结合小城镇发展而形成的资源开发型小城镇发展模式全国各地普遍存在着,是否能实现可持续发展,受到以下客观因素的影响:一是资源分布不均衡。由于贵州拥有特殊的喀斯特地貌,水土流失、石漠化现象严重,自然资源分布存在区域差异性,导致依托资源发展的小城镇发展速度也存在差异。二是资源开发难度大。由于受到交通、技术、市场、人才、资金等要素的制约,许多优秀的资源存在一定的开发难度,出现要么不知道该如何开发,要么开发出来没有实现应有的价值,造成了资源的浪费。三是资源利用效率低。为了实现资源更高的价值,需要对资源进行深度开发,比如引进技术对资源进行深加工。贵州有着丰富的资源,但基本处于初加工阶段,开发利用效率低下。这些因素的存在直接影响了相关产业的后续发展,也阻碍了新型城镇化的进程,更难以为生态移民后续发展提供产业支撑。

三 异地小城镇发展模式

(一) 适用性

我国在改革开放以来就实施了城乡经济体制改革,大量农村劳动力从农业向非农业产业转移,或从农村流向城镇,跨产跨区流动使非农业、工业化和城镇化三者互相脱节的现象出现,逐步形成了异地城镇化发展的新机制。[①] 贵州主要以农村人口为主,其中贫困人口占比较大,且生活在自然资源稀少、生态系统功能减弱的石漠化严重地区,为落实扶贫开发政策,需将这部分人从原地搬迁至新城镇,不仅有利于缓解人地矛盾,还有助于解决迁出地的生态环境退化问题。为了促进新型城镇化的发展,需要一定规模的人口给予支撑,生态移民正好成为新型城镇化发展的重要力量,不仅解决了移民安置的难题,也为新型城镇化发展贡献了一定的人力资源。以上的旅游开发型小城镇发展模式和资源开发型小城镇发展模式若属于就地小城镇模式,那么此处便属于异地小城镇发展模式。

(二) 优缺点

生态移民异地转移至小城镇,突破了传统的"二元"经济结构,

---

① 朱柏生:《我国西部贫困地区小城镇发展模式研究》,硕士学位论文,四川大学,2007年。

转移出来的农村劳动力为新型城镇化提供了充足的劳动力资源,为生态移民摆脱贫困、实现可持续发展获得了更多的机会,有利于迁出区的生态恢复。当然,这种的模式的缺点也是比较明显的:首先,新型城镇化的快速发展需要具有一定技能水平的劳动力作为支撑,虽然生态移民群体的数量庞大,但质量却不尽如人意,虽然政府提供了免费的技能培训服务,但这些培训的层次、内容与新型城镇化发展的需求还存在一定差距。而且生态移民对于参加培训的热情度不高,直接影响了培训的效果。其次,异地搬迁不仅仅是居住位置的改变,还伴随着传统文化、风俗习惯、语言交流的改变,是对原有生产生活模式的颠覆,可能对生态移民造成更大的生产生活障碍,无法"返迁"还可能造成更为严重的心理障碍,使社会不稳定因素增加。最后,异地搬迁的成本较大,需要投入更多的人力、物力和财力,还要花费更多的协调成本。

(三) 在贵州的实践

1. 实践情况

贵州实施易地扶贫搬迁,最主要的目的是将居住在生态恶劣、经济落后地区的贫困人口从条件差的地方搬迁出来,以实现扶贫与生态保护"双赢"的局面。为了加快迁出地的生态修复,将生态移民搬迁至基础设施较好的小城镇,实现异地人口转移。通过在小城镇建立新的移民新村,以此来带动农村集贸市场的建设,不仅为生态移民提供更多的就业机会,还为周边居民带来了新的商机,推动第二、第三产业的发展。同时鼓励企业结合当地特色发展新兴特色产业,为生态移民提供就业岗位,或加大政策扶持力度,鼓励生态移民自主创业,促进生态移民异地城镇化安置的持续性。这种模式强调异地性,存在区域协调安置,既然要解决代际贫困问题,并非"山上搬山下"即可,还必须结合移民实际情况、当地安置情况及安置点需求情况统筹考虑安排。贵州省内的安置方式从最开始的就地安置到后期的以县城为中心的安置方式,充分说明跨乡镇的安置方式已经成为一种主要的安置方式。

2. 典型案例

黔东南州从江县的月亮山区很贫穷,东朗苗寨第五、第六村民小组由于地理位置、历史传承等原因,交通不便,贫困面大,贫困程度深,故当时被列入从江县首批实行生态移民搬迁的区域。从江县依托城镇化建设进行统一规划，优先选择在工业园区、商业经济发展最好的中心地带、政府驻地开发新区和旅游景区等有开发利用价值地段作为移民安置地点，按照"搬得出、留得住、能就业、有保障"的总体要求，整合财政、水利、农业、林业、扶贫、交通、教育、建设、卫生等部门资源，给予移民安置点项目政策倾斜，同步完善安置点基础设施建设，同时还采取产业互动、加大技能和创业培训等措施，让广大搬迁群众实现了搬迁即就业，扫除了后顾之忧。从江县通过将各个乡镇的搬迁群众集聚在一起，有力地推动了城镇化的快速发展。

（四）影响制约因素

异地城镇化搬迁意味着人口迁移，是在空间上的转移，由遭到生态环境破坏的石山区、深山区等搬迁至生态环境良好、基础设施齐全、交通便利的小城镇进行安置生活。其同样受到以下因素的制约：一是移民自身素质受到限制。由于异地城镇化一般会搬迁至较远的小城镇，可能会出现文化、语言、饮食等生活习惯上的不适应，也可能无法适应生产方式的完全转变，再加上移民自身素质不高，给生态移民适应新的生产生活方式增加了障碍。二是异地城镇化模式的初衷是值得肯定的，但是实施以后存在着一些难以克服的具体问题，比如县城产业在没有扩张的情况下如何能接纳更多的劳动力，移民自身素质提高到什么样的程度才能满足社会的需求，新增的远离土地无法返迁的移民可能沦为无业游民，社区管理压力巨大等。这些问题如果不能妥善解决，生态移民可持续发展就是一句空话。

第二节　低碳发展模式

面临全球变暖的生存威胁警告，全世界都在倡导走一条可持续发展道路，我国坚持"以人为本"的科学发展观，为减少碳排放量，开启低碳生存模式。在我国贫困地区，是将气候变化与扶贫两大战略有机结合，在发展低碳经济的过程中实现新型扶贫开发。充分发挥后发优势，树立"良好的生态环境已成为最稀缺资源"的生态文明理念,充分考虑不同贫困地区资源禀赋差异,形成符合本地实际情况、符合资源禀赋优势、具有区域特点的低碳发展模式。①

一 适用性

低碳试点城市以加快推进生态文明建设、绿色发展、积极应对气候变化为目标,以实现碳排放峰值目标、控制碳排放总量、探索低碳发展模式、践行低碳发展路径为主线,以建立健全低碳发展制度、推进能源优化利用、打造低碳产业体系、推动城乡低碳化建设和管理、加快低碳技术研发与应用、形成绿色低碳的生活方式和消费模式为重点,探索低碳发展的模式创新、制度创新、技术创新和工程创新,强化基础能力支撑,开展低碳试点的组织保障工作,引领和示范全国低碳发展。虽然贵州的工业发展较为落后,环境没有受到严重的污染,但是由于特殊的喀斯特地貌,自然引发的石漠化及水土流失等破坏生态环境的现象使贵州局部的生态环境变得脆弱,特别是偏远的深山区、石山区等,再加上不合理的人类活动,导致生态环境承载力超载,所以需要对超出生态环境承载力地区的人口进行生态移民搬迁,优先引导人口向国家重点城镇适度集中,区内开发应以绿色低碳理念统领重点村镇基础设施建设,避免搞经济成本过高又易破坏生态环境的建设。易地扶贫搬迁政策中对生态恢复的要求正好符合了低碳发展的理念,从某种程度上,这既是一种理念也是一种发展模式,最关键的是这种模式可持续,并且贯穿着易地扶贫搬迁的全过程。

二 优缺点

贵州的生态移民低碳发展模式将低碳与扶贫有效结合起来,有利于创新低碳扶贫开发机制,有利于拓展贫困地区的可持续扶贫开发资源,有利于实现国家应对气候变化的目标任务,对于贵州省建设生态文明示范城市具有促进作用,使经济、社会、文化实现绿色可持续发展。该模式在生态保护受限的制约因素下,不能一味只发展快速经济,而是经济

---

① 田成川:《低碳发展:贫困地区可持续发展的战略选择》,《宏观经济管理》2016年第6期。

发展与环境保护并重。如果只发展经济，环境就会受到忽视；如果只保护环境，GDP 就上不去，因此要想实现经济与环境"双赢"，只能平衡协调发展，走可持续发展道路。因此，低碳发展模式是优点和缺点并存的模式，优点在某种程度上可能也是缺点，但唯有如此，才能实现真正的可持续发展。

三 在贵州的实践

（一）实践情况

近年来，贵州紧扣"生态"与"发展"两条底线，走出一条不同于东部、有别于西部其他省份的绿色、循环、低碳发展道路。贵州在实施易地扶贫搬迁过程中始终将低碳发展理念贯彻始终，在迁入区域，建设绿色环保的基础设施，发展绿色产业，营造低碳文化氛围，并建立健全绿色管理考核机制等，在迁出区域，极力修复遭到破坏的生态环境，实施宅基地复垦，退耕还林还草，发展绿色产业，在生态恢复的同时获取生态收益。因这种模式与贵州坚持"发展"和"生态"两条底线不谋而合，所以广泛地存在于全省各地的易地扶贫搬迁过程当中。

（二）典型案例

扬武移民安置点位于丹寨县扬武镇政府驻地，是全省易地扶贫搬迁示范安置点之一。丹寨县扬武镇重点在基础设施、跟踪服务和就业工作上狠下功夫，整合资源，确保移民一批的同时稳定脱贫一批。

首先，强化基础三配备。一是建好公共服务设施，配备必要的文化活动广场、公园、超市、商贸中心、停车场等公共服务设施。二是开通扬武移民新区到县城公交车，配备小区环境卫生保洁员，小区市政设施纳入县城统一管理，同城化有序推进。三是解决好就学就医问题。移民子女随同父母搬迁至扬武镇安置区后，都和当地居民一样享受同等教育；整合镇卫生院资源，完善基本医疗公共服务体系，让移民户与当地居民享有同等就医待遇。

其次，跟踪服务三落实。一是结合安置点实际、整合镇生态移民办公室，用300平方米移民房组建金湖社区服务中心，服务工作有阵地。二是成立金湖社区党支部和社区委员会，按照村级模式配齐配强"两委"班子，下设24个居民小组。采取"社区'两委'＋组长（楼长）＋

农户"的三级管理模式，分区域进行网格化管理和服务。三是按照村级模式，把社区运行经费每年2万元，支部书记、主任、副主任工资2000元/月/人，居民小组长工资等纳入县级财政预算，确保有人有钱安心服务。

最后，就业工作三举措。一是鼓励社区"两委"、社区居民领办、创办实体经济，目前，已建成姬松茸种植大棚30个，带动14户68人发展，户均增收2万元以上。二是采取"社区'两委'+合作社+农户"的发展模式，通过土地流转，完成黑皮冬瓜种植193亩，带动移民就业300余人次，同时，无偿提供5000平方米门面给移民户创业，带动150户513人融入当地自主发展，有效推动了移民创业、就业。三是强化技能培训，推荐就业，2018年以来，组织和协助开展中式烹调、蜜蜂养殖、就业创业等培训260余人次。推荐到茅台生态农业有限公司基地就业60户120人，到金钟经济开发区就业40户86人，到丹寨万达职院和丹寨万达小镇就业110户210人。

值得一提的是，配套建设的金湖山体公园毗邻各个安置小区，使移民出门几分钟就能到公园休闲活动。该公园三面环水，占地面积60亩，总投资460万元，依山体地形建设溢水石磨、月牙景墙、阳光草坪、植树绿化、假山置石、观水小径、临水木台等，充分体现了人与自然和谐共生。生态移民在安置点享受到了高质量的生态环境，并参与到低碳绿色产业中去，实现了"生态"与"发展""双赢"的目标。

四 制约因素

贵州实施生态移民低碳发展模式，积极响应全球应对气候变化的号召，主要表现在减少煤炭用量，控制汽车数量，提倡绿色环保出行与消费，减少塑料垃圾袋的使用以避免白色污染，但在大力推行生态文明、低碳出行建设的过程中，本身处于GDP水平在全国排名倒数的贵州还需要发展经济，也希望早日脱贫实现全面小康水平的目标。因此，生态移民低碳发展模式会受到经济因素的制约，还有生态移民自身素质的制约。一方面，经济需要快速发展。虽然贵州实施"大数据"+"大扶贫"+"大生态"战略，高新技术开发是低碳转型的一大措施。但是需要实施易地扶贫搬迁政策的地区经济发展水平较为落后，将移民搬迁出来首先需要保证移民能安居乐业，国家和政府所能提供的补助有限，而搬入地的生活成本明显增加，为了使移民能够稳定适应新环境，首先要保障生计问题，可以通过促进移民充分就业以获得稳定收入来解决生计困难。在经济落后的小城镇发展高新产业需要高新技术人才，这对于生态移民安置点来说不现实，除了开展简单的种植业，移民也会倾向于不用耗费脑力只需提供体力的搬砖工作，或是生产一线工人，这些产业发展还是会排放污染物，给低碳发展带来阻碍。另一方面，低碳发展模式下的产业都属于高新技术产业，对就业人员的技能要求相对较高，但生态移民群体整体文化程度较低，缺乏进入高新技术产业所必备的专业技能，难以通过参与到低碳产业中获得稳定的收入来源。

第三节 特色产业发展模式

生态移民的后续产业发展问题已成为学术界及政府相关部门共同关注的话题，第一，生态脆弱区要在易地扶贫搬迁政策实施的同时，对生态脆弱区的产业结构进行调整，以使其科学、合理、可持续发展[①]；第二，促进移民新安置点的产业发展升级，充分利用新环境、新资源发展特色产业，即满足当地原材料大量供给，生产符合消费者需求的产品和服务，以促进经济、生态可持续发展。

一 适用性

贵州作为西部贫困地区之一，除了经济发展落后，局部生态环境也十分脆弱，但是拥有丰富的自然资源及传统文化遗产。贵州实施生态移民的数量巨大，脱贫攻坚任务艰辛而又艰巨，易地扶贫搬迁不仅仅要将生态移民从生态脆弱区搬迁出来，还要保证移民搬迁至新安置点后能够持续稳定地生存下去。在移民安置点发展特色产业，不仅能为移民提供就业岗位，还能带动整个城镇及周边乡村的经济发展。当前，围绕安置

---

① 俞刚：《可持续发展观视角下的民勤县生态移民问题研究》，《财会研究》2010年第3期。

点建设，可以发展以下几类特色产业。

(一) 旅游产业

在旅游开发型小城镇发展模式中，已经对贵州省的旅游资源做过基本的介绍，因旅游产业进入门槛较低，旅游收益也较高，受到生态移民的青睐，但同时也因旅游产业受到季节性、基础设施条件、旅游产品同质化现象严重等问题的影响，造成旅游产业带动生态移民摆脱贫困、走向富裕的道路受到阻碍。但总体来说，依托旅游产业建设的安置点因有着得天独厚的自然资源、文化传统资源作支撑，移民的可持续发展状况是非常乐观的。从长期来看，随着政府培训力度的进一步加大，受过培训的移民会从旅游产业的快速发展中获得更高的收益，最终实现移民的可持续发展。

(二) 绿色生态农业

贵州是全国唯一没有平原支撑的省份，高原山地的特殊地质蕴含丰富的自然资源和独特的气候条件，为绿色生态农业发展提供了重要的支撑。经过多年的探索和发展，贵州已经形成了以"茶叶、食用菌、蔬菜、生态畜牧、石斛、水果、竹、中药材、刺梨、生态渔业、油茶、辣椒"12种特色产业为主攻方向的绿色生态农业产业体系。随着农业产业体系的逐渐完善，农业产业链不断延长，搬迁农户一方面可以将原有土地入股获得土地收益，另一方面搬迁农户逐渐变为"农业产业工人"获得工资收益。这种方式的劳动力转移非常适合生态移民，虽然身份有所转变，但是从事的工作是移民最擅长的工作，减轻了移民的心理负担，增进了社会和谐。

(三) 高新技术产业

近年来，贵州采取自主创新、引进消化外来技术、技术合作等多种模式，大力发展高技术产业，使具有贵州特色的装备制造业、化工产业、民族制药、特色食品产业、电力产业、节能环保产业、光电子信息、有色产业（主要是高端合金制造等）逐步形成，高新技术已成为贵州省转变经济增长方式的重要力量。散落在全省各地的工业园区多以高新技术产业为核心，发展势头持续向好，为社会提供了大量的就业机会。再加上政府为移民提供的免费培训机会，使移民的技能水平不断提升，为高新技术产业提供了大量的有技能的劳动力资源，促进了移民的就近转移就业。

二 优缺点

发展特色产业模式可以形成生态移民搬迁后的生产能力优势，拓宽移民的新型就业空间，如贵州的少数民族生态移民搬迁至新区后，可继续从事传统手工业、民族旅游品牌销售，有能力的也能搞民族特色的"农家乐"等，可以发挥务农的优势成为农业工人，当然也可以进入园区成为高新技术产业工人。这种模式的优点是非常突出的：一是大量的就业机会为移民实现可持续发展提供了可能，同时也解决了相关产业劳动力不足的问题；二是通过内部培养，也使相关产业降低了人力资本形成成本；三是从长远来看，有助于提升贵州省劳动力的整体素质，并会带动产业体系的转型升级。当然这种模式也存在一定的缺点：一是虽然可以通过参加就业培训来适应各类工作，但受到移民整体素质偏低的限制，培训效果不尽如人意，特别是与高新技术产业对劳动力的需求存在差距；二是这种模式要求各类产业的发展状况较好，否则也无法提供就业机会并吸纳移民进入相关产业就业。

三 在贵州的实践

（一）实践情况

贵州在实施易地扶贫搬迁的过程中，将"输血"与"造血"充分结合，通过注入资金和生产资料等为群众"输血"，通过开展各类培训为群众"造血"。通过发展特色产业带动移民就业是一种可持续的发展模式，无论是在小城镇发展模式中，还是在低碳发展模式中，都提出要将产业发展融入移民搬迁工作中去，一方面促进相关产业快速发展，另一方面带动移民增收致富。此外，加快新型城镇化的发展速度，可以说实现了三方赢利，是一种值得肯定且推广的可持续发展模式，在全省范围乃至全国范围内都广泛地被采用。

（二）典型案例

贵州省遵义市桐梓县小水乡党委政府利用不同高度海拔特征大力发展特色农业产业。在900米以上海拔区域发展核桃、板栗等干果、栽植杉、柏、刺槐、方竹等绿化林木，养殖生态鸡、白山羊、肉牛、传统猪等家畜禽；在700—900米中海拔区域种植樱桃、杨梅、桃子等水果；在700米以下的海拔区域，结合"四在农家·美丽乡村"建设，开展特色种植，实现"山底变亮"。并以特色种养业为基础，打造马鬃红苗风情区、小坝森林温泉度假区和石板高效农业示范区。在发展这些特色农业产业的过程中，根据搬迁移民的实际情况，将"土地入股"与"农业工人"相结合，移民在获得土地收益的同时，为当地的特色农业产业注入坚实的劳动资源，有效地促进了当地特色农业产业的发展。

荔波县实施民族特色城镇建设，推动乡村旅游产业发展。县委县政府根据全县"布、水、苗、瑶"四大主体民族的特点，把移民安置点建设纳入当地城镇建设规划，把安置点建设与民族特色结合建成具有旅游服务、民俗文化观光等特色功能和产业发展的"一乡一特"新集镇。通过生态移民与民族特色小城镇建设相结合，积极争取扶贫乡村旅游项目并加以扶持，形成了洞塘梅原、玉屏泰美乡居、瑶山古寨等乡村旅游精品景点。瑶山乡拉片移民点现已建成国家3A级景区，并结合乡村旅游产业发展打造黔南千户瑶寨，乡村旅游从业人员逐渐增多，旅游综合收益也逐步提升。

贵州安顺西秀工业园区位于安顺市中心城区西秀区的东北部，前身为安顺市东关工业小区，是农业部1995年3月批准的"全国乡镇企业东西合作示范区"，中国食品工业协会2005年12月确定的"中国食品工业（西秀）示范基地"，2006年8月省政府和国家发改委批准设为省级开发区并正式更名为"贵州安顺西秀工业园区"。该工业园区主要以制药、食品、农副产品、旅游产品加工为主导产业。依托西秀工业园区建设的易地扶贫搬迁安置点坐落在西秀区产业园区的中心地带，背靠青山、面朝大路，环境优美、交通便捷，接纳来自七眼桥镇、大西桥镇、鸡场乡、宁谷镇、旧州镇等10个乡镇的搬迁群众，共安置搬迁群众1457户6713人。其中，建档立卡贫困户1413户6500人。除了安置住房保障，还同步配套建有卫生室、学校、工厂、社区综合超市等，可以为搬迁入住群众提供就医、就学、就业保障。

贵州省安顺市普定县移民局组织开展葡萄种植和管理技术培训。培训会对传统作物种植和葡萄种植的经济效益进行分析对比，消除了葡萄种植农户的心里顾虑，合理引导农户积极转变发展观念，鼓励农户充满信心，并发扬敢闯敢干的精神，充分利用好政策资源和社会资源，下决心把葡萄产业做大、做强、做好、做出成效，促使家庭经济快速发展，家庭收入快速增加，提前实现小康目标。在二龙大坡葡萄种植现场，众星农业有限公司技术员对葡萄种植的苗木选择、整地、种植、垄箱、施肥、剪枝、葡萄架的栽庄、拉线、病虫害防治等技术规范向参训农户进行现场演示和仔细讲解。通过培训，所有参训人员受益匪浅，提高了种植葡萄的积极性。随着种植技术的提高，农业产业效益也获得提升，直接带动移民增收致富。

四 制约因素

特色产业发展模式的关键在于特色产业的发展，自然而然对外部环境具有很强的依赖性，必然受到一些客观和主观因素的制约。一是宏观环境对特色产业的影响，当前世界经济环境瞬息万变，经济上行压力大，外出务工人员回流严重，在政策支持下发展起来的特色产业所提供的有限的就业机会可能无法惠及移民群体，反而被技能水平较高的返乡务工人员挤占，难以发挥通过特色产业发展吸纳移民就业的优势；二是移民自身素质和技能水平的提高需要一定的时间积累，即便是进入特色农业产业成为农业工人，也需要为符合绿色低碳农业产业发展的需求而进行相应的技能培训，这种滞后性也阻碍了移民群体的顺利进入，当这些移民参加完相应的培训之后，可能这些岗位也不复存在了。

本章小结

生态移民可持续发展表现在两个方面：一是生态环境的可持续发展，二是移民的可持续发展。贵州省生态移民可持续发展模式是指生态移民从生态脆弱区搬迁出来以后在新迁入地能实现可持续发展的模式，本章概括为三种模式，即小城镇发展模式、低碳发展模式和特色产业发展模式，分别从适用性、优缺点、实践案例及影响因素分析各模式，通过分析发现三种模式之间有所交叉但又各不相同。小城镇发展模式通过移民的聚集带动安置区域的经济增长，推进城镇化进程，并进而带动移民摆脱贫困、增收致富。低碳发展模式遵循"既要金山银山又要绿水青山"的理念，走出了一条实现"脱贫"和"生态"可持续发展新路。特色产业发展模式充分利用资源优势，全力发展特色产业，促进特色产业不断发展壮大，为社会提供更多的就业机会，带动移民脱贫致富。多年的易地扶贫搬迁实践，贵州省已经形成了以小城镇发展模式为主，多种模式互为补充的发展态势。走小城镇发展模式的安置区域，也必须兼顾生态优先、绿色发展，将低碳发展理念贯穿易地扶贫搬迁的全过程，并充分结合全省特色产业发展趋势，既解决移民后续发展问题，又促进小城镇快速发展，也驱动特色产业转型升级，一举三得，有效提升易地扶贫搬迁政策的实施效果。

第十章

生态移民可持续发展意愿与发展重点[①]

在易地扶贫搬迁过程中，贵州省尊重群众意愿分级实施，把握"四条原则",[②] 坚持"五个为主",[③] 实现"四个结合",[④] 落实好"五项政策"。[⑤] 在这样一系列指导方针的指引下，从就业、就医、就学、政策和生产五个层面充分剖析贵州省生态移民可持续发展意愿，并在此基础上提出生态移民可持续发展重点，为进一步提出生态移民可持续发展路径指明方向。

---

① 本章使用的是2015年的调研数据，对400份有效问卷进行认真筛选，最后确定400个样本进行本章分析。

② "四条原则"即为，农民自愿，充分尊重群众的意愿，先将有条件、积极性高的村庄和农户搬迁出来，不搞硬性要求、强搬强迁，确保农民自愿搬迁；先易后难，注意把握好搬迁的节奏和顺序，从搬迁和安置难度小的地方开始实施，不搞盲目铺开、同步推进，确保协调有序搬迁；突出重点，明确搬迁的目标和方向，整合资源、逐村推进，不搞分散用力、全面出击，确保科学规范搬迁；鼓励探索，充分调动基层干部和群众的积极性和创造性，鼓励探索移民安置新途径新方式，不搞统一模式、"一刀切"，不断总结推广经验。

③ "五个为主"即为，搬迁对象以居住在深山区、石山区特别是石漠化严重地区的贫困户为主；迁出地点以生态位置重要、生态环境脆弱的地方为主；搬迁区域以三个集中连片特困地区和民族地区为主；安置地点以小城镇、产业园区为主；实施方式以发挥市、县党委、政府和矿山企业积极性，农民自力更生为主。

④ "四个结合"即为，实施扶贫生态移民工程与推进工业化、城镇化结合；与发展旅游等特色小城镇结合；与农村危房改造结合；与基础设施向下延伸结合，努力实现科学、和谐、有序搬迁。

⑤ "五项政策"即为，住房政策、土地政策、就业政策、产业政策、社会保障政策。

第十章　生态移民可持续发展意愿与发展重点

第一节　生态移民可持续发展意愿

按照马斯洛的需求层次论，每个人都有追求更好生活的意愿，更好的生活包括对未来生活各个方面的需要，如对就业、就学、医疗、环境等方面的需求。对于生态移民而言，搬迁以后，移民预期是要过上更好的生活的，因此移民的可持续发展意愿也更加强烈，由此对其在安置地的就业、就医、就学会有新的需要，对政府的政策会有新的需求，对在安置地的生产生活会有新的期望。

一　就业需求

从前文的分析可知，生态移民的就业去向主要有四种：产业园区就业、公益性岗位就业、自己创业和外出打工，其中自己创业和外出打工移民中，部分移民在迁入安置地以前就已经属于这些就业方式，所以迁入安置地以后新获得就业的移民所占比例较小。生态移民搬迁后，虽然没有完全失去土地的就业功能，但是，寻找新的工作成为移民在安置地稳定生活的关键。从这个角度来看，移民对获得就业机会的意愿是非常强烈的。根据调查数据，25.75%的移民对自己现在从事的职业不满意，其中64.08%的移民认为不满意的主要原因是所从事的职业收入低；32.04%的移民认为不满意的主要原因是所从事的职业不对口。

二　就医需求

生态移民搬迁后，根据迁入地的位置不同，就医环境也发生了相应的变化。如果移民搬迁到乡镇，医疗服务的形式呈现多元化，药店、诊所及乡镇卫生所并存，共同为生态移民提供便利的医疗服务。在样本县中，城镇安置模式是主要的安置模式，绝大多数移民都将迁入乡镇一级进行安置。对于那些就近安置或者迁移到地理位置较好的中心村的移民来说，可能医疗条件的改善并不明显。"十三五"期间，贵州省的移民安置方式必须安置在乡镇以上，甚至许多地区规划安置到县城，从医疗服务的角度上看，县城的医疗服务远远好于原住地。从移民访谈中，我们也得到了移民的一种共识，也就是自愿搬迁的其中一个原因也在考虑医疗条件的改善。搬迁后移民对医疗的满意度就可以看出移民的就医需求也是比较强烈的，根据调查数据，91.5%的移民对安置点的医疗条件表示满意，仅有8.5%的移民表示不满意，不满意的原因从高到低依次排序：医生水平较差、药品不足、医疗设备落后、医院住院条件差，表明部分移民开始关注医疗质量，而不仅仅满足于可以看病就行。

三 就学需求

在400位移民样本中，有92%的移民选择自愿搬迁的原因是原居住地太穷、生活条件太差，而这些条件中子女的就学条件也是其中一个比较重要的方面，特别是较为年轻的夫妻，会更多地考虑子女的就学问题。事实上，生态移民搬迁以后，就学条件的改变也是比较明显的，无论是在县城、乡镇还是在中心村，都比地处偏远的村级小学的教学条件要好。在实施"撤点并校"以后，许多较为偏远山村的学校也被合并，儿童上学距离远、成本高的问题普遍存在。搬迁以后，不但可以解决上学远的问题，还给孩子更多的选择机会，以及更好的学习环境。因此，移民对子女就学的需求较高，多数移民搬迁时都会考虑搬迁后子女就学环境的改善。400个移民样本中，有123个家庭存在学龄前儿童，99个家庭进入幼儿园就读，其中91.92%的移民对子女就读的幼儿园表示满意，仅有8.08%的移民表示不满意，不满意的主要原因是价格高；另有187个家庭存在学龄儿童，其中97.87%的移民对子女就读的学校表示满意，仅有2.14%的移民表示不满意，而不满意的原因也是觉得价格高。许多研究都指出，收入水平低可能是阻碍农村儿童教育发展最主要的原因，因为经济条件的制约，每个孩子所能获得的教育投入也相对较低，在123个有学龄前儿童的家庭中，19.51%的学龄前儿童没有进入幼儿园，其主要原因就是价格高；对于学龄儿童，虽然是免费义务教育，但由于经济限制，与经济发达地区相比，移民能够给予孩子在正规教育之外的投入少之又少。

四 政策需求

目前实施的生态移民政策是多种政策的结合体，涉及住房政策、土地政策、就业政策、产业政策、创业政策、社保政策等，这些政策分别指导生态移民工程的不同方面,应严格执行,才能顺利推进生态移民工程的顺利实施并取得预想的效果。但从目前的实施情况来看,主要实施的政策还多停留在住房政策上,其余的土地、就业、产业、创业及社保政策还只是停留在文字层面,即便有少数地方实施了相应的政策,但效果并不理想。首先,移民是否了解这些政策。根据调查数据,移民对相关政策的了解不足,55%的移民了解社保政策;移民对其余几类政策的了解人数均不到总人数的50%,其中对产业政策的了解最差,仅有16%的移民了解(见表10-1)。

表10-1　　　　　　　生态移民对相关移民政策的了解情况

	了解		不了解	
	频数(人)	百分比(%)	频数(人)	百分比(%)
住房政策	196	49	204	51
土地政策	140	35	260	65
就业政策	80	20	320	80
产业政策	64	16	336	84
创业政策	80	20	320	80
社保政策	219	55	181	45

这样的结果让人非常担忧,移民都是在怎样的一种状态下做出搬迁决策的。移民对政策的需求是不强烈,还是根本不知道什么政策可以用在他们身上。从移民访谈中,我们或多或少都感受到移民对住房、土地、就业、产业、创业及社保方面的疑问,很多时候我们都在为移民解释已经制定了相关的政策来解决这些问题。出现这种状况,一是宣传还不到位,二是许多政策还没有落实,三是移民对政策需求没有概念。

在移民仅有的政策知识中,移民的总体满意度还是不错的,绝大多数的移民对政策的满意度是一般满意,这说明,无论政策是否实施,移民对生态移民这项工程还是认可的。

表 10-2　　　　　　　生态移民对相关移民政策的满意度

	满意		一般		不满意	
	频数（人）	百分比（％）	频数（人）	百分比（％）	频数（人）	百分比（％）
住房政策	379	94.75	10	2.50	11	2.75
土地政策	96	24.00	295	73.75	9	2.25
就业政策	27	6.75	365	91.25	8	2.00
产业政策	17	4.25	380	95.00	3	0.75
创业政策	34	8.50	363	90.75	3	0.75
社保政策	170	42.50	213	53.25	17	4.25

究其不满意的主要原因，从住房政策、土地政策和社保政策看，主要是认为政策标准低；从就业政策、产业政策和创业政策看，主要是认为政策没兑现。这与现实情况也比较相符。总的来说，移民对政策是有需求的，而且对政策的需求还是有方向的，比如就业政策、产业政策及创业政策都是对移民实现可持续发展至关重要的政策，但大多数移民表示对这类政策的满意度是一般，主要是大多数移民并没有享受到这类政策带来的好处。由此，应根据实际需求，在加大宣传力度的基础上，切实执行相关移民政策。

五　生产需求

按照安置时是否分配土地，移民安置方式可分为"有土安置"和"无土安置"。贵州省由于土地资源极度紧缺，所有的移民安置都是"无土安置"。"无土安置"最大的困难就是移民搬迁后的后续发展问题。对于世世代代依赖土地生存的农民而言，没有了土地就等于没有了生存之本，搬迁以后，必然需要寻找新的生存方式，农业生产不再是主要的生产方式了，更多的移民要去在农业以外的行业就业。但由于移民自身的文化素质不高、技能水平较低，很难在非农产业稳定就业。如果移民无法获得持续的收入来源，他们就必须另谋他路。在这中间，许多移民选择返回原住地继续从事农业生产，搬迁后，移民对原住地土地的处理方式，全部自家使用的有 222 户，占 55.50％；部分自家使用，部分闲置的有 21 户，占 5.25％；部分自家使用，部分退耕还林的有 30

户，占 7.50%。从调查数据可知，68.25% 的农户搬迁后还在继续从事农业生产。因此，虽然在安置地无法分配土地，但是移民还是有生产需求的，这种需求一方面可以让移民获得农业收入；另一方面会阻碍土地复垦，影响生态恢复。

综上所述，移民在就业、就医、就学、政策及生产上都存在强烈的需求意愿的，这既是易地扶贫搬迁得以顺利推进的重要原因，但是也给移民实现可持续发展造成了阻碍。

第二节 生态移民可持续发展重点

生态移民对搬迁后的后续发展充满着期待，但由于自身素质和外部环境在某种程度上制约着这些意愿的实现，因此，为了促进生态移民可持续发展，应把以下四大方面作为发展重点。

一 坚持生态移民与城镇化相结合

城镇化建设是符合贵州省情实际情况的最佳发展模式，将易地扶贫搬迁与城镇化建设有机结合，将生态移民搬迁到基础设施条件较好的小城镇，不仅可以促进贫困人口加快脱贫，又能带动小城镇及周边村庄的经济发展。城镇化发展不再以第一产业为主，而注重第一、第二、第三产业融合发展，移民将会有更多的就业选择，当然也因为会脱离第一产业而转向第二、第三产业，即便留在第一产业也可能转变为农业工人，这种身份转变在短期内可能无法适应，所以在身份转变的过程中，社会各界都应该给予更多的关注，从心理干预、政策倾向、技能培训等多方面给予支持，以便实现生态移民的可持续发展。

刘诗宇（2015）在研究贵州省生态移民与城镇化推进政策中指出城镇化和工业化持续快速推进使城镇用地不断扩张，规划可用的指标与生态移民任务间的矛盾造成土地资源压力巨大[①]，土地资源严重稀缺。

---

① 朱柏生：《我国西部贫困地区小城镇发展模式研究》，硕士学位论文，四川大学，2007 年。

移民搬迁至城镇后必然加大对城镇基础设施和公共服务设施的需求,如水、电、学校等,而国家补助金也无法完全满足建立完善的基础设施所需要的投资,再加上基层政府沉重的债务负担,使易地扶贫搬迁面临较大的财政压力。当前乡村人口流失现象较为严重,仅仅依靠移民的搬迁入驻也难以满足城镇化发展对人口规模的需求,这些移民所具备的素质也无法满足城镇化对人才的需求。走新型城镇化道路是今后一段时期的发展方向,全省各地撤乡并镇,发挥集聚效应推进城镇化的进程。但是城镇化的加速推进除了要依靠人口的聚集,更重要的是产业的聚集和发展壮大,否则就失去了城镇化发展的经济基础。但是贵州省的产业发展极不均衡,许多乡镇根本没有产业支撑,既无法加速城镇化的进程,也无法解决移民的后续发展问题。所以,除了一些诸如人口素质、移民适应能力、就业获得、社区管理等常规性问题以外,城镇化发展所必须具备的发展基础也是非常重要的因素,这些都构成了坚持生态移民与城镇化相结合途径的实施障碍。

尽管调研中各地对依托小城镇集中安置模式存在较大不同争议,但在当前土地资源紧张、后备耕地资源严重不足、工业化城镇化进程加快的宏观背景下,小城镇集中安置模式已成为贵州实现易地扶贫搬迁可持续发展的主要选择。利益主体推动机制[1]推进了生态移民向小城镇转移,各行为主体发挥着不同的作用:①政府是生态移民的决策者、组织者和实施者,科学编制实施方案、合理选择规划安置点,落实各部门职能,鼓励金融机构投资。②企业主要任务是积累资本、搞活市场,为移民创造就业机会,营造良好的市场投资环境,促进资源环境可持续发展。③城镇社区在和谐人际关系、化解社会矛盾、维护社会稳定及满足移民多样化的物质、文化需求等方面发挥着极其重要的作用,社区管理促使移民尽快融入新环境;民间组织帮助移民就业培训等。④移民既是生态移民的主体又是客体,充分尊重移民意愿,使其参与到整个工程实施的过程中。各利益主体都在易地扶贫搬迁过程中发挥着不同途径的

---

[1] 金莲、王永平、黄海燕等:《贵州省生态移民可持续发展的动力机制》,《农业现代化研究》2013年第4期。

作用。

把生态移民和城镇化发展结合的"无土安置"方式,将人口从农业向非农业转产,农民向城镇转移,减少了农民数量,农业总产值所占比重逐渐减小,是解决"三农"问题的一条新途径。依托城镇化发展对生态移民集中安置以实现可持续发展的具体措施有:第一,开拓城乡一体化的劳动力市场,构建农业剩余劳动力转移就业网络,逐步取消对农民及外来移民的各种不合理的就业限制,建立新型户籍管理制度,对所有劳动力一视同仁;第二,调整产业结构,促进其转型升级,充分利用比较优势,培育主导产业,促进第一、第二、第三产业高质量融合发展;第三,充分开发资源,挖掘品牌特色,促进特色经济更快更好发展;第四,提升城镇管理水平,为移民提供生活生产等基础条件,保障移民就业就医就学需求;第五,加强移民就业培训,提升移民素质,满足城镇化发展对高质量人才的需求。

黔南州平塘县通州、大唐,惠水县断杉、羡塘,龙里县羊场镇,三都县三合镇、交梨乡,铜仁地区石阡县五德镇、思南县东华乡,毕节地区赫章县威奢乡、纳雍县维新镇红星村、六龙镇火电厂等安置点,都是通过在小城镇或集镇建立移民新村,带动建设农村集贸市场100多个,不仅拓宽了移民的就业渠道和发展空间,也使小城镇的面貌焕然一新。

二 扶持生态移民后续产业

产业发展是区域经济发展的重要组成部分,生态移民从较为落后的地区搬迁至条件较好的地区,是经过了痛苦的抉择过程的,本来对未来就充满了忧虑,在政府大力的政策倾斜下,移民出于对党和国家的信任,最终选择了搬迁。一旦做出选择,肯定是有长期居住下去的美好愿望,但要获得稳定居住的持久性,必须以稳定的收入来源为前提,所以充分就业有稳定收入来源是维持生活的首要条件。为了能给生态移民提供更多的就业岗位,政府及相关部门需要帮助新安置点地区发展后续产业,特别是具有比较优势的特色产业,并为生态移民提供相关的专业技术培训,实现"双赢"。

搬迁前的生态移民主要从事农业生产,可以通过自给自足减轻生活开支,但搬迁后移民的生活方式发生明显改变,主要表现在生活支出增加、生活轨迹被限制在移民新村、对外交流减少等方面,尤其突出的影响就是生活支出的增加,在还没有获得稳定收入来源的情况下无端又增加了生活开支,使移民的生活负担更重、生活压力更大。政府对移民的帮扶并非一劳永逸,必须采取一种可持续发展的方式来促进生态移民自身的可持续性,扶持后续产业就成了当务之急,也是实现"搬得出、稳得住、能致富"中的重要一环。即便选择这种发展途径是必然的,但所面临的实施障碍也是显而易见的。其实,在前文对贵州省产业发展的相关问题也有过充分的论述,比如缺乏主导产业、产业基础薄弱、产业链条短、产业发展效益不高、产业带动能力不强等。这些问题的存在直接阻碍了后续产业的发展,既为了提高产业对移民的吸纳能力,也为了促进产业自身的发展,政府必须重点扶持有利于生态移民可持续发展的后续产业。

王朝良(2005)在研究吊庄式移民开发中指出人力资源、自然资源、资本构成和技术这四个车轮所构成的驱动机制是推动生态移民的基本机智[①],其理论源于萨缪尔森和诺德豪斯关于经济发展机制的观点。[②]贫困地区要想实现生态移民可持续发展,经济是基础,经济发展受到四轮推动:一是提高移民综合素质,拓展人力资源的发展途径,促进迁入地经济发展;二是将自然资源禀赋与产业发展结合,合理开发已有资源,发挥其存在的价值,利用比较优势发展主导特色产业;三是各利益行为主体要筹集移民资金,特别是构建政府及社会的资金投入机制,保障生态移民的资金投入;四是对移民进行技术培训教育,实现技术创新,促进产业发展。

因此,在实践中应坚持以促进移民增收致富为出发点和落脚点,大力发展后续产业,促进移民稳定就业和顺利转产转业,主要采取以下措施:第一,大力发展城镇第二、第三产业,促进第一、第二、第三产业融合发展,发挥特色资源优势,实现移民稳定就业;第二,为生态移民制定财政补贴、低息和贴息贷款、税费减免等的优惠政策,加大各级财

---

① 王朝良:《吊庄式移民开发——回族地区生态移民基地创建与发展研究》,中国社会科学出版社 2005 年版。

② 保罗·萨缪尔森、威廉·诺德豪斯、萧琛:《宏观经济学》(第 6 版),华夏出版社 2003 年版。

政资金对移民后续产业的扶持力度,鼓励实施移民创业工程,培育发展特色优质品牌产业。

松桃县充分依托产业园区,为移民创造就业机会,促进移民"搬得出、稳得住、能致富"。一是以现代高效农业产业园区为依托,就业安排500余人到茶叶、中药材、蔬菜、油茶和野猪养殖等基地就业;二是以松江工业园区为依托,规划建设服装鞋类产业园、水晶产业园、物流产业园、汽修产业园、返乡农民工创工创业园七个"园中园",同时引进一批劳动密集型产业,实现移民就地就业;三是以文化旅游园区为依托,在梵净山苗族文化旅游产品开发有限公司带动下,打造苗绣产业一条街,帮助移民有活干、有钱赚,促进移民依靠自身技能实现稳定就业。

三 完善生态移民政策体系

易地扶贫搬迁是摆脱贫困的重要途径,这条脱贫途径是否能够发挥应有的效益,直接关系到易地扶贫搬迁的成败。在易地扶贫搬迁政策实施过程中,政府的帮扶是至关重要的。政府帮扶主要是通过一系列完善的配套政策予以支撑的。当前,政府部门从生态移民的需求出发,结合生态移民实际情况,因地制宜从搬迁、安置到后续发展制定系统的配套政策,并将这些配套政策惠及每一位生态移民,促进其实现可持续发展。

生态移民的对象多为居住在生态脆弱、贫穷落后的山区,贫民的传统思想观念根深蒂固,属于风险规避者,乡土情怀浓厚,不愿搬迁至有现代化气息的城镇。移民怀着忐忑的心搬迁,搬迁后续生活会出现各种问题,比如回迁、不适应、无法顺利实现就业就医就学、管理难度大等,一系列的配套政策出台以后的实施效果如何,是否能让每位移民满足其需求,真正实现"搬得出、稳得住、能致富"?因此,完善生态移民政策并不仅仅停留在政策层面本身,更重要的是相关政策的执行效果问题。

各级政府是各类配套政策的重要决策者和执行者,必须做好政策执行的相关工作。一要明确各级政府相关部门的职能分工,分工合作参与到易地扶贫搬迁实施的全过程;二要根据因地制宜的原则进一步细化各类配套政策;三要妥善解决政策实施过程中出现的问题并对相关政策进行相应的修正和完善,增加政策执行效力;四要多渠道筹措资金,建立稳定的资金投入机制，充分利用部门资金、社会资金、金融资金等，加大资金投入力度，保障配套政策实施的资金需求。

贵州省在实施易地扶贫搬迁的政策实践中，颁布了一系列的政策文件。自2015年年底启动实施以来，省级已出台易地扶贫搬迁各类政策57个，包括4个纲领性文件、21个可操作性文件、32个部门协作支持文件。这些文件构成了贵州易地扶贫搬迁政策的完整体系，成为了全省易地扶贫搬迁的根本遵循和行动指南。

四 加强移民教育培训

生态移民从本质上来说是落后地区的贫困人口，文化程度普遍偏低，甚至很多老年人或是女性还是文盲，不会说普通话，不识字，导致与外界交流存在沟通障碍，既影响搬迁后的生活适应，也影响搬迁后的生活稳定。为了提升移民搬迁后的可持续发展能力，政府必须为生态移民提供培训机会，针对不同的需求采取差异化的培训策略，满足不同类型移民的培训需求。各级政府应充分重视生态移民的培训工作，加大资金支持力度，提高培训的适用性，增加培训效果。

移民只有具备一定经济基础、顺利转产、思想开放才能在新安置点实现可持续发展，这就需要移民学习新知识、参加技能培训，提高自身文化素质。但进行教育培训将面临两大困难：一是组织部门资金不足。开办培训班需要一笔费用，包括教师授课费、场地费、教材费等；二是移民自身文化素质基础较差，语言沟通有障碍，短期培训效果不佳，长期培训又难以实现；三是培训内容未能满足现实需求，特别是无法满足用工企业的技能需求，导致投入的人力、财力和物力付之东流。

生态移民搬迁以后，其生产生活方式发生了重大变化，原有的生存发展技能在新的生产生活环境中可能会难以发挥作用，为维持移民的基本生计，政府需要提供基本的居住条件和稳定的就业机会，建立和完善有利于移民安居乐业的保障机制，是生态移民可持续发展的必要条件[①]，其中提供多元化、多层次、多阶段的培训是政府为实现生态移民可持续发展首要开展的重要工作。一要整合各个层面的培训资源，综合

---

① 王放、王益谦：《论生态移民与长江上游可持续发展》，《人口与经济》2003年第2期。

研究制定满足不同类型生态移民的差异化的培训方案，包括培训需求分析、培训对象、经费使用、培训内容、培训效果评估等，可以有提升移民素养的一般性的文化培训，也可以有为满足企业用工需求的就业技能培训，具体可包括岗前培训、岗位技能提升培训和创业培训，定向或定岗式增强移民的技能。二要加强组织文化教育，传授相关文化知识，学习法制观念、生育观念、自我实现等价值观念，并加强语言组织能力的指导，使移民尽快适应新环境。

本章小结

移民在就业、就医、就学、政策及生产上都存在强烈的需求意愿，这是易地扶贫搬迁得以顺利推进的重要原因，但也让我们充分意识到由于这些需求意愿的满足程度和满足水平可能也会存在着一定的差距。在实现生态移民可持续发展的道路上，需要把握生态移民可持续发展的重点，提升易地扶贫搬迁政策的实施效果。这些重点内容包括：坚持生态移民与城镇化发展相结合、扶持生态移民后续产业、完善生态移民政策体系和加强移民教育培训。生态移民可持续发展的核心是安居乐业，前提是为移民搬迁选择科学合理的小城镇安置点，考虑移民充分就业问题，必须以促进产业发展为目标，以政策扶持为保障，积极开展社区文化交流、技能职业培训等活动，提升移民的综合素质，使移民能快速从原来的传统生活生产方式中顺利转产转业，适应新环境，增加就业机会，消除对维持生计压力的忧患，最终实现自身可持续发展。

第十一章

生态移民可持续发展困境及路径选择

通过前文的分析，我们总结了生态移民可持续发展的模式，了解了生态移民的可持续发展意愿，明确了生态移民可持续发展的重点。在分析过程中，也暴露出生态移民要想实现可持续发展将面临诸多的困境。本章认真剖析这些发展困境，并针对性地提出生态移民可持续发展的路径。

第一节 生态移民可持续发展困境

当前，生态移民实现可持续发展面临政策执行不力、资金投入不足、社保覆盖面低、社区服务滞后、基础设施薄弱、土地调整困难等困境。

一 政策执行力弱

生态移民工程的政策体系是完备的，无论从国家层面还是从地方层面，不仅都做了总体规划，还编制了实施方案，并出台了包括住房、土地、社保、就业、产业、基础设施建设、生态等方面的政策，但是从目前的实施情况以及移民的反馈来看，住房政策是实施得较为充分的政策；基础设施政策由于资金缺乏而举步维艰；土地政策由于移民的反对而实施不畅；社保政策受户籍制度的限制而无法顺利兑现；就业政策由于移民自身素质及就业岗位不足而无法有效推进；产业政策主要是以原有的扶贫开发产业政策为主,针对移民的产业发展,特别是农业产业的发展无法实施,直接导致土地政策实施受阻;生态政策因宅基地无法复垦、土地无法流转而使生态环境得不到及时恢复;等等。虽然从中央到地方进行了较为科学的顶层设计,但是在政策执行环境方面出现了问题,主要表现在政策执行力弱。从政策学的角度我们可知,影响政策执行的因素包括政策本身、政策的执行者、政策对象及政策执行环境,为什么生态移民政策会表现出政策执行力弱的问题,其主要原因可能还是在于政策执行环境,首先,顶层设计基本完备,即政策本身不是问题;其次,易地扶贫搬迁是"十三五"时期扶贫开发工作的重点,是2020年扶贫攻坚的主要战场,全党全社会都必须全力以赴攻坚克难,站在这样的高度上,政策执行者任务艰巨不敢懈怠;再次,这是一项利国利民的好政策,最大的受益者就是移民自身,移民的积极性很高,并没有拖政策的后腿;最后,政策执行环境存在的问题导致了政策体系内的相关政策无法顺利实施,造成政策执行不力的现象,主要体现在资金配给不足、制度改革跟不上、后续发展受阻、产业发展缓慢等方面。因此从政策执行环境方面入手,改变影响政策执行的因素,有助于提高政策的执行力度。

二 角色转换困难

生态移民工程实施以后,移民从生态环境脆弱、经济发展落后的原住地搬迁出来,迁入生态条件较好、经济发展较快的新的安置点生活,经过这个过程,生态移民的生产方式和生活方式都将发生明显的变化。从生产方式的角度,生态移民必须改变那种依赖土地生产的方式,甚至需要逐渐远离土地,从土地中解放出来,由农业生产过渡到非农业生产;从生活方式的角度,生态移民从穷乡僻壤搬迁到经济条件较好的中心村、乡镇或者是县城,需要从农民过渡成市民。也就是说,成为生态移民搬迁户,不仅仅是改变了居住的环境,更为重要的是角色的转变。受移民自身因素、政府政策因素及社会融合等方面因素的影响,这种角色转变并非那么顺利,绝大多数移民仅仅是完成了空间的迁移,本应该随之改变的生产方式和生活方式却没有发生太大变化,甚至是毫无变化。移民自身、政府及社会环境等方面存在的问题阻碍了生态移民角色转换的进程。首先,从移民自身来说,一方面是根深蒂固的恋土情结让他们很难在短期内割舍土地，另一方面是受移民自身素质和技能水平的限制，新的生产方式不容易获得，因此，难以实现从农业生产过渡到非农业生产，远离不了土地，也就远离不了农村的生活，从农民到市民的角色转换也就无从谈起。其次，从政府角度来说，户籍制度是阻碍移民市民化的主要障碍之一，如果实现不了真正意义上的身份转换，既永远无法从土地中脱离出来，也无法享受城镇的社会保障。最后，从社会融合角度，生态移民迁入新社区，和原住居民之间融合在一起需要一定的时间积累，短期内被原住居民排斥的现象难以消除。因此，角色转变并非易事，生态移民既要克服心结，也要主动融入新区；政府部门也需要加快制度建设的步伐；社区居民也需要敞开心胸接纳生态移民群体。

三 资金投入不足

当前，贵州省的易地扶贫搬迁工作全面落实"省负总责、市县抓落实"的方针，各县在积极承接中央和省易地扶贫搬迁资金的同时，多渠道筹集资金，加大对易地扶贫搬迁工作的投入，加强项目和资金整合。总体上看，"十三五"开始从中央到地方的资金投入都远高于"十二五"时期，特别是用于住房建设方面的资金投入明显增加，从"十二五"时期的平均每人12000元增加到目前贫困户平均每人20000元。住房建设资金的增加在一定程度上减轻了移民的住房建设压力。但是，易地扶贫搬迁并非只是建设住房一项任务而已，它还涉及基础设施建设、移民培训和就业、后续产业发展、移民创业支持及移民社会保障等方面的内容，每一项都需要投入大量的资金。在各项资金投入中，除了中央和省级的资金能够确保投入外，市县配套资金在大多数地区都还停留在文字层面，由于地方财政的限制，市县一级实际对易地扶贫搬迁投入的资金较少。在调研过程中也发现，部分地区由于资金缺乏，不得不挪用住房建设资金来开展基础设施建设，增加了移民建房的负担，整理调查数据发现，每户移民修建住房需要自筹的资金平均达到20万元左右，并且绝大多数移民都需要通过借贷来筹集建房资金。中央和省级财政资金都用于住房和基础设施建设了，那用于培训和就业、后续产业发展、创业支持及社会保障方面的资金则是杯水车薪，基本停留在规划层面，无法按时实施。这不仅影响政策执行，也影响移民获得正常的后续发展的机会。移民若

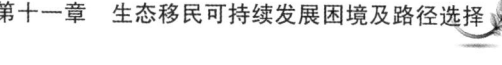

想实现"搬得出、稳得住、能致富",仅仅修建住房是不够的。

四 移民技能欠缺

易地扶贫搬迁的对象主要以建档立卡的贫困户为主,贫困户的比例可以达到70%以上,这些贫困户具有文化程度低、技能水平差、思想闭塞的特征,具备这样一些特征的移民对那些文化程度较高、技能水平较高、思想活跃的移民而言,实现可持续发展的能力更弱,更需要政府和社会的扶持和帮助。因为不具备一定的技能水平,就无法在非农业以外的其他产业获得就业的机会,无法就业就无法在新的安置点获得可持续发展的基础,可持续发展就无法实现。从前文的分析中,我们了解到生态移民面临角色转换的困境,面临资金投入不足的困难,面临政策执行的障碍等,这些问题和困难都或多或少与移民自身有关联,特别是移民技能欠缺的关联度最大。首先,由于移民欠缺技能,就不容易在新的环境下找到自己的位置,实现从农业过渡到非农业、农民变成市民就不可能;其次,由于资金投入不足,本应该开展的移民就业培训就成了空话,事实上,调查资料也显示,各地区的移民就业培训基本是没有进行的,现有的少量的移民就业培训也只是依托于原有的就业培训开展的,覆盖面极低,没有针对移民开展的就业培训,这必然阻碍移民就业技能的获得,从而影响移民的后续发展;最后,相关政策无法执行,直接影响了政策效率的提高和政策效果的实现。从以上关联可以看出,移民技能欠缺与移民是否实现可持续发展密切相关,因此一方面要从移民自身抓起,营造一种移民主动提高技能水平的氛围;另一方面,从政策层面入手,必须加强政策执行的力度。

五 社保覆盖面低

精准扶贫和精准脱贫的基本条件和途径中提到了"五个一批",即发展生产脱贫一批、易地扶贫搬迁脱贫一批、生态补偿脱贫一批、发展教育脱贫一批、社会保障兜底一批。生态移民群体主要由贫困户构成,一部分农户本身就属于社会保障需要兜底的群体;另一部分群体由于处于搬迁后的过渡期,离开土地又没有找到新的谋生手段,在一定时期内也需要社会保障兜底。但是,生态移民群体的社会保障覆盖面并不像想象中那么高,样本移民中只有59户移民家庭指出享受农村居民最低生活保障，占14.75%；334户移民家庭指出享受新型农村社会养老保险，占83.5%。究其原因，可能需要从移民自身及政府两个层面进行分析。从移民自身的角度来看，存在以下两个方面的原因：①参保的积极性在下降。生态移民从交通不便、信息闭塞、生态环境恶劣的大山深处搬迁到新的安置点以后，生产生活条件都发生了巨大的改变，水、电、路、通信、服务等需求都能够获得满足，但生活成本也随之提高，生存压力也随之变大，寻找新的谋生手段成为当务之急，对于养老、医疗等社会保障的选择不在首要考虑的范围之内，对于这些自愿参保的社会保障自然积极性不高。②移民对社会保障的认识不足。在传统思想里，生活只有依靠自己去获得保障，而不是由别人来保障，更何况是要把钱交给国家来保障。因此，在移民生活本来就很紧张的情况下一般是不会愿意购买社会保险的。从政府层面看，也存在两个方面的原因：①社会保障的权属关系无法及时调整。生态移民搬迁以后，由于户籍制度的限制，其社会保障关系并不能马上转移到新的居住地，导致养老金可能无法正常领取，参保人员无法正常缴费，甚至在迁出地参加的医疗保险在迁入地治疗也无法报销医疗费用，这也影响了社会保障制度的顺利推进。②社会保障工作的管理难度在加大。生态移民大规模的搬迁打破了原有的建制，成立了新的社区，需要新的社区管理人员，因此有关社会保障方面的组织、安排等工作都会因管理人员的不足而存在一定的滞后性；另外，人员变动较大，移民流动性较强，也给社会保障的管理增加了难度。基于以上原因，导致生态移民社会保障的覆盖面不高。

六 社区服务滞后

社区是生态移民工作生活的具体空间区域，生态移民搬迁到新的安置点以后，需要全部纳入社区管理。社区管理模式在我国开展的时间并不长，目前仍然处于"摸着石头过河"的阶段，因此，在社区管理方面存在着一些还未能解决的问题。一是治理理念不够，社区管理人员还未能充分认识社会治理对于生态移民社会、经济、生态可持续发展的重要意义，因而，在急需发展经济的时候难免会忽略社会建设；二是治理手段单一，社区是最基层的政府部门，作为社区管理的主体，受能力和精力的约束，在管理和协调事务的过程中难免影响工作效率，难以实现管理效果，以致无法满足社区居民对社区治理的需求；三是治理投入不足，生态移民的建设经费主要投入在住房和基础设施方面，更多的资金也需要投入经济建设以带动生态移民的持续发展，这就使社会治理方面的投入不足，导致社会管理方面的职能无法实现，进一步影响生态移民获得均等的基本公共服务。除了社区管理本身存在的问题，全新的移民新村是来自不同乡村的移民组合在一起，由新的社区管理人员进行管理，还存在着许多过渡期需要解决的问题。一是生态移民的户籍管理问题，从原住地转移到移民新区不仅受时间的影响也受制度的影响；二是生态移民中极度贫困户帮扶问题，存在许多连住房建设都难以完成的移民；三是生态移民中无业移民的管理问题，部分移民由于缺乏技能难以在安置地就业；四是社区规模大、人口多，管理难度大，工作压力大的问题；五是社区管理人员缺失问题；六是文化传承问题，原有村落的文化不应该遗失。总而言之，社区管理不仅仅是经济的管理，更多的是社会的管理、文化的管理，关注的重点包括生态移民的心理调适、生态移民的社会资本重建、生态移民的社区共识的形成以及生态移民社区精英的培育，这不但对于生态移民的可持续发展具有重大的意义，更为重要的是它关乎全社会的安定和团结。

七 生态修复受阻

生态移民工程和易地扶贫搬迁是我国在不同时期对同一事件的不同名称，为什么一度称为生态移民，主要是在这一时期与生态环境密切相关，首先是要将生活在生态极为脆弱地区的贫困群体搬迁出来，其次是要将这些生态脆弱地区的生态恢复过来。贵州省是从2012年开始实施生态移民工程的，经过7年的时间，移民新村越来越多，但是移民在新村获得土地的可能性极低，因此不会轻易放弃原来的土地，调研中也发现往返于迁出地和迁入地进行农业生产的现象普遍存在，土地整治和宅基地复垦的步伐被延缓，进而导致生态修复受阻。这是目前生态恢复问题受到影响的主要原因之一，此外还存在着资金投入不足及产业发展选择困难等问题。在整体资金不足的情况下，资金的使用肯定是先以住房建设和基础设施建设为主，用于土地整治、宅基地复垦方面的生态修复资金虽然在规划中明确提出，但实际情况并不乐观，有些地区采取与土地"增减挂钩"政策联合解决土地整治和宅基地复垦资金，虽然有成效但由于实际操作中存在较多困难而使政策执行者望而却步。即便在那些土地进行了整治、宅基地进行复垦的地区，即便是解决了资金不足的困境，产业选择也是一个难点。因为，选择的产业首先是不能改变土地的用途，也就是要选择发展农业产业；其次，选择的农业产业必须是生态的，或者说应该是有利于生态恢复的；最后，选择的农业产业必须是有效益的，生态移民可以从中获得收益。也就是说，选择的农业产业既要体现生态价值，也要体现经济价值。在这种情况下，完全依靠政府自身来解决这个问题是非常困难的，大多数政府选择与适合的农业企业合作，政府旨在解决生态移民搬迁后的土地恢复及配合企业完成相关的产业发展任务。这并非一般的小企业可以胜任的，但目前有实力的大企业一是不多，二是即便有也不愿意选择在这些生态脆弱、交通不便的地区进行农业生产，因为生态价值和经济价值同时获得困难重重。除此之外，生态恢复本身也存在一些技术障碍，需要投入更多的资金和精力去完成，如果没有一个长期围护的过程，生态恢复的成果也难以巩固。

八 产业发展乏力

后续产业发展是移民增加收入的重要基础，是群众致富的重要支撑，是移民长远发展的重要保障。由于地方政府的匹配能力有限，用于生态移民后续产业发展的专项资金不足，产业发展乏力，带动能力弱，经济效益不明显。安置点所在区域没有特色产业支撑，现有产业趋同性较强，经济效益不佳，吸引外资能力弱，难以依托产业发展在短期内带动移民实现"稳得住、能致富"的目标。因此，后续产业的发展是移民搬迁目标实现的保障。但从贵州发展实际看，工业基础薄弱，产业结构单一，发展层次低，资源转化慢主导产业品牌影响力弱，核心骨干企业和大工业项目少，竞争力不强，区域带动力有限。再加上生态移民的素质整体偏低，专业技能相当缺乏，这些都与产业发展滞后形成了相互影响、相互制约的关系。产业发展乏力，一是造成吸纳移民就业的能力不足，产业对劳动力的需求不足；二是造成经济发展水平不能实现突破，无法为移民提供更为均等的社会化服务；三是阻碍农业现代化的实现，生态移民如果长期滞留在传统的农业产业中，传统农业产业的改造就无法进行,农业现代化的步伐就会受阻;四是影响生态移民工程目标的实现。无论从国家层面还是从各级政府层面,始终强调后续产业发展的重要性。政府层面不断加大产业发展的资金投入,巩固产业发展基础,提升产业吸纳移民就业的能力,但企业吸纳移民就业的能力毕竟有限,特别是对于许多没有一定技能水平的移民更是无法吸纳。因此,部分移民还需要依靠自身的力量发展产业,但搬迁移民生活困难,筹资能力弱,用于发展养殖业和种植业的资金十分短缺。

面临以上八方面的可持续发展困境,政府部门和社会各界都应积极参与到生态移民工程中来,共同努力寻找适合生态移民的可持续发展路径。

第二节 生态移民可持续发展路径

针对以上八个方面的困境,从强化政策引导、发展后续产业、增加资金投入、加强技能培训、健全社保制度、提升社区管理、完善基础配套、开展生态修复八个方面提出了实现生态移民可持续发展的路径。

一 强化政策引导,完善政策体系,提高政策效力

生态移民的复杂性和艰巨性使其实施不可能一蹴而就,其政策逻辑框架和政策体系需要在实践中不断完善。首先,应强化政策引导。一是制定高质量的政策,这是实现政策执行效果的基础;二是加大宣传力度,政策执行者应对政策文件进行系统性学习,领会重要的政策精神,政策执行对象要熟悉政策文件的相关内容,学会用政策来保护自身的权利;三是严格执行政策,严厉监督政策执行过程,杜绝置政策不顾改变政策内容的做法。其次,应完善政策体系。一是应设立一整套涉及经济、社会和生态方面的可持续发展政策体系,做到全面和细致,对经济、社会和生态三个方面进行分类指导;二是将生态移民工程涉及的住房、基础设施、生态恢复、产业发展及社会服务体系建设方面的内容的政策予以细化,根据生态移民实施过程中出现的新问题和新情况及时更新和调整政策内容,以促进生态移民工程的顺利推进;三是完善生态移

民工程的配套政策体系,包括移民新村商业发展、传统文化重构、社区融合发展等方面的内容,为生态移民安定生活提供政策保障。最后,应提高政策效力。政策好不好,政策执行效果好不好,还取决于政策的执行效力。一是切勿拖沓。应严格按照政策安排实施政策内容,制定规划、资金安排、部署分工、分类实施,都应按时间安排推进。二是切勿强迫。只有生态移民自愿配合才可能提高政策的执行效力,否则只会适得其反。三是切勿走心。政策执行效力高不高,与政策执行者的素质、能力及态度都密切相关,这就对政策执行者提出了较高的要求,不但要不断提升自身的业务素质,还要投入无限的热情和耐心。

二 发展后续产业,广辟收入来源,提高转型能力

生态移民实现可持续发展,应以后续产业发展为基础,以提高自身能力为动力,以多渠道增收为方向,多管齐下方见成效。首先,应大力发展后续产业。生态移民战略工程实施的成败关键在于后续产业的能否跟进。一是加大资金投入,积极发展后续产业,拓宽就业渠道,以消除农民的后顾之忧;二是加速土地流转,改造传统农业,发展现代农业,调整农业产业结构,提高农业收益,为生态移民提供坚强有力的农业产业支撑;三是积极发展城镇第二、第三产业,吸纳更多的生态移民到第二、第三产业;四是因地制宜,充分利用各地区的资源禀赋优势,以项目带动战略为抓手,推进民族特色产业发展,大力发展生态旅游业,助推生态移民可持续发展项目;五是坚持以促进移民增收致富为出发点和落脚点,把大力发展后续产业、努力创造就业岗位摆到更加突出的位置,制定扶持后续产业发展的优惠政策,如土地、资金、税收等方面的优惠政策,鼓励企业参与后续产业产业化经营。其次,生态移民应广辟收入来源。生态移民依靠单一的产业获得收入来源已不能满足生活所需,因此必须广辟收入来源。一是引导生态移民积极到企业就业,企业也应明确自己的社会责任,利用生态移民的相关政策优势和廉价劳动力,促进企业发展壮大,主动开拓适合生态移民尤其是少数民族生态移民群体的岗位,政府对于吸纳一定比例或规模生态移民就业的企业,在权限范围内给予税收等方面的政策优惠,动员和促进城镇园区、企业等在用工方面重点向生态移民群体倾斜;二是大力扶持移民自主创业,通

过开展创业培训、信息咨询、方案设计、风险评估等创业服务以及提供政策优惠、贷款支持等措施，积极引导和扶持生态移民开展农产品加工、民族工艺品加工、商品经营、餐饮服务、运输服务等创业活动，以创业促进就业；三是积极开展区域劳务合作，搞好移民转移就业服务；四是努力增加城镇（社区）公益性就业岗位，为部分生态移民提供稳定的就业途径。最后，应提高转型能力。要实现移民的身份转型，生产方式和生活方式的转变，一是必须获得稳定的就业途径；二是必须在移民安置点获得认同；三是必须与原住居民在社会保障方面享受同等的待遇。在此基础上，生态移民才有可能真正提高自身的转型能力。

三 广辟多种渠道，强调资金整合，加大资金投入

资金匮乏是制约生态移民工程顺利推进的一大"瓶颈"，首先，应加大资金投入。一是在统筹协调的基础上，尽可能地加大生态移民工程的建设资金；二是根据生态移民的现实困难，想方设法弥补生态移民的资金缺口，减轻生态移民的现实困境；三是动员各级政府、各级部门、各界社会力量及移民自身，把各类资金积极投入生态移民工程建设中去。其次，应多渠道积累建设资金。一是充分利用中央财政资金、省级财政资金、市县资金以及交通、水利、教育、医疗、卫生等各部门的专项资金，让每一分钱都合理用在生态移民工程上；二是借助于不断健全的金融体系，充分利用正规金融和非正规金融组织机构，加大信贷资金投入，为不同生态移民提供差异化的金融服务，制定优惠的金融政策向生态移民倾斜，拓宽金融服务渠道，实现生态移民地区金融服务全覆盖；三是充分利用各类企业、社会团体、个人的捐赠资金。资金的来源渠道较多，为了让资金更有效率地使用。最后还应强调资金整合。按照"渠道不乱、用途不变，统筹安排、各负其责，分类投入、各记其功"的原则，整合财政、扶贫、金融、社保等各类资金，并从以下三个方面促进资金整合见成效。一是建立健全资金整合机制，建议自上而下进行整合，每一级完成资金整合以后再将资金往下一级拨款，即中央资金在中央层面整合，省级资金在省级层面整合，地方资金就在地方层面整合，然后层层下拨，最终由县级层面管理所有的生态移民工程资金，进行统筹协调和分配；二是从制度层面规范资金投入，规定明确的资金投

入比例，上一级政府及部门监督下一级政府及部门履行职责，确保资金投入水平并按时到位；三是形成监督考核管理办法，把各级政府和部门的资金整合行为作为年度考核的指标之一，约束其对生态移民工程的资金投入责任。

四　加强技能培训，重视子女教育，提升人力资本

生态移民实现可持续发展过程中最具有主观能动性的因素就是人力资本的积累，这不仅关乎当代人的可持续发展，还关乎后代的可持续发展。首先，应加强生态移民的技能培训。按照因人施策、分类指导的原则，向移民开展不同类型的培训。一是对于农业能手应与农业院校和科研院所联合加强现代农业实用技术培训，帮助生态移民尽快适应生产方式的转变；二是根据各地区产业化发展的需求，联合职业中学、职业技术学院等培训资源，对生态移民进行就业技能培训和岗位技能提升培训；三是加强如美容美发、汽车修理服务、建筑施工等第三产业方面的技术培训，帮助移民依靠自身技术水平的提升实现劳动力转移；四是由于移民受教育水平普遍较低、技能缺乏、汉语水平差等情况的普遍存在，有必要组织开展有关文化知识、语言、法律法规等方面的培训，逐步接受市场观念、法制观念、现代生育观念和自我实现等价值观念，帮助生态移民尽快适应新的环境。其次，应重视子女教育。子女是移民家庭的希望，是改变生产生活方式的根本途径，对孩子进行投资也是回报率最高的投资。一是要切实保障移民子女在城镇获得平等的受教育机会。移民社区周边的学校要开通移民随迁子女入学的"绿色"通道，实现移民子女城镇就近入学，继续完成所规定的义务教育阶段教育，促进教育公平。二是对于移民随迁子女中初中毕业未考入高中、高中毕业未考入大学且尚未实现就业的，移民迁入地政府应统筹安排，在当地职业院校为其提供免费享受1—2年职业技能教育培训的机会。三是尽快为规模较大、人数较多的移民新村配备包括幼儿园、小学、初中在内的教育机构，解决生态移民搬迁后其子女仍然面临上学远、上学难的问题。生态移民在生产生活转型适应过程中，政府在做好物质资本投入的同时，必须重视人力资本的投资，生态移民安置区社会经济快速发展离不开移民素质的整体提高。

五 健全社保制度,完善社保体系,提高社会待遇

社会保障制度作为社会运行的"稳定器"、收入分配的"调节器"和人民生活的"安全网",是实现社会公平正义的关键。特别是在城镇集中安置模式下,生态移民生产生活方式将发生重大变化,生态移民普遍面临着"生活难、就业难、看病难、社会融入难"等诸多发展困境,移民需要有一个适应和过渡的过程,完全依赖于政府来兜底并不现实,应抓紧健全社会保障制度、完善社会保障体系,提高生态移民的社会待遇来切实解决生态移民在适应新的生产生活方式过程中所面临的困难和问题。一是切实保障生态移民与原住居民享有同等的社会保障权利,应参照当地城镇或城市的社会保障标准,提高移民社会保障标准,体现社会保障的公平正义,促进生态移民与当地社会的融合发展;二是加强宣传,切实提高生态移民参保缴费意识,扩大社会保障在生态移民中的覆盖率;三是打破原有的部门限制,使人社、公安、农牧、移民、统计、社保等部门形成合力,实现移民信息资源共享,将移民户籍及其相关配套政策实行属地管理,及时便捷地办理生态移民养老、医疗保险关系的转移,不拖欠养老金的发放,不拖延医疗保险的报销时间;四是构建包括基本生活救助、大病医疗救助、教育救助、住房救助等在内的全方位的社会救助体系,为那些入不敷出、因病致贫或返贫、因子女上学致贫或返贫、因搬迁失去居所的贫困移民家庭解决燃眉之急,筑牢保障困难移民家庭基本生活的最后一道安全网;五是实现社会保险项目全覆盖,除了养老保险和医疗保险外,还应根据实际情况建立失业保险、工伤保险以及其他社会保险。

六 营造社区环境,促进社区融合,创新社区管理

随着生态移民工程的有序推进,移民新村不断涌现,新的社区不断出现,原有社会网络被打破或被割裂,生产生活方式面临重大转型,移民在新的社区中需要相互适应、相互学习和相互妥协。首先,应营造一个良好的生活环境,促使生态移民尽快融入新的社区中去。一是注重原住地传统文化的传承,举办传统的民族活动,营造原住地的文化氛围,让来自不同区域的移民积极参与其中,以传统文化为纽带,将不同年龄、不同民族、不同地区的生态移民融合在一起,增强生态移民的归属

感；二是根据移民需求，创建和谐的文化环境、美丽的生态环境、便利的生活环境，让移民爱上自己的新家。其次，应加大社区的整合力度，增强移民在社区中的自我认同感。一是整合社区组织。特别是要加强正式社区组织的建立，例如，街道、社区、银行、信用社等机构，同时要培育新的社会组织；再如，组建农业合作经济组织、农业专业合作社等，增加正式社会支持网络对于生态移民的支持力度；二是整合社区文化，通过加强社区的社会文化建设，使之成为开放性、包容性、适应性和反思性的新型社区，以此促进不同群体成员的接触，促进相互之间的文化了解，将不同群体文化的合理因素融入社区管理制度中去。最后，应创新社区管理。一是集中解决难题，如移民户籍管理问题、贫困移民家庭住房困难问题等；二是尊重移民意愿，移民积极主动地参与到社区管理中去，提高移民自身的认同感；三是切实解决社区管理人员短缺问题。

七 注重配套建设，夯实发展基础，完善公共服务

生态移民安置点的建设，既包括交通、水利、水电、绿化、通信等最基本的生活设施，也包括如学校、医院、银行、文化站、社区活动中心等最基本的公共服务设施，这是生态移民工程的重要任务之一，各地应以夯实发展基础为目标，注重配套设施建设，完善各项公共服务。首先，应注重配套建设，夯实发展基础。一是本着规划先行的原则，在科学编制规划的基础上，按规划内容具体实施配套建设，不得随意调整和更改；二是本着高标准、低成本原则配套建设各类生活设施和公共服务设施，在资金极为紧缺的条件下，应以最大化地节约成本为目标，想方设法用同样的资金建设更多的基础设施；三是不得挪用配套建设资金用于住房建设或者其他用途，同样也不能将用于住房的资金用于基础设施建设，避免移民由此产生不满情绪，阻碍生态移民工程的顺利实施；四是各级政府部门应将生态移民资金除住房建设外主要用于基础设施建设。其次，应完善公共服务。一是尽快完成各类基础设施的建设，为后续发展提供坚实的基础和保障；二是加强软环境建设，如为学校配备优秀的老师、为医院配备优秀的医生、为银行配备优秀的服务人员等；三是促进经济发展，形成繁荣的生活生产氛围，为完善公共服务提供坚实的后盾。

八　推进土地整治，实施生态修复，健全补偿机制

生态恢复是实施生态移民工程的主要目标之一。为达到此目标，首先，应推进土地整治的进程。一是加大宣传和动员力度，让移民意识到生态问题将会危及后代人的生存和发展，自愿参与到土地整治的工作中去；二是加快土地流转的速度，从制度层面逐步推进，为下一步进行土地集中整治，开展规模化经营做好准备工作；三是多渠道筹集土地整治资金，如利用土地"增减挂钩"资金，引进农业产业化企业帮助进行土地整治等。其次，应切实实施生态修复。一是不能把生态修复只是挂在嘴边，而是应该行动起来，从宅基地复垦开始，全面推进土地整治，以农养农，恢复传统农业生产造成的生态破坏；二是生态修复应兼顾经济效益，并注重长远发展，选择特色优质高效生态的农业项目，在经营中获得收益；三是攻克技术难关，采用先进的生态修复技术，既要促进生态尽快恢复，也要维护生态修复的成果。最后，应健全生态补偿机制。一是通过财政资金从经济发达地区向贫困地区的转移，构建横向的生态补偿体系；二是设立生态补偿基金；三是拓宽生态补偿资金的筹资渠道；四是充分运用税收政策促进资源节约利用和生态环境保护。

本章小结

影响生态移民可持续发展的因素既有来自生态移民内部的因素，也有来自于生态移民外部的因素，概括起来包括政策执行不力、角色转换困难、资金投入不足、移民技能欠缺、社保覆盖面低、社区服务滞后、基础设施薄弱、土地调整困难等。针对这些问题，提出了实现生态移民可持续发展的八大路径，即"强化政策引导，完善政策体系，提高政策效力""发展后续产业，广辟收入来源，提高转型能力""广辟多种渠道，强调资金整合，加大资金投入""加强技能培训，重视子女教育，提升人力资本""健全社保制度，完善社保体系，提高社会待遇""营造社区环境，促进社区融合，创新社区管理""注重配套建设，夯实发展基础，完善公共服务"和"推进土地整治，实施生态修复，健全补偿机制"。

第十二章

生态移民可持续发展政策保障

第一节 生态移民就业创业政策保障

一 完善移民就业创业保障体制

（一）强化移民就业创业社会保障

生态移民搬迁至新安置点，由原来从事农业转变为从事第二产业和第三产业，工作方式和薪酬福利发生了巨大的变化，维持生计不仅仅需要依赖自身的劳动，同时还需要更多外界的帮助。因而，移民安置点当地政府、工作单位应当从养老、医疗、失业、工伤、生育、住房和户口等多方面入手，加强移民就业、创业的社会保障，为移民建立健全相应的养老机制、医疗补偿机制、失业补偿机制、工伤赔偿机制、生育福利机制、住房补贴机制、人口迁移机制等，并且要在充分考虑政府对就业岗位、创业环境和社会保障等方面影响的基础上，不出台与经济发展、产业升级和社区管理相匹配的搬迁政策，确保一系列就业保障政策与搬迁政策相匹配，进一步将就业保障体系融入生态移民工程，增加移民就业的社会保障内容，扩大就业保障范围，提高薪资保障标准，从而为移民日后的稳定就业、大力创业提供良好的环境。

（二）加强移民就业创业劳动保护

一些移民从原居住地迁移出来，但仍然是农村户口，在新的工作环境中可能面临户籍歧视、身份歧视、同工不同酬、扣除或拖欠工资、不享有员工福利、创业条件要求较高等一系列不公平的待遇，因此当地政府、社会需要加强移民的就业劳动保护，保障移民的合法劳动权益。首先应当普遍建立工会组织，设立移民工会联盟，通过公开选举的方式选拔移民加入其中，有权参与工作单位内部会议、政府民意大会等与移民相关的民主管理与讨论，及时反馈和解决移民在就业过程中存在的主要问题，维护移民这一特殊群体的利益，杜绝在就业、创业过程中存在的不公平、不对等、不透明现象，营造良好的工作氛围。同时也要建立一系列严惩制度，针对移民在就业、创业过程中存在的不良现象予以惩罚，严格有效保障当地移民平等就业和创业，享受与当地居民同等的社会待遇，消除移民的工作顾虑，提高移民工作的积极性。

二　加大移民就业创业资金扶持

（一）建立移民就业创业专项资金

为保证移民充分就业，提高移民就业适应性和就业质量，安置点当地政府需要加大资金投入，建立移民就业创业专项资金，用于移民就业补贴和创业支撑。政府可以将专项资金用于开展移民就业和创业技术培训、扶持当地企业吸纳更多劳动力、为在岗工作的移民提供就业补贴、投资移民具有发展空间的创业项目、提供公益性岗位等，从而为当地的移民解决就业、创业过程中存在的生活困难、资金短缺问题，通过提供一大批全面、多样、稳定、适宜的就业岗位，强化社会就业吸纳能力，不断提高失业移民的就业率，以保证移民后续工作问题得到妥善处理。

（二）实施移民减税降费奖补政策

当地政府应当尽快制定和落实生态移民就业创业的税收优惠政策，缩短优惠人员的失业时长，针对就业困难移民、当地创业移民实施相关减税降费奖补政策。针对吸纳就业困难移民的企业，扩大就业税收优惠人员范围，对当年新招录就业困难人员的企业，实行相关税收减免措施。同时也要落实促进创业补贴政策，对当地生态移民进行自主创业或从事个体经营的，当地政府及相关部门应提供场地、政策和资金便利，符合条件的按政策给予场地、资金补贴，对移民在当地自主创业并为其他失业移民提供就业岗位、符合地方规定的企业,政府也应当按规定给予创业补助。政府还需要提高减税降费奖补金额标准,对相关的企业、工作移民提供资金支持,有力推动移民全面就业、积极创业的实施进程。

(三) 拓宽移民就业创业投融资渠道

一方面,政府需要积极运用市场调节机制,按照政府引导、市场化运行、专业化管理的原则,不断支持和推动风险投资、创业投资、天使投资等发展,引导个人、大型企业、社会组织等资金用于支持生态移民在当地的创业活动,扩大创业的投资规模,尤其是引导对新兴产业创业的投资,带动资本对中小企业创业创新的大力投入。另一方面,充分发挥多层次资本市场的作用,为符合条件的中小企业发行非金融企业债务融资工具。提供债券承销服务、开展股权众筹融资试点,推动多渠道股权融资,通过拓宽当地移民投融资途径,充分发挥移民的创新创业能力。

三 联合当地企业拓宽就业渠道

(一) 新增扶持中小型企业

生态移民迁移到新安置点,需要大量的工作岗位满足移民的就业需求,除了政府提供公益性岗位、在政府或事业单位工作、进行自主创业等方式以外,当地企业发展所需的大量人员也为移民就业安排提供了有利机会,因而安置点需要新增扶持当地具有发展潜力的中小型企业,特别是要优先支持那些能够提供更多就业岗位、提供更多就业岗位、带动力更强、发展动力空间更大的企业,引导和放宽银行、信用社等金融机构针对扶持企业的服务政策,提供补贴、免税、贷款等方面的支持,为企业提供发展的原动力,从而发挥企业的就业主渠道作用,带动当地移民的稳定有序就业。

(二) 重点发展特色产业

生态移民工程是将居住在贫困深山区的居民搬迁出来,有许多少数民族居民仍然保持着原有的习俗和特色,掌握多种手工技能,因而当地可以以民族和山地为特色,大力发展文化旅游业。针对当地的发展条件,鼓励有文化、有技术、有市场经济观念的移民在地方特色产业就业或者进行自主创业,通过打造特色旅游景区,以宣传中华传统文化的形式吸引外来游客,坚持发展经济与促进就业良性互动,在产业升级转型的同时创造更多的就业岗位,扩大就业规模,提高产业吸纳就业的能力,改善就业结构,以更多地满足移民的就业需求,同时也可以帮助移民在工作岗位上更充分地发挥自我价值。

四 加强移民就业创业技能培训

(一) 设立移民技能培训基金

由于原居住环境的恶劣和生活条件的落后,移民所接受的教育有限,加之接触外界环境的机会较少,因而自身所掌握的知识、技能严重不足,人力资本匮乏,相较于迁入地的居民来说不具备突出的竞争力,因而当地政府应当采取与私人、企业、社会组织合作的方式,多渠道筹集资金,设立移民培训专用基金,用于移民参加培训的补贴、成立专门的培训机构、完善培训基础设施、举办培训活动等,从而有效保障移民的技能技术培训顺利持续开展,使移民进一步掌握所需的知识,不断提升移民自身的人力资本,进而有条件满足更多类型工作的职业标准,提升移民在岗的就业服务质量。

(二) 完善移民技能培训体系

首先,政府需要通过联合培训机构或者单独成立机构的方式,采取多项政策、资金保障措施,定期开展培训课程,提高移民培训参与度和积极性。其次,专门培训机构应当根据移民的特殊情况和市场实际需求,设立不同类型的培训内容,对移民进行具有针对性的辅导,可以通过理论与实践相结合,线上学习线下指导的方式,采取定时上课、举办讲座、实地考察的措施,为移民传授技能,解答疑惑。企业可以对即将上岗或已经上岗的移民集中开展职前或在职技术培训,政府应当对开展培训的企业予以福利补贴。同时企业也可以与政府联合,采用政府培训、企业对接的方式,保证移民掌握专项对口技能,提高上岗率。政府以及社会多方力量共同构建相对完善、全面的移民技能培训体系,能够尽快帮助移民适应新的工作领域,确保移民就业、创业的速率和效率。

五 提供移民就业创业优质服务

（一）设立就业咨询服务平台

从原居住地搬迁至新居住环境，移民的生产方式和生活习惯发生了巨大变化，移民在搬迁前常年从事农业生产，在新的环境中面临无地可耕的困境，必然需要外出寻找工作维持生计。由于就业岗位的有限性和自身竞争力低下，加之移民对新环境的陌生感和孤独感，容易导致移民在寻找工作过程中受挫，因而当地生态移民工程实施单位应当联合设立线上线下就业咨询服务平台，针对移民的就业难问题，制定相关的福利政策，根据移民的特殊情况提供一对一深入指导，分析移民的问题所在，并根据市场需求和移民自身的条件，制定个性化的解决方案，为移民匹配和推荐合适的工作，同时政府可以与企业合作，建立健全就业反馈机制，设立就业台账，定期发布就业质量年度报告，提供人事、劳动保障代理，为移民提供优质高效的咨询服务。

（二）创建创业引导服务空间

安置点政府可以在当地设立创业孵化基地和生态移民创业园区，采取创客空间、创业咖啡、创新工场等新型孵化模式，鼓励移民创新产业发展模式与业态，提高新的经济增长点，大力支持发展以节能环保、电子商务等为重点的生产性服务业和以旅游文体为重点的生活性服务产业，提高服务业产业比重，从而打造出一批新型创业示范基地。政府部门可简化创业登记手续，根据当地实际情况为移民提供商业用房、闲置厂房等成本较低的场所，对自主创业移民的房租、水电费、网络、公共设施等给予适当补贴，为有创业需求的移民提供基本的物质和资金保障，引导有能力的移民积极创业。一方面，移民自主创业将有助于促进市场化、专业化、集成化众创空间建设的步伐，实现创新与创业、线上与线下，孵化与投资的有机结合，构建现代化的创业系统；另一方面，新生企业所需要的人力也能够解决一部分工作岗位紧缺问题，在一定程度上缓解移民的就业困境，实现经济与移民就业同步发展。

第二节 生态移民医疗卫生政策保障

一 鼓励全面发展医疗卫生事业

（一）落实政府财政补偿政策

由于移民安置点周边卫生资源有限且分布不平衡，导致"看病难、看病贵"问题更为凸显。因而，首先当地政府需调整财政投资结构，加大移民安置点医疗卫生方面的投资力度，完善社区卫生基础设施，设立多个卫生服务站，加快优质卫生资源向社区转移，提高社区卫生服务站的覆盖率和可及性。另外，省级及以上政府也要针对生态移民这一特殊群体，加大财政补助力度，明确医疗健康精准扶贫对象和建档立卡农村贫困人口住院医疗扶助标准、建档立卡农村贫困人口门诊补偿标准，完善和实施移民安置区医疗机构经济补偿机制、药品价格监管机制、医保基金支付机制、基本药物制度的经常性补助机制等，建立医疗扶助专项基金，提高医疗健康精准扶贫救助补偿。通过制定相关的医药优惠政策，调整移民地区药品和医疗服务价格，健全移民大病统筹制度，改革医保报销办法，根据实际情况提高移民人均基本卫生服务经费标准，减少移民医药费自负比例，提高医疗卫生资金使用效率，以有效解决移民当地的就医问题。

（二）加大社会主体参与力度

移民安置区逐步建立稳定长效的多渠道补偿机制，不仅需要政府的财政支持，还需要不断鼓励社会各主体重视和联合发展医疗卫生事业。基于基层医疗卫生服务机构的角度，应倡议基层医疗卫生机构不断扩大针对生态移民这一群体免费和优惠开放的专项服务项目，加大基本医疗环境建设和医疗设备购置等方面发展资金的投入，联手当地或周边附近的大型医院为基层医疗机构提供必要的设备和人员支持，形成分工合理、互为补充的新型医疗卫生服务体系。同时选择当地就近的公立医院作为试点建立惠民医院，吸引社会金融资本发展医疗卫生事业，以推动当地医疗服务行业提高质量和效率，为移民的大病治愈提供可靠保障。

基于移民工作企事业单位的角度，通过为企事业单位免征增值税、营业税、企业所得税等方式，鼓励其为在岗的移民购买基本医疗保险和医疗卫生补充保险，加快建立单位补充医疗保险、医疗救助保险和商业医疗保险等制度，扩大单位内部已购买基本医疗保险的移民人员覆盖面，构建多层次的社会医疗安全网。基于医疗卫生教育机构的角度，鼓励在校学医人员到附近的移民安置点医疗机构积极参加实习活动，定期开展医疗卫生相关的知识宣传讲座，为移民提供具有贴近群众、方便快捷等特点的体检、咨询、指导等免费服务，从而为移民营造优质放心的就医环境。

二 健全权威有效的综合监管机制

（一）明确落实监管主体责任

生态移民医疗卫生保障涉及财政、人力资源、市场监管、医疗保障、药品监管等多主体部门，因而在相关政策保障实施过程中，需要明确政府的主导责任、医疗卫生机构主体责任、行业组织自律作用和社会监督作用，创新综合监管机制，提升综合监管水平和能力。一是要建立卫生健康行业作风督导工作机制，移民现居住地的卫生服务督导检查情况应及时报上级主管部门；二是完善和规范行政执法机制，加大对各移民安置点社区卫生服务的抽查力度，明确规定各部门应依法承担的责任，确保卫生服务监督管理严格规范、公正透明；三是建立健全贵州省医疗卫生行业信用机制和信息公开机制，在安置点逐步推行医疗卫生行业不良执业行为记分和"黑名单"管理办法，形成网格化管理，建立线上线下一体化的监管方式，定期公开所有安置点地区各类医疗卫生机构的执业资质、人员信息、服务项目、收费标准以及相关许可、检查、考核评估和行政处罚等信息；四是建立风险预警评估机制，提高医疗卫生机构防范风险化解危机的能力，加大移民对医疗卫生重视程度的宣传，提高移民的自我防范和检查意识，全面增加移民医疗保险参保率；五是建立综合监管协同机制，将监督结果与医疗卫生机构等级评审、财政投入、评先评优等挂钩，从而督促当地各部门落实相应的监管职责，加强自我约束和管理能力，确保移民安置点卫生服务机构的和谐有序运作。

(二) 加强监管医疗卫生服务全过程

医疗卫生服务体系的不断完善和发展，关系着民众的生命健康，应当加强对全过程的监控，提升卫生服务质量，为移民提供良好的医疗卫生条件。贵州省政府一方面需要优化移民安置点医疗卫生服务要素准入机制，严格审查医疗卫生机构、从业人员以及医疗技术、药品、医疗器械等许可流程，推行安置点医疗机构、相关医疗人员部分信息公开化、透明化管理办法。另一方面需要提高安置点医疗服务质量，加强医疗卫生机构运行、公共卫生服务、医疗卫生从业人员、医疗卫生服务行业秩序及健康等监管，从而形成链条式的监控模式，完善综合评价体系和巡查制度，从多角度加强社区卫生组织管理，确保医疗保障制度的执行力度，提高移民居住地卫生机构的服务能力，加强对医疗服务质量的全过程监控。

第三节 生态移民教育政策保障

一 均衡移民子女在校教育资源

(一) 畅通校园入学渠道

生态移民搬迁至新安置区，导致当地的人口密度增大，可能会出现学位紧缺的现象，不能确保移民子女全部按时升学、就学。因而当地政府以及相关教育部门应当提前统计和掌握移民子女各阶段的就学需求，根据对应搬迁安置点各所学校的办学容量，统筹中央预算内投资、东西部扶贫协作帮扶资金、政府一般性债券等多渠道资金，合理规划当地学校以及周边建设，通过新建、扩建和撤并当地的幼儿园、小学、初中以及高中等院校，提高学校的整体容量，为移民搬迁子女升学、就学提供充足的学位保障，确保适龄学生按时入学，有效缓解当地学校的入学压力。同时，国家以及地方政府需要根据"优先对接、优先安排、优先服务、优先保障"的原则，制定一系列移民子女上学优惠政策，全面普及和延长学前教育、义务教育，简化入学申请、审核、录取等流程，为移民入学子女开设绿色通道，确保适龄学生在安置点全部能够享受公平的教学待遇。

(二) 加强基础设施建设

优质的教育环境需要良好的办学条件，政府部门应加大财政投入力度，在原有学校设施的基础上，进一步改善生态移民迁入地校园的办学条件，建立和不断完善学校标准化建设的长效机制，从而保障学校基础设施能够满足移民子女的教育需求。一方面，政府应积极改造和扩建学校教室、操场、体育馆、实验室、图书室等硬件设施，监督校园水、电、暖等基本设备的正常使用，实现班班通、校园监控、校园广播、校园网络全覆盖，完善和实施严格的校园基础设施监督管理机制，确保学校教学设施配备全部齐全达标。另一方面，政府还需要为当地各学校的每间教室配备多媒体设备，为教职工配置教学电脑等现代化办公用品，逐步实现数字校园、智能教室的信息化建设，搭建学校、家庭、社区网络平台，完善远程教育信息化体系建设，让移民子女在线共享文化、艺术、科学、体育等丰富、多样、个性、自主化的课程资源，从而弥补地区师资不足、学科建设不全面的教育短板，提高安置区整体教育质量和教育资源的利用效率，实现生态移民搬迁地区教育现代化。

(三) 提升师资教学质量

移民原居住地教学配套设施落后，师资力量薄弱，基础知识受教育程度低下，移民迁入地的优质教育资源严重不足，学校师资队伍存在结构性短缺现象，移民安置地区教育部门需要不断优化教师资源配置结构，确保师资力量的合理、均衡分配，通过多种途径全面提升当地教师的教学质量。一是政府需要重视对当地在校教职工的投入，加大师资培养力度，出台相应的教师福利政策，给予在安置点教学的教师以资金支持，在特岗教师招聘、教师培训、职称评聘、表彰奖励、教职工编制等多方面政策向移民安置地区予以更多的倾斜，从根本上确保当地教师享受到应有的社会保障，提高教师福利待遇，积极引导年轻优秀教师到移民地区任教，不断提高教师队伍的整体素质。二是建立统一的信息化教师培训平台，通过举办各类骨干教师培训班、教师在职进修、提供外出学习机会等途径，督促教师注重自我能力的培养，不断学习先进教学理论，掌握现代教学技术，树立教学创新意识，开阔视野更新理念，从而提高教师队伍整体水平。三是促进教师之间的交流合作，安排移民安置点在职教师到模范学校学习新的教学方式和教学理念，通过优质课观摩、评课、研讨等方式，与骨干教师展开教学交流，同时大力支持优秀教师到安置点学校进行讲学，打破传统单一的教育模式，通过及时发现和改正现存的教学问题，提高整体师资力量和教育质量。

二　拓宽移民接受教育新模式

（一）整合成人继续教育与职业教育

生态移民迁出地大多文化教育水平落后，受客观条件限制，大部分移民未接受过教育，不识汉字，同时长期从事农业，所掌握的职业技能匮乏，在新环境无法适应新的生产生活方式，因而将成人继续教育与职业教育相结合，有利于提高生态移民的综合素质，学习新知识、新技能、新理论、新方法，扩大视野，转变思维方式，以适应社会发展需要，从而拓宽就业渠道，增加就业机会，进一步改善生活质量。一方面需要对移民进行集中教育，确保移民会识字、会写字，提升移民平均受教育程度，从传授基础知识逐渐过渡到传递新思想、新理念，使移民不断提升自身的文化素养，强化理解能力和接受能力，保证移民有条件继续接受教育。另一方面需要根据移民安置点当地的实际情况，优化资源要素配置，结合移民的不同年龄、不同基础、不同需求，灵活开展分级、分类职业教育培训，使移民能够在新环境中掌握基本的谋生手段，通过从事第二、第三产业，最大限度发挥自我效能，不断改善自身的经济生活条件。通过构建移民成人继续教育与职业教育的良性互动机制，有助于全面提升生态移民地区教育培训层次，逐步构建移民教育培训新格局。

（二）加强民族文化教育

由于一些生态移民原居住地是少数民族地区，汉语使用环境有限，汉语基础普遍很差，移民子女迁移后入学所用教材都是汉语编写的通用教材，在语言理解上给汉语水平低的移民学生增加了学习难度。因而，当地政府应当考虑开发适合各少数民族地区的双语教材，方便少数民族移民学生进行深入学习，逐渐熟悉和掌握汉语言，降低移民在心理、文化、生活方式等方面存在的隔离意识。同时，由于贵州省生态移民迁入地区存在着鲜明的地域、文化、民俗差异,地方政府也可以结合各民族的地域和人文特征,通过为在校学生开设地方民族文化及历史相关的课程,让学生更全面详细地了解各民族的历史发展、民俗民风、民间艺术和地方文化特点,拓宽民族文化教育,加强学生对民族文化的学习,有助于增强学生的民族自豪感,激发学生的家国情怀,进一步传承传统民族文化,实现民族文化教育新发展。

三 建立健全移民教育帮扶机制

（一）注重学生身心健康引导

移民搬迁到安置点,面对陌生的环境,容易产生不安全感和危机意识,尤其是移民子女在新的校园接触陌生的老师和学生,更容易出现厌学现象。因而当地安置点各学校应成立关爱移民子女入学的工作小组,建立一整套具有针对性的教育方案,继而通过了解和分析各在校就读移民子女的信息,确定在身心健康方面需要帮助的学生名单,由心理咨询师、学校老师和同学组成访谈小组,及时掌握移民子女在上学期间的思想动态,了解他们存在的困惑和难题,在生活、学习方面给予更多的关心和照顾,从心理上给予积极向上的引导,帮助移民子女尽快融入新的生活环境,不断提高学生的心理素质。并且,各学校也要通过开展家长会、电话访谈、家访等方式,加强学校教育和家庭教育的及时有效沟通,以达成教育共识,协力促进移民子女的健康、乐观、正向发展。

（二）提高移民子女就学补助

子女就学所需的学费、学杂费、生活费等将会导致移民家庭的支出增加,家庭贫困的移民会选择让子女辍学、弃学,将不利于子女后期的教育发展。当地政府急需加大生态移民子女入学专项教育资金的投入,根据学生的受教育阶段不同,对学前班、小学、初中、高中以及高等教育的移民子女实施分级教育补贴,根据安置点学校的资源及发展状况,及时足额拨付搬迁子女就读学校的学生人均公用经费,提高就学补贴标准,全面落实"两免一补"、贫困寄宿生生活补助、学前资助、营养改善计划等各类学生资助政策,对家庭经济困难的移民子女发放助学金以用于日常生活补助,实施对成绩优异的移民子女优先发放奖学金政策,保障安置点学校教育教学以及移民子女入学所需的资金需求,保障学校教学工作和子女按时入学工作正常开展。

第四节 生态移民社会福利政策保障

一 完善住房政策

（一）提供安全适用的安置房

移民从原居住地迁出至陌生的环境，首先需要解决的是家庭住房及周边建设问题，当地政府以及生态移民工程实施部门必须提前考察原搬迁地移民群众在生产、生活各方面的实际需求，综合考虑整体搬迁的规模、新搬迁安置点的开发情况、各级政府财政承受能力等多方面因素，合理选择宜居的安置点，提前计划并建造具有基本保障、安全适用的安置住房，提高移民人均安置房建设面积标准，有效解决移民"多代多人"的住房困难问题，确保移民整体搬迁到安置点后能够住有所居、居有所安。在规划生态移民安置房开发时，需要各地相关部门在充分尊重搬迁移民意愿和生活习惯的基础上，对安置房的建筑风格、格局进行设计，强调与当地自然环境相协调，注重体现移民的特点和民族文化特色。同时，各地除建设安置房外，还需要在安置区配套建设水电路、电信网络及垃圾、污水处理等生活设备，同步规划教育、卫生、文化等基本公共服务，配套建设商业网点、便民超市、集贸市场等便民生活场所，努力确保移民在搬迁后能够尽快融入和适应新环境。在工程实施过程中，当地政府还应积极引导移民参与安置房设计、工程招标施工、原材料采购、质量监管等全流程活动，充分调动移民参与建设新家园的积极性，有效保障移民的信息知情权和参与权。

（二）确保移民搬迁住房补贴

生态移民搬迁后，一方面，对于迁出区需要拆除的原有住房，政府应当对相应的移民家庭给予一定的旧房拆除奖励，并对需要进行土地征收复垦整治和开发的宅基地，国土部门也需要加大宅基地复垦资金投入，给予移民相应的征地费，用于统筹农村土地建设占补平衡或生态修复。另一方面，当地政府不仅需要提前安排移民顺利入住安置房，还需要提高移民家庭的人均住房补贴,联合水电业局、房地产开发商等多参与主体共同协商制定一系列关于搬迁与住房优惠补贴的政策,针对移民在安置地区的购房建房、家居装修、日常生活水电费开支等活动给予一定标准的优惠补贴,解决移民在住房方面存在的资金困难问题,确保移民在新安置点能够拥有舒适舒心的住房,做到"搬得下,住得安",为移民开启新生活提供强有力的保障。

二 落实移民家庭社会保障政策

(一)给予家庭日常生活补贴

移民从不具有生存能力的地区搬迁至具有发展潜力的新居住地,各地区生态移民工程组织者应当充分考虑移民家庭在搬迁过程中所需的交通搬迁费,并且由于移民在原居住地接受教育和医疗服务有限,生活环境艰苦,基础设施配备落后,生活自给自足,搬迁后生活开支相比之前会大幅度上涨,因而还需要考虑移民家庭日常生活中在医疗费用、教育培训费用、水电网费用、购买生活用品费用、饮食费用等各方面所增加的经济负担,为移民提供搬迁费用补偿和日常消费补贴,确保移民顺利完成搬迁任务,在新安置点能够支撑家庭必需的开支,从而有效降低移民的返迁率,保证移民在新居住地的稳定、正常生活。

(二)实施社会兜底保障

社会兜底保障包括社会救助、社会保险以及社会福利。在社会救助方面,生态移民工程搬迁对象基本是农村户口,民政局以及劳动和社会保障局应当及时完善农村低保制度、最低生活保障制度、特困救助供养制度、临时救助制度和专项社会救助项目等,明确规定农村低保与城市低保享受标准,降低移民可以享有低保、"五保"的要求,扩大移民保障范围,增加移民低保补助金额。针对新搬迁至安置点的移民,发放临时生活补助金,提供最低生活保障,针对生态移民中精准扶贫建档立卡贫困人口,尤其是特困家庭,实施生活保障救助,定期发放抚恤金,坚持"包基本、兜底线、促公平、可持续",通过全方位、多渠道筹集保障资金,构建信息共享机制,由社保局或民政局统一发放,强化移民群众监督管理,使移民得到物质方面的帮助。在社会保险方面,推进新型农村合作医疗制度以及新型农村养老保险制度的完善,能够帮助移民实现基本生活保障。在社会福利方面,加快建立健全移民安置地区的老年人福利制度、残疾人福利制度、妇女儿童福利制度等也有助于改善生态移民的生活质量,从而确保移民能够在安置点维持生计。

第五节 生态移民区域产业发展政策保障

一 强力发展地方特色优势产业

(一)坚持特色农业产业发展

贵州省农产品品类多样化,瓜果蔬菜种植以及渔业、畜牧业饲养产量丰富,茶叶、刺梨、中药材、茶油、食用菌、辣椒等地方特色产品成为贵州省优质农产品的代表,镇宁县的蜂糖李、普定县的白旗韭黄、兴仁县的薏仁米、从江县的香禾糯、湄潭县的湄潭翠芽、赤水县的金钗石斛、安龙县的白及也入选中国农业品牌目录,生态移民工程农业管理部门可以结合地方的气候、环境变化以及农产品的生产特点,在各移民安置点设立特色农产品产业园区、生产基地,积极鼓励和引导移民到园区、基地就业,并对移民集中进行技术培训,大力发展当地的特色农产品,实现产品集中化生产和产业化经营,拓宽特色农产品的生产和销售渠道,通过文化赋能,打造农产品品牌优势,形成规模化、集约化的订单农业,将当地的资源优势转变为经济优势,不仅能够有效拓宽移民的就业渠道,同时将带动各地区的经济发展,带领移民脱贫致富。

(二)坚持民族特色旅游业发展

贵州的地貌类型复杂,主要有高原、山地、丘陵、盆地四种基本类型,这些不同类型的地貌造就了贵州独特的地理风情。贵州省生态移民搬迁以深山区的少数民族贫困人口居多,在长期的生产生活实践中,少数民族居民形成了自己独特的民族传统文化,搬迁后在新安置点的生产生活方式产生巨大的变化,导致少数民族居民不能融入新环境。当地政府应当带领生态移民积极培育和发展特色旅游服务产业,利用苗族、侗族、白族和布依族等具有鲜明文化特色的少数民族文化作为旅游品牌,学习贵州知名的旅游景区品牌,以文化旅游、度假旅游及观光旅游的方式，通过展示传统民族风情、历史文化、手工艺品制作、特色美食、民族特产等形式，全面打造食、宿、行、游、购、娱六大服务于一体的体验式、休闲式旅游消费新模式，展示贵州少数民族特色旅游的后发优势。将民族特色旅游业作为当地的支撑产业，一方面有利于少数民族文化传承与弘扬，另一方面以旅游业发展带动城镇化发展，将加快推进生态移民工程脱贫目的的实现。

二 积极培育产业绿色环保化

（一）加快农业绿色化发展

为实现移民安置地区农业高质量发展，当地政府需要充分利用安置点优良生态环境的资源优势，学习成熟的绿色防控基地和生态农业园区所运用的先进的技术与规范的管理模式，在安置区农业生产地积极传播一体化的绿色农业发展理念，大力推行与创新特色优势农作物病虫害绿色防控技术，重视农作物质量安全，提高瓜果蔬菜等特色农作物的核心竞争力，注重农产品生态安全，采用现代化农业生产工具以及绿色生产方式，实现农产品标准化生产与处理。并且，政府管理部门需要对绿色农产品进行全程质量监控，加强绿色农业市场管理体制、绿色农产品检测认证体系、绿色农业投融资机制等建设，设立绿色农业发展基金，用以农业绿色化生产、农业绿色技术补贴以及农业救济费用等财政支出，加强绿色农业生产者从金融机构所能获得的信贷能力，鼓励和扶持当地具有市场发展前景的绿色农产品上市，提高绿色农产品市场的竞争力和综合效益，拉动地区绿色产业高速发展，促进经济增长与环境保护的协调统一。

（二）加快工业清洁化发展

实现各安置区的经济发展，带领生态移民就业致富，必然需要建立一批工业企业，在生产过程中消耗大量能源和原材料，产生"三废"以及噪声对当地的环境造成污染，对安置区移民的健康造成侵害。因而各级政府以及环保部门需要通过政策引导和市场监管，尽快建立工业清洁生产审核标准，将清洁生产、资源节约利用、污染物排放控制纳入工业企业生产全过程，对安置区的轻工、石化、建材、有色金属、纺织等行业的生产项目实施审核，构建工业清洁生产审核信息系统，公开审核流程与结果，为需要整治的企业制定相应的清洁生产改进方案，显著提高工业企业清洁生产的技术水平，加强资源循环使用和污染处理能力。设立工业清洁生产专项资金，进一步加大工业产业发展投入，加快重点行业的清洁生产技术和产品研发，实现原材料和能源的环保替代，针对自愿进行生产改造的企业，政府应当提供技术培训和资金支持，大力推行传统工业向清洁、环保工业转型。

三 支持引进新型服务产业

（一）鼓励发展房地产开发业

生态移民一般依托小城镇进行安置，社区尚处于开发探索阶段，移民整体搬迁至安置点，需要房地产开发商在小城镇进行新区开发和旧城改造，规划和设计楼房、超市、商场、写字楼、体育馆等基础设施建设，因而政府需要积极鼓励当地发展房地产开发业，加大开发扶持力度，协调相关部门，帮助房地产开发公司办理施工相关手续，面对不同层次需求，将移民安置点及周边打造为居民住宅、休闲娱乐、办公经商等多样化社区建筑，保障交通畅通，生活便利，为居民创造优良的生活环境。一方面能够满足移民搬迁后的生活生产需要，有利于当地资源的开发利用，从而确保更多的移民入住；另一方面提高了移民的购房、购物等消费水平，促进安置区的经济繁荣，为移民提供基本的生活保障。

（二）鼓励发展电商销售业

电子商务作为精准扶贫的新路径，贵州省移民安置点政府以及商务局等单位组织部门应当将发展电子商务作为"黔货出山"的助力途径和移民扶贫的重要抓手，加强与省内国家级电商示范县的交流合作，深入学习先进适用的电商发展模式。安排财政资金强化移民社区网络基础设施建设，推进电商运营主体培训，鼓励产业园区、当地龙头企业、个体销售等市场经营主体参与电商销售，培育一批具有引领作用的社区电商示范企业。完善电商运营服务与管理体系，加快建设安置点电商营销网点和流通渠道，积极整合物流企业配送资源，构建高效全方位的物流配送体系，避免因运输、储藏、包装等技术落后导致产销脱节现象。规范电商行业市场运作，整合阿里巴巴、苏宁、京东以及贵州电商云等重点电商平台的资源，通过电视、广播、网络媒体等形式实现多渠道推广，促进当地产品线上线下销售一体化，推进电商扶贫与移民地区产业融合发展，切实发挥好电商扶贫在帮助贵州省顺利完成生态移民工程后续工作中的积极作用。

第六节　生态移民生活环境改善政策保障

一　加强安置点基础设施建设

（一）保证水电正常供应

生态移民搬迁至安置点后虽然生产生活条件相较于原居住地产生巨大变化，但是为彻底解决移民吃水难、用电难等突出问题，生态移民工程实施政府与各相关水电业局应当在移民安置房统一安装与管理供水、供电设备，加大水电集中管理投入力度，排查与完善污水排放设施建设，通过实施水源工程、中小河流治理工程、水库蓄水工程等项目确保当地居民的饮水安全与供水充沛。针对移民房屋以外的电路、管道等公共设施，负责部门需对其定期进行统一排故与维修，同时提高移民家庭对设备进行安全自查的意识，保障供电系统的安全稳定运营。

（二）完善公共交通设施设备

大多安置点相对来说经济发展靠后，公共交通设施不健全，存在道路拥堵和安全隐患，各级政府应加大交通建设财政投资力度，根据各地区实际情况制定和落实相应的道路发展规划，地方交通管理部门积极配合硬化整修无人管护、破坏严重的公共交通路面，改建、扩建安置区主干道以及高速公路等交通要道，修缮存在安全隐患的道路，改善移民安置点的交通条件，从而保证安置区居民的日常出行与生产运输。同时要加强各安置地区火车站点、客车站点、公交车站点、地铁站点等公共交通配备设施规模的扩大，为移民提供良好的交通运输服务，实现道路的互联互通，形成清晰有序的交通网，打造良好的通行环境，保证移民出行安全便捷，为移民提供公共交通快速通道，逐渐消除制约当地移民生产生活、经济发展的交通"瓶颈"。

(三) 实现网络媒体全覆盖

移民搬迁住房网络基础设施体系建设尚不完备，服务功能不足，在促进移民对外交流和吸收外界知识过程中存在阻碍，因而政府需要落实牵头部门和配合部门，将移民社区移动通信网络建设纳入生态移民搬迁工程考虑范围，设立专项建设、管理、服务经费，积极引导与推动当地移动通信网络的发展，加大对信号基地的建设力度，提高覆盖能力与建设水平，加强地区固定宽带业务的拓展，降低移民家庭初次安装费和日常使用资费，加快宽带用户接入速率，扩大宽带业务的普及率，专门指导移民使用移动通信网络设备，构建基础设施、技术能力、服务水平、安全保障、治理能力强的网媒格局，努力推动光纤宽带网、无线宽带网等网络媒体设施全覆盖，逐步解决网络通信发展区域不平衡的矛盾。从而便于移民接受网络知识培训，不断更新观念，促进当地形成网络销售市场，有力带动安置区的生产与消费能力。

二　注重周边生态环境保护

(一) 加快实行垃圾分类回收处理

实施垃圾分类处理能够有效保护居民生活环境，进一步节约与充分利用现有资源，贵州省生态移民各地区政府需要加快出台垃圾分类与回收处理工作实施方案，成立工作领导小组，配备相应的专职工作人员，在各移民住房区、商场、公园、旅游景点、车站等公共场所设立多个分类垃圾桶，在安置点各企业、产业园区、事业单位等大力开展垃圾分类达标工作，改造或增加配置统一的垃圾收集运输车，配套建设垃圾分类管理中心、可回收物分拣中心、有毒有害垃圾暂存点等，完善前端分类与末端处理设备。建立健全管理体制机制，加强部门督导工作，构建垃圾分类回收与处理信息管理平台，逐渐提高移民安置点生活生产垃圾分类覆盖率。加强垃圾分类专项资金保障，投入运营无害化处理项目，实现垃圾无害化处理，提高资源回收处理利用率，将移民安置点打造成为垃圾分类示范片区，建设成生态小镇，实现垃圾资源化、减量化、无害化，保证经济效益与社会效益"双赢"。

(二) 强化自然保护与环境绿化建设

为促进移民安置区经济、社会与环境的协调发展，为移民营造良好的生态环境和景观环境，面对整体绿化面积总量不足，绿化水平较低的现象，各移民安置点政府应积极落实自然环境保护相关配套工作，各绿化环保负责部门要密切合作，制定与自然保护和环境绿化相关的制度，明确城市绿化规划建设的具体标准，加大自然环境保护与绿化建设资金投入，建立稳定、多元化的资金渠道，引导社会资金用于自然环境保护与绿化建设，尤其要加大对绿化隔离林带和大型公园绿地建设的投入，增加环境管理与保护、扩建绿化用地的资金，以满足当地绿化工作的需要。一方面，政府要严格保护当地的重点自然保护公园、古典园林、名胜古迹和名贵的花草树木等，保证自然资源不受侵害。另一方面，要加强城镇规划建成区的绿化建设，严格控制建筑密度，结合安置点产业结构调整与生态环境治理保护，迁出污染性较大的企业、建筑，在居住区按一定比例建设绿地，加快区域内道路、河边、湖边、山坡两侧的绿化带建设，扩大绿化用地在城市用地中的比例，改善生态质量。规划并强化自然公园、植物园、动物园、运动绿地、经济林和生态林等的绿化建设，加强自然保护管理工作，确保移民居住区绿化、当地企事业单位绿化及各类建设配套绿化标准符合要求。设立绿化隔离林带，逐渐形成以植树造林为主，乔、灌、花、草合理配置的环境绿化体系，采取多种方式增加绿化面积，优化地区用地结构，实现自然环境保护目的。

(三) 实施迁出区生态修复

移民迁出区大多处在生态脆弱地区，迁出区土地的综合利用应当注重生态安全保护，农业、林业、国土、水利、交通等政府部门需要根据不同地区的土地情况、自然条件和生态建设水平，统筹考虑、科学制定具有针对性的生态修复措施，明确生态修复重点，合理调整土地利用方式。针对迁出区仍可利用的耕地、草地，应当重新规划，采用现代化生产工具进行更新复种，积极探索和改良种植与管理方式，提高单位耕地、草地面积的生产能力，实现标准化经营。针对不可种植的土地，应当采取退耕还林政策，通过人工造林和人工植被的方式，不断加强对原有林地和新开发林地的抚育管护能力，有效防止水土流失，恢复自然生态环境。针对移民原有的宅基地，政府需要加强统一管理，拆除废弃房屋，通过打造生态林、果林或种田、种草的方式进行绿化处理，用作环境修复，进而维护生态安全。同时，在进行土地重新规划利用时，要保留和维护移民迁出区原有卫生所、诊所等公共服务场所以及配套的水、电、路等基础设施，从而为后续生态修复管理提供就医、交通、用水、用电的可靠保障。通过对迁出区的耕地、林地、草地、宅基地以及荒山、荒地等多类土地进行集中管制、综合治理，为迁出地生态环境实施全面保护，能够有力推动生态恢复工作顺利进行，进而实现贵州省生态移民工程的可持续性、稳定性发展。

本章小结

本章从就业创业、医疗卫生、教育、社会福利、区域产业和生活环境改善六大方面构建生态移民可持续发展的政策保障体系。在就业创业政策保障方面提出：完善移民就业创业社会保障、加大移民就业创业资金扶持、联合当地企业拓宽就业渠道、加强移民就业创业技能培训及提供移民就业创业优质服务；在医疗卫生政策保障方面提出：鼓励全面发展医疗卫生事业和健全权威有效的综合监管机制；在教育政策保障方面提出：均衡移民子女在校教育资源、拓宽移民接受教育新模式和建立健全移民教育帮扶机制；在社会福利保障方面提出：完善住房政策和落实移民家庭社会保障政策；在区域产业发展政策保障方面提出：强力发展地方特色优势产业、积极培育产业绿色环保化和支持引进新型服务产业；在生活环境改善政策保障方面提出：加强安置点基础设施建设和注重周边生态环境保护。通过以上六个方面的系统性政策保障将有效促进生态移民的可持续发展。

第四篇　生态移民可持续发展相关专题

第十三章

生态移民就业适应性研究[①]

就业是我国宏观经济调控的主要目标之一,是民生之本,是人民群众改善生活的基本前提和基本途径。因此,就业不仅关系到人民群众的切身利益,关系到改革发展大局的稳定,关系到全面建成小康社会的宏伟目标,更关系到全体人民的共同富裕。就业的增长取决于经济增长速度和经济增长的就业弹性。经济增长是经济社会各项事业加快发展的基础,是劳动力需求不断增加的源泉;同时,需大力推进城镇化建设,扩大就业总量,提高经济发展的就业弹性。易地扶贫搬迁是改善生态环境和提高贫困人口生活质量的工程,确保搬迁对象能够"搬得出、稳得住、能致富",这就需要促进就业来吸引贫困人口搬迁,以稳定就业解决移民的生计问题,发展产业实现经济共同富裕,促进生态移民可持续发展。

第一节 文献综述与概念界定

一 文献综述

易地扶贫搬迁是我国扶贫与保护生态的重要措施之一,研究生态移民的相关文献不计其数,随着时间的推移,学者的关注从生态移民前期

[①] 本章使用的是2015年5月的调研数据,对2015年5月400份有效问卷进行认真筛选,最后确定389个样本进行本章分析。

工作转移到实施过程,目前无论是政府还是学术界都非常关注生态移民的后续发展,其中社会适应性良好是移民"搬得出、留得住、能致富"的前提条件,社会适应性又包括生产生活环境适应、文化交流适应、心理能力适应、就业适应等多方面的社会因素。笔者整理大量文献进行研究后发现关于移民就业方面的研究尚未成熟,也没有学者提出过关于生态移民就业适应性的概念,但是就业适应性在大学生就业、农民工就业等方面研究较多,笔者借鉴相关研究成果对与生态移民就业及适应性相关的研究进行梳理。

(一)生态移民就业研究

易地扶贫搬迁的目标是帮助生态移民"搬得出、稳得住、能致富",在国家精准扶贫脱贫的大政策背景下,必须要将规划区域内的贫困人口搬出去,最终实现提高生态保护和脱贫致富的双重效益。这些贫困人口集聚在环境恶劣的深山或石山区,思想落后,文化教育水平低下,实施易地扶贫搬迁不仅要改善贫困人口的生活质量,还要帮助生态脆弱的生态系统有效修复,更能够促进各民族之间的团结与文化交流。关于生态移民就业的相关研究并不多,且还未形成系统的体系,现有的研究集中在生态移民的就业现状、就业面临问题及就业政策等方面,此外在研究生态移民生产生活方式的相关文献中也涉及相关的就业问题研究。

一些学者从定性的角度分析生态移民存在的就业困难及原因。王乾丰(2009)在研究三峡移民时分析造成就业难有五大原因,即国家资金投入少、就业人员增加、就业观念落后、就业岗位不足、就业人员素质参差不齐。[①] 严琼(2013)对三江源地区生态移民就业面临的问题概括为:生态移民的思想观念还不适应市场经济发展要求、文化素质低下、发展后续产业的资金缺乏、职业技能培训困难。[②] 管雪梅等(2014)以酒泉市"两西"生态移民区为例,总结出生态移民面临的就业困难有:生态移民经济基础薄弱、人口素质偏低、社会适应性差,其根源为生态

---

① 王乾丰:《解决三峡移民就业促进库区经济发展——以重庆市万州区为例》,《才智》2009年第20期。
② 严琼:《三江源地区生态移民就业问题研究》,《青海民族大学学报》(社会科学版)2013年第1期。

移民专业技能缺少、就业观念落后、学习能力较弱、就业技术培训困难、产业发展滞后等。[①] 陈西风等（2015）针对就业培训存在的问题做了如下总结：师资队伍建设跟不上社会经济发展需要、实训操作完成情况与培训目标存在差距、培训教材与区域实际发展所需要的知识存在差异。[②]

另一些学者定量分析了移民的就业现状。李水林等（2002）对武汉移民职业适应性做了分析，认为年龄、文化程度与职业适应性分别呈正、负相关。对三峡库区移民的就业问题及影响因素进行了研究[③]，巴娜（2010）定性分析得到影响因素有政策、产业、主观、环境、投资及心理因素六个方面[④]，王承云（2012）定量分析结合计量经济学方法从就业供给面和就业需求面两个方面来探究影响因素。[⑤]

虽然生态移民搬迁后政府会尽可能提供满足需求的就业岗位，或企业为发展特色产业需要吸纳大量就业人员，但由于贫困生态移民数量之大，在就业方面还是存在一些困难，主要是移民自身条件受限和当地相关部门没有因地制宜、因材施教，生态移民本身就是落后地区的农民，从小能接受到的文化教育有限或者根本没有接受过教育，缺乏专业技能，学习新知识的理解能力薄弱，再加上国家和政府所能提供的资金和就业岗位有限，所以生态移民能否充分就业是多因素综合影响的。张铁军（2012）[⑥]、田晓娟（2012）[⑦] 调查得出宁夏生态移民搬迁前收入以务农为主，搬迁后以外出打工或做小买卖维持生计，因为移民的人力资本较低，一开始无法从事"技能型"或"智能型"工作。

---

① 管雪梅、王立明：《甘肃河西生态移民就业问题初探——以酒泉市"两西"移民区为例》，《甘肃高师学报》2014年第3期。
② 陈西风、何淑玲：《宁夏生态移民"政校企镇"四方联动培训就业模式探讨》，《当代畜牧》2015年第21期。
③ 李水林、李少文：《整体近迁移民的社会适应性分析——武汉市金口新建镇区移民的个案研究》，《湖北社会科学》2002年第10期。
④ 巴娜：《三峡库区移民就业问题研究》，硕士学位论文，中央民族大学，2010年。
⑤ 王承云：《三峡库区移民就业及相关影响因素研究》，博士学位论文，武汉大学，2012年。
⑥ 张铁军：《生态移民社会适应问题研究》，《中国井冈山干部学院学报》2012年第4期。
⑦ 田晓娟：《同心县生态移民的生活状况与社会适应研究——以石狮管委会惠安村移民点黄家水为例》，《宁夏社会科学》2012年第4期。

就业不仅关系到国家的宏观经济发展，还是解决个人生活的根本途径。针对生态移民就业存在的困难，学者提出相应的解决对策，归纳如下：

第一，建立就业保障机制，提供就业保障资金。因为生态移民自身条件的受限性，因病、因智、因残等导致无法就业，而这部分人群更应该成为国家政策保护的对象，王乾丰（2009）提出国家应建立专项基金为该部分失业人员提供养老保险、医疗保险等保障。

第二，扶持产业发展，为生态移民提供就业岗位。发展产业是给生态移民提供就业机会的最好途径，逯长春（2016）提出应因地制宜结合地方特色与优势发展产业，优化土地、财税等政策，吸引外来企业入驻，并鼓励本地人口和生态移民创业。[①]

第三，加大生态移民子女教育扶持力度，加强针对性就业指导与培训。文化素质低是影响就业适应性的重要因素，国家和政府应为生态移民子女提供免费教育，对具有文化水平的年轻劳动力提供解决实际需求的专业技能培训和创业课程，并可为文化程度低下的简单劳动力提供种植业等较好操作的技术培训。

（二）生态移民适应性研究

生态移民的适应性主要表现为生产方式、生活习惯、语言文化、饮食穿着、心理素质、就业能力等多方面，这些也可统称为"社会适应性"。已有文献主要集中在生产、生活、文化、心理等方面的适应性，还没有生态移民就业适应性的研究，因此本章整理相关生态移民适应性的文献，以此作为后文写作的参考。

1. 生态移民适应性的概念

"适应"一词最早由斯宾塞提出并研究应用于社会领域，即人类可根据外界生存环境的改变不断自我调整最终达到与新生活环境和谐共处的一种状态。[②] 美国心理学家利兰（Leland）和科恩（Cone）都认为社会适应性是个体在社会生存环境中对社会文化、价值观念和生活方式的

[①] 逯长春：《扶贫生态移民就业保障机制研究》，《传承》2016 年第 6 期。
[②] 侯钧生：《西方社会学理论教程》，南开大学出版社 2006 年版。

心理适应及应对。① 已有研究多采用"社会适应性"概念从生产、生活、文化等多方面去阐述,薛立娟(2014)认为,藏族移民主动调整思想、态度、习惯以适应新的生存环境,从而能够真正适应新环境并稳定生活下去,这是一个漫长的过程与状态。② 解彩霞(2010)认为,三江源生态移民的社会适应是指个体或群体为接受习惯于迁入地的新生活生产环境并稳定生活,而改变原生活生产环境的过程。③ 马晓梅(2013)将宁夏生态移民的社会适应定义为行动者为适应新环境不断调整其行为模式和心理状态的社会过程,这种适应包括客观状况和主观感受。④ 不同领域的学者对社会适应性的概念界定不同,而本章提出的"就业适应性"概念只出现在大学生、农民工、下岗工人等的研究中,所以结合"生态移民社会适应性"和"就业适应性"的阐述,为下文界定"生态移民就业适应性"的概念具有铺垫作用。

2. 生态移民适应性类型

学者通过对宁夏、三江源、三峡地区等生态移民的适应性方面的研究,总结出社会适应性是一个广义的概念,通常包括:基本的吃穿住行方面的生存环境,心理素质变化,社交关系等多方面的适应性。

国外学者 Tatiana Nikolaevna Dukhina 等(2015)研究了斯塔夫罗波尔边疆区的强制性移民在适应社会和生态方面的问题,包括农民工适应生态生理的特征、学生人口流动的适应特点、移民社会适应的法律特点等。⑤ 国内学者对生态移民社会适应性研究主要集中在宁夏、内蒙古等西部地区,解彩霞(2009)将三江源藏族生态移民社会适应性分为五大类,即生理和环境适应(移民健康程度、自然环境状况)、日常生活适应(穿衣习惯、饮食习惯、居住习惯、交通适应、卫生习惯)、生产

---

① 杨彦平、金瑜:《社会适应性研究述评》,《心理科学》2006 年第 5 期。
② 薛立娟:《藏族移民社会适应性研究》,硕士学位论文,青海大学,2014 年。
③ 解彩霞:《三江源生态移民社会适应与回迁愿望分析》,《攀登》2010 年第 6 期。
④ 马晓梅:《宁夏生态移民社会适应性问题的调查研究》,《中共银川市委党校学报》2013 年第 2 期。
⑤ Dukhina, T. N., Tarasova, S. I., Taranova, E. V. et al., "Problematization of Social - and - ecological Aspects in Adaptation of the Forced Migrants in Stavropol Krai", *Asian Social Science*, 2015, 11 (8).

适应（生产技术条件、技术培训）、人际和风俗习惯适应、心理适应（社区认同、身份认同）。① 任善英等（2014）对牧区生态移民社会适应做了相关述评，他们认为多数学者对于移民的社会适应主要从生产适应、生活方式和文化适应、人际交往适应四个方面来分析，研究多数集中在对生产生活方式的分析并有了一定理论基础，但对心理及文化适应方面研究较少。② 束锡红（2015）采用评分方法对宁夏回族生态移民的社会适应程度打分，包括移民身体对自然环境的适应，生活、生产、人际关系、风俗习惯及心理适应，结果显示只有心理适应较差，其他都是一般及较好适应。③ 黄娅（2015）对近几年国内生态移民社会适应性相关研究文献做出综述，总结出相关研究主要集中在政治适应性、经济适应性、文化适应性及社会融合四个方面。④ 彭豪祥等（2008）采用社会问卷调查方式对湖北省恩施自治州的三峡工程移民的社会适应性展开研究，利用 SPSS 统计方法对移民适应状况分别分析了自然适应、人际适应、生活习俗适应及劳动方式适应，具体指标有迁入地、移民类型、迁入时间、性别、年龄段和文化程度。⑤ 嵇雷等（2015）通过问卷调查研究了广西岩滩水库移民搬迁后的社会适应状况，从移民经济、人际关系、政治、社会 4 个维度的适应性进行模糊综合评价，其中经济和社会适应等级为"一般"，人际关系适应"较好"，政治适应"较差"。⑥ 近十年以来，前人基本上都是描述生态移民的社会适应现状，多数采用社会调查问卷或访谈形式采集数据，然后根据统计整理的资料对社会适应状况做简单陈述，根据问卷结果分析存在的现状。开展综合评价的不多，如嵇雷等学者对生态移民的社会适应度进行了综合评价，从得出的

---

① 解彩霞：《三江源生态移民的社会适应研究》，硕士学位论文，兰州大学，2009 年。
② 任善英、朱广印、王艳：《牧区生态移民社会适应研究述评》，《生态经济》2014 年第 9 期。
③ 束锡红：《宁夏南部山区回族聚居区生态移民的社会适应研究》，《北方民族大学学报》（哲学社会科学版）2015 年第 4 期。
④ 黄娅：《生态移民社会适应性研究综述》，《佳木斯职业学院学报》2015 年第 8 期。
⑤ 彭豪祥、谭平、张国兵：《三峡工程移民的社会适应性调查》，《统计与决策》2008 年第 24 期。
⑥ 嵇雷、刘晶晶：《水库移民社会适应性的多层次综合评价研究》，《人民长江》2015 年第 13 期。

数据结果来判断适应状况的程度。

3. 生态移民适应性面临的困难

生态移民搬迁至陌生的新环境，由于客观及主观多方面因素导致一开始难以适应当地的文化习俗等，所以社会适应是一个需要不断调整、融入新环境生活的过程，难免会面临一些困难。

（1）生活习惯难以适应。王永平等（2014）在研究生态移民与少数民族的调研中发现贵州生态移民的对象往往居住在生态环境十分脆弱、人口容量很小或需要重点保护的地区，这些地区又是少数民族集中区域①，所以说少数民族的生态移民因为有本民族的传统生活习性，在饮食、穿戴、居住建筑形式、传统节日及家庭婚宴等方面有着独特的礼节，而迁入至新社区需要适应新的生活模式，如果他们还是穿戴民族服饰在大街上散步这将会让别人投来异样的目光。鲁顺元（2009）在对三江源区生态移民社会适应问题研究中指出，新社区单一的宗教信仰无法满足新移民信仰的多元化需求，物质和精神两种文化丢失将影响社会稳定发展。②

（2）生产方式转变困难。张美珍（2014）认为，圣彼得堡来自中亚的劳务移民一般从事低技能的劳动（如建筑工地工人、清洁工、小商贩等），不容易被当地社会接纳，导致其社会适应过程复杂，劳动力市场竞争激烈，造成了社会紧张。③ 生态移民搬迁以前世代以务农生存，传统的农耕可以满足自给自足的生活，即使搬迁至新安置点，由于自身局限性无法胜任高智商的技术性或脑力型工作，勉强可以从事类似搬砖的体力活或餐饮服务业。

（3）文化教育水平受限。张铁军（2012）认为，峰台村安置区的生态移民由于文化水平低导致人力资本低，与现实需求差距过大，很难

---

① 王永平、周丕东、黄海燕等：《生态移民与少数民族传统生产生活方式的转型研究——基于贵州世居少数民族生态移民的调研》，科学出版社2014年版。
② 鲁顺元：《三江源区生态移民社会适应问题的调查与思考》，《青海师范大学学报》（哲学社会科学版）2009年第5期。
③ 张美珍：《论圣彼得堡中亚劳务移民的社会适应问题》，《安徽文学》（下半月）2014年第5期。

适应融入当地社会环境，同时传统文化观念转变也很困难。鲁顺元（2009）指出，不利于三江源生态移民的文化适应性表现在整体现代教育水平不高，城乡教育发展水平不平衡，游牧生产方式和传统教育形式对现代教育的冲击，教师缺编、基础设施不足等，及民族教育现代化进程缓慢。

（4）社会关系融合困难。李若建（1996）在研究香港新移民的社会适应问题时，认为新移民多为中国大陆人，在适应新社会时可能会面临因两种不同的社会制度引发的社会矛盾以及价值观念和新移民文化程度不被认同受到歧视的难题。[①] 张铁军（2012）认为，社会交往困难表现在生态移民与周边城市或农村居民交往中存在较大的局限性，如社区、社会及心理隔阂；村落空巢化、老龄化问题严重，如老龄生态移民在新社区生活不适产生孤独感等。人是社会的主体，社会关系的维护需要通过文化、思想、行为等交流，而生态移民由于语言不同、少数民族传统文化差异、饮食习惯等与当地风俗产生冲突。

（三）文献述评

生态移民社会适应性的研究区域集中在西北地区的宁夏、三江源生态移民或三峡水库移民，较少学者对贵州生态移民的社会适应性展开研究。目前的研究主要集中在生产、生活、心理、社交等适应性方面，大多研究也以定性分析为主，而就业作为生态移民在社会适应过程中能够促进自身发展和城镇化发展的重要社会属性，也是经济社会关注的热点话题，正在引起学者的关注与探索。关于贵州省生态移民的就业问题方面的参考文献较少，多以社会学角度去阐述问题，本章通过实地调研，收集相关数据及资料，从经济学的角度去进行实证分析。在全球倡导"以人为本"的可持续发展观的大背景下，为推进生态移民可持续发展，解决生态移民的就业实际问题对贵州省乃至整个中国的发展具有重要的现实意义。

---

① 李若建：《香港的新移民及其社会适应问题》，《当代港澳》1996年第1期。

二 相关概念界定

（一）就业

就业是劳动力就业概念的简称，按照国际劳工组织（ILO）定义，就业是指在一定年龄阶段内人们所从事的为获取报酬或赚取利润所进行的活动。一般而言，凡是在规定年龄之内具有下列情况行为的人称为就业者：

（1）正在工作中，即在规定时期内正在从事有报酬或收入作业的人。

（2）有职业但是临时没有工作的人。如因休假、事故、劳动争议、气候不良等原因而临时停止工作的人。

（3）雇主和个人经营者，或正在协助家庭经营企业或农场而不领取报酬的家属成员，在规定时期内，从事正常工作时间 1/3 以上者。①

这里强调，此次调查对象为生态移民，贫困、文化教育水平普遍低是典型特征，大多数为农民，故在本章中将农民务农也作为一种职业，而务农有两种情况：一是将农产品卖给他人获得劳动报酬；二是自给自足，农产品供自己生活所需，这种情况虽然农民不是直接以农产品换取金钱收入，但没有在农产品购买上支出，相当于间接获得生活收益。所以，务农者也算就业。

（二）就业适应性

国内外众多学者往往会在研究就业问题中引入"适应性"这个概念，因此"就业适应性"并不是一个新概念。斯宾塞最早对"适应"概念概括为人类不断调整自身行为以与多变的外界环境和谐共处的状态。② 柯振发等将"就业适应性"概括为人们为了生存通过形成与社会需要的知识技能、价值观和性格而去创造工作机会。③ 目前的研究主要集中在农民工和大学生的就业适应性问题，而本章研究对象为生态移民，故将生态移民就业适应性界定为生态移民为适应新的生存环境去寻

---

① 王承云：《三江库区移民就业及相关影响因素研究》，博士学位论文，武汉大学，2012 年。
② 侯钧生：《西方社会学理论教程》，南开大学出版社 2006 年版。
③ 柯振发、廖玲华：《就业适应性问题研究综述》，《学理论》2010 年第 23 期。

找维持生计的工作机会,不断调整自身条件使自己能够稳定从事某职业。

第二节　生态移民就业状况

所有389户调查样本的被访者中有17.48%（68人）没有就业,321人已就业。本节对贵州省生态移民就业特征、能力差异、就业扶持、就业培训和就业产业进行描述。

一　生态移民就业特征

生态移民均为生活在环境恶劣中的贫困农户,世代以务农为主,转产转业存在一定的困难,因而部分生态移民还滞留在农业中,部分生态移民已经实现转产转业。我们将具体来讨论一下生态移民的职业类型分布、性别分布和文化程度分布。

（一）职业分布

被访者从事的职业类型可以细分为几十种,本章将被访者的职业类型划分为5大类,即从事体力劳动、半体力劳动、非体力劳动、自主经营和退休人员（见图13-1）。在389位被访者中,有68人没有工作属于无业游民,其中女性超过一半有44人。此外,153人务农;其余样本的职业分布如下：从事体力劳动的有82人,其中打工36人,务工23人,做临时工23人,分别占总样本的9.25%、5.91%、5.91%；从事半体力劳动,即不完全从事体力劳动,如被访者中有保安、厨师、司机、环卫工人、电焊工、泥水工、木匠、汽修工人等,共有12人；非体力劳动即主要以脑力劳动为主,被访者中有教师、医生、管理人员及村干部,其中村干部有5人,占总样本的1.29%；自主经营包括自主创业（养殖业、运输业等）、经商、开店做生意的有59人；退休老人有5人,其年龄在52—73岁。

生态移民的家庭劳动力人数不同,因而就业分布情况也不同。图13-2反映了以家庭户为单位的生态移民就业情况。

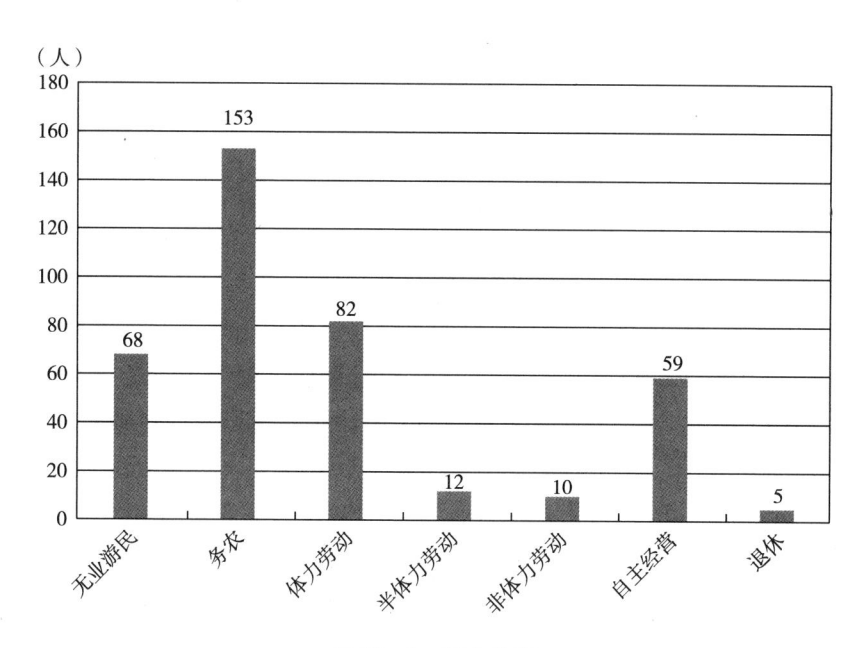

图 13-1 职业分布

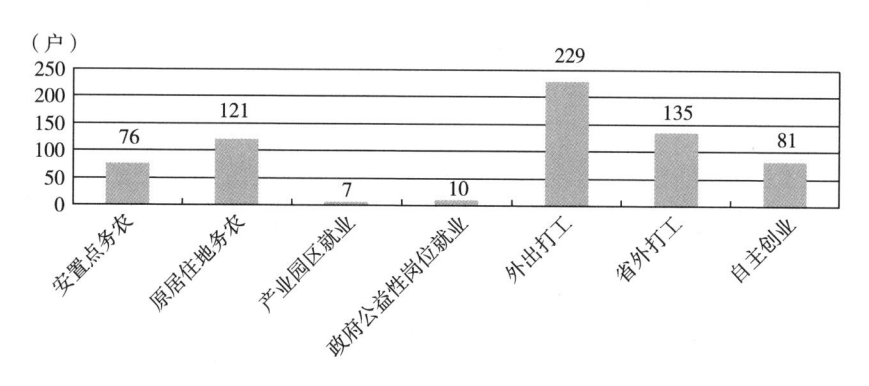

图 13-2 生态移民家庭户就业情况

（1）外出打工的家庭户最多，占样本的 58.86%，其中有 34.70% 家庭户以省外打工为主，且外出打工人数在 1—2 人的最多，占样本的 51.90%。

（2）选择务农的家庭户占样本的 50.64%，其中在安置点务农的占 19.53%，返回原居住地务农的农户比在安置点务农的多，原因有：一是安置点多为小城镇及工业园区，主要发展第二、第三产业，所以没有土地可以给农户耕种；二是安置点需要支付更多的生活开支，返回原居住地务农，可以弥补部分生活开支；三是移民有着深厚的恋土情结，"回迁"可能是一种习惯。

（3）为了使所有生态移民都能就业从而稳定生活，国家及政府鼓励生态移民自主创业，也提供了一些优惠政策，比如创业补助金及创业指导课程培训等。有20.82%的农户选择自主创业，也以1—2人家庭劳动力为主，主要从事商业服务、餐饮服务、交通运输等。

（4）在产业园区及政府公益性岗位就业的家庭户较少，分别有7户和10户，从事的职业基本为管理人员和保安、环卫工人等。一是政策所能提供的好岗位有限，二是生态移民自身文化素质水平低也无法胜任知识型岗位。

（二）性别分布

从表13-1可见，务农者中有超过一半的人为女性，且女性的文化水平普遍较男性低，劳动能力也不及男性，更难以顺利实现转产转业。在其他职业分布上也存在明显的性别差异，从业男性人数明显多于女性，因为男性的文化程度明显较高，劳动能力较强，在语言沟通、学习能力方面也有一定的优势。

表13-1　　　　　　　　　　就业的性别分布　　　　　　　　　　单位：%

	务农	体力劳动	半体力劳动	非体力劳动	自主经营	退休
女	64.90	15.50	3.10	0.00	16.50	0.00
男	40.20	29.90	4.00	4.50	19.20	2.20

（三）文化程度分布

从就业的文化程度分布看，文盲从事农业的比重最高，其次从事体力劳动，由于没有文化是不可能从事非体力劳动的。即便是具有一定文化程度的移民，其从事的工作也多为体力劳动，当然，随着文化程度的提高，从事非体力劳动和自主经营的人数逐渐增多。这说明，文化程度的高低会影响移民的职业选择，文化程度越低，就越容易被束缚在体力劳动中；而文化程度越高，就越有可能跳出体力劳动转向非体力劳动或自主经营。成为产业工人受到技术技能水平的限制，也无法短期内获得需具备的技能技术水平。因此，相比其他就业方式而言，自主经营就非常容易进入，比如在旅游景区从事餐饮、小商品买卖等，基本不会受到文化程度和技能水平的限制，所有选择自主经营的移民比重会较高。

表 13-2　　　　　　　　　就业的文化程度分布　　　　　　　　单位：%

	务农	体力劳动	半体力劳动	非体力劳动	自主经营	退休
文盲	73.10	13.50	5.80	0.00	5.80	1.90
小学	61.40	25.30	1.20	0.00	12.00	0.00
初中	38.10	29.90	4.10	2.70	23.10	2.00
高中（含中专和职高）	28.60	25.00	3.60	7.10	35.70	0.00
大专	0.00	30.00	0.00	40.00	20.00	10.00
大学	0.00	0.00	100	0.00	0.00	0.00

（四）年龄特征

一些移民所在安置点离原居住地较远，无法通过回乡务农缓解部分生活压力；一些移民所在安置点没有相应的产业支撑，只能依靠外出打工，但由于自身能力不足而难以顺利就业，即使移民接受了培训也进入了企业，但干不了多久就会离开，这些人群年龄主要集中在40—60岁这个年龄段，这部分人群的就业问题是个难题。即使政府提供2800元/月的岗位，一些移民觉得朝九晚五不适应而不愿意就业。年轻人大部分愿意搬迁，年纪较大的移民因无文化无技术能力从事不了有技术含量的工作，因此年龄差异导致适应性的差异，进而影响移民的就业选择。

二　生态移民就业现状

当前，贵州省已经完成全部易地扶贫搬迁任务，并全面转入易地扶贫搬迁后续扶持发展阶段，其中就业扶持是最重要的内容也是最重要的任务。在2016年贵州省就出台了《贵州省易地扶贫搬迁就业和产业扶持实施意见》，推进搬迁贫困人口创业就业和产业增收，实现稳定脱贫，并提出搬迁到城镇安置的，必须确保每户一人以上实现稳定就业；搬迁到中心村继续从事农业生产经营的，必须逐户落实扶贫产业、扶贫项目和扶贫资金。要求做好就业创业培训、多渠道落实城镇安置就业：通过劳务输出、就近就地就业、公益岗位兜底等方式，多层次组织就业、做好农村安置产业扶持、支持自主创业、做好迁出地土地开发利用和全面落实社会保障政策，帮助移民尽快实现就业并给予就业保障。

为了支持易地扶贫搬迁政策的顺利实施，贵州省在易地扶贫搬迁上投入了大量的资金。2001—2005 年，全省易地扶贫搬迁共投入资金 14.27 亿元，人均投资 7110 元；2006—2010 年投入 9.92 亿元，人均投资 5450 元；2011 年总投资 2.34 亿元，人均投资 6273.5 元；2012—2015 年全省共投入资金 123.95 亿元，人均资金投入（不含农户自筹）达 19851 元；进入"十三五"时期，搬迁人口规模由 2012—2015 年年均搬迁 15 万人左右迅速扩大到年均 60 万人左右，人均投入水平由不到 2 万元迅速提高到 5 万元以上。大规模的资金投入为易地扶贫搬迁后续发展提供了坚实的基础。

目前实施的产业、创业、就业等政策优先安排易地扶贫搬迁人员享受，但由于产业发展还未能提供充足的就业岗位，政府公益性岗位极为有限，自主创业又缺乏一定的启动资金等原因，导致相关政策落实并不理想。比如，在某些地区开展的微小企业创业补助和妇女小额扶贫贷款等自主创业扶持政策均要求优先安排生态移民搬迁户享受，可多数移民搬迁户由于缺少创业思路，真正实现自主创业的移民比例较低；又如，企业招收工人时，均优先安排生态移民报名就业，但大多数移民搬迁户要不就是长期在外务工，要不就是就业能力不足，无法进入相应的企业就业；还有政府提供的有限的公益性岗位居然也存在没人愿意干的情况，究其原因是无法适应公务员式的工作方式。这些现实的问题给生态移民充分就业造成了阻碍。

为了提升生态移民的就业能力，提高生态移民的就业率，各级政府都举办了各种类型的就业培训，而且优先安排生态移民参与其中。此外，企业也根据自身的岗位需求，开展针对性的就业培训。通过一系列的就业培训，部分移民提升了自身的就业能力，获得了就业岗位，实现了自身的可持续发展。但也有部分移民并未从就业培训中获得好处，即便通过培训获得就业岗位但也会因为各种各样的原因而无法实现稳定就业，比如培训内容无法满足就业需求、移民自身素质限制无法完成相关培训导致就业后的不适应等。还有部分移民根本不愿意参与政府或企业培训。这是移民自身原因导致的问题，当然就业培训本身可能存在一定的问题，比如提供的培训内容单一、培训时间较短、培训管理和安排不合理等问题，导致培训效果不佳，难以满足移民实现就业所需要的技能，另外，相关培训也无法提供相应的资格证书，无法拓展移民的就业领域。易地扶贫搬迁是否能够让贫困人口真正实现脱贫，就业及与就业相关的任何环节都是非常重要的，就业培训效果不佳、产业支撑乏力等都会使易地扶贫搬迁政策大打折扣，而这些客观问题的存在必然会影响生态移民的就业适应能力。

第三节 生态移民就业适应性状况

上文已界定了生态移民就业适应性的概念，即生态移民为适应新的生存环境去寻找维持生计的工作机会，不断调整自身条件使其能够稳定从事某职业。在调查问卷中，为避免被访者对某些概念不理解，采用替换较能理解的简单词，比如调查生态移民的就业满意度，即对当前所从事的职业是否感到满意，也是间接表现就业适应性的状况，如果就业满意度为满意，则就表示就业适应；如果就业满意度为不满意，则表示就业不适应。统计结果显示321位被访者中有69.8%对就业满意，则说明这部分人对就业也是适应的。所以，本章将以就业满意度作为就业适应性的代理变量。下面我们先来看看生态移民在不同特征下的就业适应性状况，将这些特征与就业适应性进行交叉分析。

一 个人特征

从表13-3中的统计分析结果看，男性比女性对就业更适应；虽然文化程度的P值小于0.05，但从交叉分析中无法体现出正向还是负向相关，因为文盲和初中文化程度的生态移民对就业的适应性比例一样，且该样本中大专以上的生态移民数量太少，显示的比例不足以判断出相关趋势；从事务农和体力劳动职业的移民虽然对就业适应相对较低但比重也超过了50%；被访者对未来无论是否有信心都对就业适应性表现出了较高比重的适应，但P值大于0.1，说明这一因素并不显著；年龄的P值大于0.1，说明年龄对就业适应性无显著相关性，但实际情况应该是年轻人比中老年人对就业更适应，中年人比老年人对就业更适应，导致这一结果的可能原因是年龄是一个连续变量，就业适应性是赋值型因变量，两者较难体现相关关系。只有性别、文化程度和从事职业与就业适应性具有显著相关性。

表 13-3　　个人特征与就业适应性的交叉分析

变量	就业适应性（%）不适应	就业适应性（%）适应	P 值	变量	就业适应性（%）不适应	就业适应性（%）适应	P 值
性别	—	—	0.010	从事职业	—	—	0.013
男	25.9	74.1	—	务农	35.3	64.7	—
女	40.2	59.8	—	体力劳动	36.6	63.4	—
文化程度	—	—	0.037	半体力劳动	25.0	75.0	—
文盲	26.9	73.1	—	非体力劳动	0.0	100.0	—
小学	43.4	56.6	—	自主经营	15.3	84.7	—
初中	27.9	72.1	—	退休	20.0	80.0	—
高中（含中专和职高）	17.9	82.1	—	对未来信心	—	—	0.441
大专	10.0	90.0	—	是	29.6	70.4	—
大学	0.0	100.0	—	否	16.7	83.3	—
年龄	—	—	0.791	不知道	38.7	61.3	—

二　家庭特征

从表 13-4 中可看出，在家庭特征变量中，随着人均收入的增加，移民对就业愈加适应；目前收入能基本或有剩余满足家庭生活所需的移民对就业适应性较高，认为收入不能满足生活所需的移民认为就业不适应的比重超过 50%；无论目前家庭有没有需要偿还的债务，大部分移民对就业比较适应，有偿还债务的移民比无偿还债务的移民对就业不适应比重大一些；家庭中没有学龄儿童的移民对就业较适应，有学龄儿童但没有上学的移民对就业适应评价中等，适应与不适应各占一半，有学龄儿童的移民家庭不管对儿童上学质量是否满意都对就业较适应，因为教育成本的增加进一步增加了消费支出，在自身条件受限的情况下也必须去适应工作，以保证家庭的生活开支；家庭中的劳动力占比与就业适应性有显著相关性，但男劳动力占比对移民的就业适应性无显著影响。人均收入、目前收入对生活所需的满意度及目前有无偿还的债务这 3 个变量与就业适应性有显著相关性。

表 13-4　　　　　家庭特征与就业适应性的交叉分析

变量	就业适应性（%）			变量	就业适应性（%）		
	不适应	适应	P 值		不适应	适应	P 值
人均收入	—	—	0.000	目前有无偿还的债务	—	—	0.032
2700 元及以下	47.1	52.9	—	无	18.6	81.4	
2701—5000 元	39.7	60.3	—	有	32.8	67.2	
5001—7500 元	33.3	66.7		学龄儿童上学	—	—	0.190
7501—10000 元	12.5	87.5		无学龄儿童	24.8	75.2	
10001 元及以上	17.2	82.8		有学龄儿童没上学	50.0	50.0	
目前收入对生活所需	—	—	0.000	对上学质量满意度	36.5	63.5	
能满足且部分剩余	14.3	85.7		基本满意	31.2	68.8	
基本满足	25.0	75.0		不满意	20.0	80.0	
不能满足	54.3	45.7			—	—	
劳动力占人口比重	—	—	0.061	男劳动力占劳动力比重	—	—	0.215

三　政策福利

从表 13-5 中可以看出，不享受任何优惠福利政策的移民对就业适应的比重较高，其中不享受新型农村合作医疗补贴、农村居民最低生活保障和就业政策的移民对就业适应比重超过 70%，说明不享受任何政策的生态移民对就业更适应。对各项福利政策满意的移民对就业适应比重较高，其中对住房政策、土地政策、社保政策满意的移民对就业适应的比重超过 80%；对各项福利一般或基本满意的移民对就业适应的比重低于 70%，其中对住房政策一般满意的移民对就业不适应比重超过 50%，对农村居民最低生活保障基本满意的移民对就业适应与不适应的比重各占一半；对各项福利不满意的移民对就业表现出了极大的不适应；对于惠农补贴是否及时或足额到位这一因素 P 值大于 0.1，因此不显著相关。对住房政策、土地政策、社保政策、新型农村合作医疗补贴、农村居民最低生活保障和新型农村社会养老保险的满意度对与业适应性具有显著相关性。

表13-5　　　　　　　政策福利与就业适应性的交叉分析

变量	就业适应性（%）			变量	就业适应性（%）		
	不适应	适应	P值		不适应	适应	P值
住房政策	—	—	0.000	社保政策	—	—	0.001
不享受	35.4	64.6	—	不享受	37.0	63.0	—
满意	19.1	80.9		满意	19.2	80.8	
一般	53.8	46.2		一般	48.6	51.4	
不满意	50.0	50.0		不满意	38.5	61.5	
土地政策	—	—	0.004	惠农补贴	—	—	0.246
不享受	35.6	64.4		不享受	41.7	58.3	
满意	14.9	85.1		能及时足额到位	27.8	72.2	
一般	36.8	63.2		基本能按时足额发放	29.6	70.4	
不满意	42.9	57.1		能足额到位但老拖	0.0	100.0	
就业政策	—	—	0.354	不能足额到位	42.9	57.1	
不享受	28.9	71.1		新型农村合作医疗补贴	—	—	0.005
满意	36.4	63.6		不享受	26.7	73.3	
一般	40.0	60.0		满意	28.0	72.0	
不满意	57.1	42.9		基本满意	30.8	69.2	
产业政策	—	—	0.676	不满意	87.5	12.5	
不享受	29.5	70.5		农村居民最低生活保障	—	—	0.036
满意	42.9	57.1		不享受	27.5	72.5	
一般	33.3	66.7		满意	41.2	58.8	
不满意	50.0	50.0		基本满意	50.0	50.0	
创业政策	—	—	0.293	不满意	75.0	25.0	
不享受	31.1	68.9		新型农村社会养老保险	—	—	0.000
满意	20.0	80.0		不享受	49.0	51.0	
一般	20.0	80.0		满意	23.0	77.0	
不满意	66.7	33.3		基本满意	30.3	69.7	
				不满意	77.8	22.2	

四　就业环境

从表13-6中看出，对生活条件、居住条件不满意的移民对就业不适应的比重大于适应比重,而对交通条件、医疗卫生条件、通信条件及文化条件不满意的移民对就业适应的比重介于 50%—60%,但对这些条件满意的移民都对就业适应超过 70% 的比重,说明对基础设施条件满意的生态移民对就业适应性较高。经常受到当地人排斥的移民全部对就业不适应,偶尔或不会受到当地人排斥的移民对就业适应的比重超过 60%,说明能够融入当地社会交际圈、能被当地人接纳的生态移民对就业适应性较好。对新安置点生产生活方式不适应的移民对就业不适应与适应比重相同,适应生产生活方式的移民对就业有较高的适应性。生活条件在 1% 水平上具有显著性,医疗卫生条件、文化条件、居住条件、生产条件、生产生活方式适应性在 5% 水平上具有显著性,通信条件在 10% 水平上具有显著性。所以生活条件、医疗卫生条件、文化条件、居住条件、生产条件、生产生活方式适应性、通信条件这 7 个变量与就业适应性有显著相关性。

表 13-6　　就业环境指标与就业适应性的交叉分析

变量	就业适应性 (%)			变量	就业适应性 (%)		
	不适应	适应	P值		不适应	适应	P值
生活条件	—	—	0.004	居住条件	—	—	0.000
不满意	51.4	48.6	—	不满意	71.4	28.6	—
满意	27.6	72.4	—	满意	26.3	73.7	—
交通条件	—	—	0.177	生产条件	—	—	0.000
不满意	40.6	59.4	—	不满意	50.5	49.5	—
满意	29.1	70.9	—	满意	19.5	80.5	—
医疗卫生条件	—	—	0.044	当地人排斥	—	—	0.278
不满意	48.0	52.0	—	经常	100.0	0.0	—
满意	28.7	71.3	—	偶尔	40.0	60.0	—
通信条件	—	—	0.052	不会	29.8	70.2	—
不满意	43.6	56.4	—	生产生活方式适应性	—	—	0.022
满意	28.4	71.6	—	不适应	50.0	50.0	—
文化条件	—	—	0.000	适应	28.5	71.5	—
不满意	47.4	52.6	—	—	—	—	—
满意	24.7	75.3	—	—	—	—	—

第四节　影响生态移民就业适应性的实证分析

一　模型构建

（一）模型简介

Logistic 回归模型是用于研究分类观察结果与影响因素之间关系的一种多变量非线性分析方法，也为概率型非线性回归模型。[①] Logistic 回归分析多分析当变量为虚拟变量取值的情况，根据因变量取值数量可分为二分类和多分类。二分类 Logistics 回归模型中因变量只能取两个值（一般为 0 和 1），而多分类 Logistic 回归可取多个值。[②] 本章研究涉及的变量为两个，所以采用二分类 Logistic 回归模型。

（二）模型理论

考虑具有 n 个独立变量的向量 $X=(x_1+x_2\cdots+x_3)$，设条件概率 $P(y=1|x)=p$ 为根据观测量相对于某事件 x 发生的概率。那么 Logistic 回归模型可以表示为：

$$p(y=1|x)=\pi(x)=\frac{1}{1+e^{-g(x)}}$$

其中，$g(x)=w_0+w_1x_1+\cdots+w_nx_n$，那么在 x 条件下 y 不发生的概率为：

$$p=(y=0|x)=1-p(y=1|x)=1-\frac{1}{1+e^{-g(x)}}=\frac{1}{1+e^{g(x)}}$$

所以事件发生与不发生的概率之比为：

$$\frac{p(y=1|x)}{p(y=0|x)}=\frac{p}{1-p}=e^{g(x)}$$

这个比值为事件的发生比，简记为 odds，对 odds 取对数得到：

$$\ln\left(\frac{p}{1-p}\right)=g(x)=w_0+w_1x_1+\cdots+w_nx_n$$

[①] 张鹏：《体外冲击波治疗上尿路结石的疗效预测：人工神经网络和 Logistic 回归模型的建立与比较》，博士学位论文，南方医科大学，2012 年。

[②] 张文彤、董伟：《SPSS 统计分析高级教程》，高等教育出版社 2004 年版。

可以看出 Logistic 回归都是围绕一个 Logistic 函数来展开的。

二 变量选择与处理

上文中拟选择有 30 个变量,已分别对这 30 个变量与就业适应性进行交叉分析,结果只有 19 个变量与就业适应性有显著相关性。如果将这 30 个变量全部一次性导入 Logistic 模型则只有 5 个变量具有显著影响,即从事职业、目前收入对生活所需、土地政策、居住条件和生产条件。但从实际情况来看,还有其他因素对就业适应性也是存在影响的,如住房政策、人均纯收入等。故本章采用多次回归,综合评定影响因素的方法进行分析:

(1) 先将 30 个变量分别与就业适应性进行 Logistic 回归,观察 P 值是否显著。挑选出显著因素。

(2) 在上文单因素的交叉分析基础上,将 19 个显著变量全部一次性导入 Logistic 模型做二元回归,观察其显著性。

(3) 将 (1) 中逐个回归的显著因素与 (2) 中回归后的显著因素综合,再将这些综合变量全部导入 Logistic 模型,最后得出显著因素即是就业适应性的影响因素(见表 13-7)。

表 13-7 相关指标描述

	模型因变量	变量说明	最小值	最大值	均值	标准差	预测作用方向
	就业适应性	0=不适应,1=适应	0	1	0.7	0.46	
	模型自变量	变量说明	最小值	最大值	均值	标准差	
个人特征因素	性别	0=女,1=男	0	1	0.70	0.46	+
	年龄	连续变量	20	78	44.60	12.42	−
	文化程度	1=文盲,2=小学,3=初中,4=高中(含中专和职高),5=大专,6=大学	1	6	2.58	0.99	+
	从事职业	1=务农,2=体力劳动,3=半体力劳动,4=非体力劳动,5=自主经营,6=退休	1	6	2.24	1.58	+/−
	未来信心	1=是,2=否,3=不知道	1	3	1.21	0.60	−

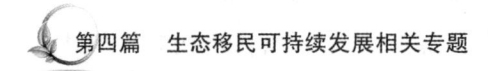

续表

	模型因变量	变量说明	最小值	最大值	均值	标准差	预测作用方向
	就业适应性	0＝不适应，1＝适应	0	1	0.7	0.46	
	模型自变量	变量说明	最小值	最大值	均值	标准差	
家庭特征因素	人均纯收入	1＝2700元及以下，2＝2701—5000元，3＝5001—7500元，4＝7501—10000元，5＝10001元及以上	1	5	3.04	1.52	＋
	目前收入对生活所需	1＝不能满足，2＝能满足且部分剩余，3＝基本满足	1	3	2.11	0.56	＋
	家庭劳动力占人口比重	连续变量	0	1	0.59	0.22	＋
	男劳动占总劳动力比重	连续变量	0	1	0.54	0.21	＋
	目前有无偿还债务	0＝无，1＝有	0	1	0.82	0.39	－
	学龄儿童上学	0＝无学龄儿童，1＝没上学，2＝不满意，3＝基本满意，4＝满意	0	4	1.10	1.18	＋/－
政策福利	住房政策	0＝不享受，1＝不满意，2＝一般，3＝满意	0	3	0.69	0.75	＋
	土地政策	0＝不享受，1＝不满意，2＝一般，3＝满意	0	3	0.45	0.71	＋
	就业政策	0＝不享受，1＝不满意，2＝一般，3＝满意	0	3	0.17	0.55	＋
	产业政策	0＝不享受，1＝不满意，2＝一般，3＝满意	0	3	0.08	0.36	＋
	创业政策	0＝不享受，1＝不满意，2＝一般，3＝满意	0	3	0.15	0.47	＋
	社保政策	0＝不享受，1＝不满意，2＝一般，3＝满意	0	3	0.79	0.79	＋
	惠农补贴	0＝不享受，1＝不能足额到位，2＝能足额到位但老拖，3＝基本能按时足额发放，4＝能及时足额到位	0	4	1.10	0.74	＋

续表

模型因变量		变量说明	最小值	最大值	均值	标准差	预测
就业适应性		0=不适应，1=适应	0	1	0.7	0.46	作用
模型自变量		变量说明	最小值	最大值	均值	标准差	方向
政策福利	新型农村合作医疗补贴	0=不享受，1=不满意，2=一般，3=满意	0	3	1.29	0.59	+
	农村居民最低生活保障	0=不享受，1=不满意，2=一般，3=满意	0	3	0.21	0.55	+
	新型农村社会养老保险	0=不享受，1=不满意，2=一般，3=满意	0	3	1.14	0.70	+
就业环境	生活条件	0=不满意，1=满意	1	2	1.11	0.31	+
	交通条件	0=不满意，1=满意	1	2	1.10	0.30	+
	医疗卫生条件	0=不满意，1=满意	1	2	1.08	0.27	+
	通信条件	0=不满意，1=满意	1	2	1.12	0.33	+
	文化条件	0=不满意，1=满意	1	2	1.24	0.43	+
	居住条件	0=不满意，1=满意	1	2	1.09	0.28	+
	生产条件	0=不满意，1=满意	1	2	1.35	0.48	+
	当地人排斥移民	1=经常，2=偶尔，3=不会	1	3	2.98	0.17	+
	生产生活方式适应性	0=不适应，1=适应	1	2	1.08	0.27	−

三 结果分析

生态移民中有69.8%对就业表现为适应。在探究生态移民就业适应性的影响因素时，以就业适应性作为因变量，首先对所有可能的30个自变量进行Logistic单因子回归，筛选出显著因素；其次对交叉分析得出的与就业适应性有相关性的变量进行Logistic多因素回归，同样筛选出显著因素；最后综合前两次筛选出的显著因素再进行一次多因素Logistic回归，结果显示有9个显著因素。其中6个因素（文化程度、从事职业、人均纯收入、土地政策、居住条件、生产条件）在0.05水平下显著，3个因素（惠农补贴、农村居民最低生活保障、新型农村社会养老保险）在0.1水平下显著。

（1）表13-8显示的是将30个变量逐个进行Logistic回归的结果，

其中有 20 个因素对就业适应性有显著影响。特别显著即在 0.01 显著性水平的影响因素有：从事职业、人均纯收入、目前收入对生活所需、土地政策、新型农村社会养老保险、生活条件、文化条件、居住条件及生产条件，且这些因素的相关系数都为正数，说明所从事的职业越是非体力工作的生态移民对就业越适应，人均收入越高对就业越适应，目前收入对生活所需及对优惠政策、各种条件满意的对就业越适应。在单因素做回归分析时影响因素较多，但影响就业是否适应是多种因素综合影响的结果，所以还需对影响因子进一步做回归分析。

表 13-8　　　　　　　　　　逐个回归结果

变量	B	S.E	Walds	df	Sig.	Exp（B）
性别（X_1）	0.655	0.257	6.479	1	0.011**	1.924
年龄（X_2）	-0.003	0.010	0.086	1	0.769	0.997
文化程度（X_3）	-0.192	0.339	0.319	1	0.572	0.826
从事职业（X_4）	0.292	0.900	10.420	1	0.001***	1.339
未来信心（X_5）	0.254	0.368	0.478	1	0.499	1.290
人均纯收入（X_6）	0.414	0.087	22.433	1	0.000***	1.513
目前收入对生活所需（X_7）	1.352	0.282	22.922	1	0.000***	3.864
家庭劳动力占人口比重（X_8）	1.046	0.584	3.212	1	0.073*	2.846
男劳动占总劳动力比重（X_9）	-0.092	0.567	0.027	1	0.871	0.912
目前有无偿还债务（X_{10}）	0.757	0.359	4.442	1	0.035**	0.469
学龄儿童上学（X_{11}）	-0.515	0.246	4.387	1	0.036**	0.597
住房政策（X_{12}）	0.446	0.244	3.327	1	0.068*	1.562
土地政策（X_{13}）	0.771	0.275	7.857	1	0.005***	2.161
就业政策（X_{14}）	-0.543	0.372	2.128	1	0.145	0.581
产业政策（X_{15}）	-0.554	0.481	1.325	1	0.250	0.575
创业政策（X_{16}）	0.374	0.403	0.865	1	0.352	1.454
社保政策（X_{17}）	0.526	0.246	4.555	1	0.033**	1.692
惠农补贴（X_{18}）	0.598	0.322	3.443	1	0.064*	1.818
新型农村合作医疗补贴（X_{19}）	-0.183	0.597	0.094	1	0.759	0.833
农村居民最低生活保障（X_{20}）	-0.804	0.320	6.315	1	0.012**	0.448
新型农村社会养老保险（X_{21}）	0.962	0.317	9.219	1	0.002***	2.617

续表

变量	B	S.E	Walds	df	Sig.	Exp（B）
生活条件（X_{22}）	1.020	0.363	7.896	1	0.005***	2.774
交通条件（X_{23}）	0.513	0.383	1.796	1	0.180	1.67
医疗卫生条件（X_{24}）	0.829	0.420	3.890	1	0.049**	2.291
通信条件（X_{25}）	0.668	0.349	3.670	1	0.055*	1.951
文化条件（X_{26}）	1.012	0.271	13.938	1	0.000***	2.752
居住条件（X_{27}）	1.948	0.439	19.696	1	0.000***	7.013
生产条件（X_{28}）	1.434	0.258	31.009	1	0.000***	4.197
当地人排斥移民（X_{29}）	0.855	0.826	1.072	1	0.301	2.351
生产生活方式适应性（X_{30}）	0.921	0.413	4.976	1	0.026**	2.512

注：***代表 P<0.01，**代表 P<0.05，*代表 P<0.1。

（2）前文已经对相关变量与就业适应性做了交叉分析，得到具有相关性的变量有19个，用 Logistic 模型对这19个变量进行回归分析，结果如13-9所示，有9个因素是显著影响的，基本都在0.05和0.1的显著水平下影响显著。

表13-9　　　　　　　　　交叉分析基础上的回归结果

变量	B	S.E	Walds	df	Sig.	Exp（B）
性别（X_1）	0.592	0.343	2.978	1	0.084*	1.808
文化程度（X_3）	-0.905	0.458	3.907	1	0.048**	0.405
从事职业（X_4）	0.222	0.105	4.446	1	0.035**	1.248
人均纯收入（X_6）	0.189	0.109	3.002	1	0.083*	1.208
目前收入对生活所需（X_7）	0.627	0.367	2.911	1	0.088*	1.871
目前有无偿还债务（X_{10}）	-0.700	0.444	2.486	1	0.115	0.497
住房政策（X_{12}）	-0.576	0.442	1.699	1	0.192	0.562
土地政策（X_{13}）	0.788	0.415	3.608	1	0.058*	2.199
社保政策（X_{17}）	0.105	0.387	0.074	1	0.786	1.111
新型农村合作医疗补贴（X_{19}）	-1.166	0.814	2.053	1	0.152	0.312
农村居民最低生活保障（X_{20}）	-0.605	0.401	2.274	1	0.132	0.546
新型农村社会养老保险（X_{21}）	0.857	0.428	4.015	1	0.045**	2.355

续表

变量	B	S.E	Walds	df	Sig.	Exp（B）
生活条件（X_{22}）	0.001	0.494	0.000	1	0.999	1.001
医疗卫生条件（X_{24}）	0.276	0.543	0.258	1	0.611	1.318
通信条件（X_{25}）	0.322	0.441	0.536	1	0.464	1.381
文化条件（X_{26}）	0.452	0.345	1.718	1	0.190	1.572
居住条件（X_{27}）	1.380	0.557	6.130	1	0.013**	3.976
生产条件（X_{28}）	0.653	0.334	3.827	1	0.050**	1.922
生产生活方式适应性（X_{30}）	0.182	0.541	0.114	1	0.736	1.200
常量	-1.846	1.177	2.457	1	0.117	0.158

注：***代表 $P<0.01$，**代表 $P<0.05$，*代表 $P<0.1$。

（3）将（1）和（2）中得到的显著因素综合，去两者的并集，可以发现就是在（1）中显著因素的基础上再增加一个文化程度因素，这样逐步回归之后得到的结果如表13－10所示，共有9个变量具有显著性，其中文化程度、从事职业、人均纯收入、土地政策、居住条件、生产条件这6个因素在0.05水平下显著，惠农补贴、农村居民最低生活保障、新型农村社会养老保险这3个因素在0.1水平下显著。

表13－10　　　　　　　　　综合因素回归结果

	B	S.E	Walds	df	Sig.	Exp（B）
性别（X_1）	0.536	0.351	2.335	1	0.126	1.709
文化程度（X_3）	-0.902	0.452	3.987	1	0.046**	0.406
从事职业（X_4）	0.232	0.105	4.876	1	0.027**	1.261
人均纯收入（X_6）	0.219	0.109	4.013	1	0.045**	1.245
目前收入对生活所需（X_7）	0.598	0.368	2.645	1	0.104	1.819
家庭劳动力占人口比重（X_8）	0.740	0.695	1.133	1	0.287	2.096
目前有无偿还债务（X_{10}）	-0.644	0.448	2.061	1	0.151	0.525
学龄儿童上学（X_{11}）	-0.103	0.305	0.114	1	0.736	0.902
住房政策（X_{12}）	-0.562	0.439	1.642	1	0.200	0.570
土地政策（X_{13}）	0.861	0.422	4.167	1	0.041**	2.365

续表

	B	S.E	Walds	df	Sig.	Exp（B）
社保政策（X_{17}）	0.060	0.383	0.025	1	0.875	1.062
惠农补贴（X_{18}）	-0.750	0.437	2.945	1	0.086*	0.473
农村居民最低生活保障（X_{20}）	-0.707	0.396	3.179	1	0.075*	0.493
新型农村社会养老保险（X_{21}）	0.751	0.408	3.384	1	0.066*	2.119
生活条件（X_{22}）	-0.105	0.493	0.045	1	0.832	0.901
医疗卫生条件（X_{24}）	0.393	0.538	0.533	1	0.465	1.481
文化条件（X_{26}）	0.487	0.340	2.050	1	0.152	1.628
居住条件（X_{27}）	1.427	0.563	6.414	1	0.011**	4.165
生产条件（X_{28}）	0.826	0.334	6.118	1	0.013**	2.285
生产生活方式适应性（X_{30}）	0.258	0.533	0.234	1	0.629	1.294
常数	-2.682	1.054	6.475	1	0.011	0.068

注：***代表 $P<0.01$，**代表 $P<0.05$，*代表 $P<0.1$。

根据表13-10的回归结果，对具有显著影响的变量逐个进行分析和解释。

（1）文化程度。表13-10中相关系数为负说明文化程度对就业适应性具有负影响，即文化程度越高，生态移民对就业越不适应。从样本中可以看出生态移民的文化程度普遍集中于小学与初中，年龄越大文化程度越低，从侧面能反映出中老年人虽然文化程度低，只能从事体力型工作，但比较满足这种状态，而文化程度较高的年轻人则不安于高投入、低回报的简单劳动工作，往往因为付出与报酬不呈比例而对就业产生不满，体现了对就业的不适应状况。所以不管文化程度高低，就业过程中应保持乐观的心态，不断学习以提升个人的综合技能，而不是认为自身文化程度高就不进低门槛的行业。

（2）从事职业。该变量对就业适应性有正影响，即从事非体力劳动工作的生态移民比从事体力劳动的生态移民对就业更适应，越是体力劳动的工作，如务农、搬砖等，体力投入多但获得的收入报酬少，并且生态移民中的大部分农民没有从事过稳定的工作，没有固定的收入，干活获得的报酬也只是短暂补充生活所需，无长远打算，所以常常会抱怨经济收入低无法维持生计，对就业产生不满情绪。而从事非体力劳动工作的生态移民相当于有了稳定收入，可以支撑家庭经济开支，因此对就业比较适应。

（3）人均纯收入。该变量对就业适应性有正影响，即人均纯收入越高的生态移民对就业越适应。收入越高代表生态移民越能够维持生计，即使搬迁至新安置点消费成本增加，收入越高越能够满足生活开支所需。收入越高还意味着就业情况好，工作好收入高，所以生态移民对就业比较适应。

（4）土地政策。该变量对就业适应性有正影响，即享受土地政策的生态移民对就业更适应。土地是农民的根，生活在落后山区的生态移民曾经靠天喝水、靠地吃饭，土地政策中有农民可以先用后报征用土地，这就提供了务农工作，土地若被集体承包所获得的收益归移民所有，这样生态移民就可以从事除了务农以外的其他工作，相对生活收入增加，因此对就业比较适应。

（5）惠农补贴。该变量对就业适应性具有负影响，即享受惠农补贴的生态移民对就业更不适应。能够享受惠农补贴的生态移民原本就是生活特别贫困的农民，或者是本身行动不便等丧失劳动力的但家中有农用地的农民，文化水平低、无劳动技能，搬迁至新安置点后，生活还是贫困，仅有的积蓄里有一部分是惠农补贴，也无法从事除务农以外的工作，而在新安置点务农的机会很少，回原居住地务农也需要来回车费开支，这部分人群依旧经济困难，就业能力也比较弱，所以对就业并不适应。

（6）农村居民最低生活保障。该变量对就业适应性具有负影响，即享受农村居民最低生活保障的生态移民对就业不适应。说明这部分生态移民属于经济特困户，就算国家或政府给予补贴也还是难以支撑其在新安置点相对较高开支的生活，这部分人群往往为老年人或家中有残疾人士的，本身就缺乏劳动力，因此也难以就业。

（7）新型农村社会养老保险，简称"新农保"。该变量对就业适应性具有正影响，即享受新型农村社会养老保险的生态移民对就业比较适应。养老保险比例缴纳越高，退休后领到的养老金就会越多，即使退休后没有工作也能靠养老金保障老年生活所需。新农保由个人缴费、集体补助、政府补贴三部分构成，集体补助和政府补贴是由客观因素决定的，但个人缴费部分实行多缴多得，因此这会促使移民就业以获取更多收入来缴纳更多新农保，以确保退休后得到的养老金更多。还有，如果就业单位待遇较好能够解决员工的五险一金，移民的就业动力就更充足。所以对新农保政策越满意的生态移民越会去就业，也会去适应就业，以获得更多收入。

（8）居住条件。该变量对就业适应性具有正影响，即对居住条件满意的生态移民对就业较适应。居住条件是生活之本，居住环境的好坏决定了生态移民能否在安置点可持续生活下去。对居住条件满意的生态移民，说明住房建筑质量高，所投入在住房建设上的费用较高，移民还债压力就会越大，这种压力会促使移民通过就业来获取收入并还贷。居住条件越好的生态移民越有就业动力，会主动适应就业。

（9）生产条件。该变量对就业适应性具有正影响，即对生产条件满意的生态移民对就业较适应。生产条件能够给移民带来收入，因此生产条件越好，就业条件就越好，移民就更愿意就业。就业后对所从事的职业会越来越满意，进而越来越适应。

第五节　结论与建议

自易地扶贫搬迁实施以来，越来越多的生态移民搬迁至新安置点，并逐渐适应新的生产生活环境。从中央到地方出台了一系列的政策措施去帮扶易地扶贫搬迁群体尽快适应新的生产生活环境，促进生态移民获得稳定的收入来源。就业是获得稳定收入来源的可持续方式，生态移民的就业适应性越强就越能获得稳定的收入来源并促进自身的可持续发展。本章在认真分析贵州省生态移民现状的基础上，对生态移民的就业现状、就业适应状况及影响就业适应性的因素做了全面剖析，由此获得了一些非常有价值的结论：

（1）生态移民就业所从事的职业以外出打工和务农为主，自主创业的比重也在逐渐增加。外出打工以省外打工为主，务农以回原居住地为主，自主创业以商业服务业、餐饮服务业为主。

（2）生态移民中有69.8%对就业适应性较好，在分析生态移民就业适应性状况时采用交叉分析，对与就业适应性具有相关性的变量进行分析，从个人特征、家庭特征、政策福利及就业环境四个方面来分析。结果显示有19个变量与就业适应性具有相关关系。

（3）探究影响就业适应性的因素时，先进行单因素回归再进行多因素回归的结合方法，综合得出影响因素有9个，即6个因素（文化程度、从事职业、人均纯收入、土地政策、居住条件、生产条件）在0.05水平下显著，3个因素（惠农补贴、农村居民最低生活保障、新型农村社会养老保险）在0.1水平下显著。

从实证分析的结果，我们发现对生态移民就业适应性产生显著影响的因素主要分为三类，一类涉及移民就业能力，一类涉及就业政策和制度，一类涉及就业环境。首先，较低的文化程度和技能水平导致的就业能力不足是生态移民获得稳定就业及提高就业适应性的内在障碍，因此，当务之急必须为生态移民提供满足移民自身需求和市场需求的就业创业培训，最大限度地提升生态移民的就业能力，获得稳定的收入来源，增强就业适应性。其次，全面的就业配套政策及完善的社会保障制度是生态移民获得稳定就业及提高就业适应性的充分保障。应尽可能扩大各项政策对生态移民的惠及力度，同时完善有利于就业的社会保障制度。政府出台的一系列就业配套政策对移民就业产生积极的影响；还可为生态移民提供就业扶持基金，充分吸纳社会各种渠道的资金，用于生态移民的就业服务和就业培训支持，为促进生态移民充分就业提供实质性的帮助。此外，政府应为生态移民提供完善的社会保障制度，并确保生态移民充分享受各类社会保障，如社会养老保险、医疗保险、最低生活保障、就业保障等，完善这些保障制度有利于生态移民在社会生存中找到安全感，积极努力地去适应新的环境，促进就业适应性的提高。最后，发展良好的经济环境和强有力的产业基础是生态移民获得稳定就业及提高就业适应性的重要基础。应强化产业支撑能力，想方设法推动产业更快更好发展，优化生态移民的就业环境，提供满足需求的就业岗位。

第十四章

生态移民生计风险影响因素研究①

第一节 文献综述

一 生计风险的概念

现代汉语词典对"风险"的定义为：可能发生的危险。生计风险则是"对农户生计发展有不利影响的事件的统称"。② Beck（1984）将"风险"视为现代社会的一大特征，认为存在风险是社会发展的常态，甚至认为"风险社会"是一种新的社会形态。③ 农户生计风险的研究在近几年日渐丰富，国内外学者对农户生计风险的识别主要集中研究移民地区农户（包括生态移民、水库移民等地区的农户）的生计风险、灾区农户的生计风险、生态脆弱地区农户的生计风险以及贫困地区农户的生计风险。生计风险的划分没有统一的标准，万文玉等学者按照农户生计风险的来源进行划分，这类研究通过对农户的访谈，设计调查问卷，通过询问农户"您目前最担心的生计问题有哪些"来获取生计风险的

---

① 本章使用的是 2017 年 2 月的调研数据，对 394 份有效问卷进行认真筛选，最后确定 384 个样本进行本章分析。
② 汪秀芬：《农户生计脆弱性研究——以广西长岗社区为例》，硕士学位论文，中国农业大学，2007 年。
③ 许汉石、乐章：《农户的养老风险及其规避——基于生计资本视角的实证研究》，《中南财经政法大学研究生学报》2010 年第 3 期。

信息，主要包括自然、市场、健康、教育、就业、经济、养老及政策风险。① 潘国臣等学者基于可持续分析框架，将其分为人力资本风险、自然资本风险、金融资本风险、物质资本风险、社会资本风险以及生计策略风险。②

二 生计风险的影响因素

我国学者对生计风险影响因素的研究可以按照研究方法的不同，大致划分为以下两种类型：

第一种研究类型以实地调查研究为主，主要通过问卷调查、访谈等方式获得生计风险研究第一手资料，如孔寒凌、吴杰（2007）实证研究了江西乐安县贫困农户的生计风险，运用调查问卷的方式通过感知风险的测量③，收集到了大量农户最担心的风险类型，并加以不同级别的区分，同时对每一种风险的成因进行了实证分析，但是他们对生计风险的成因分析略浅显皮毛，并没有深入分析它们之间的影响机制，也未建立模型来科学检验。许汉石、乐章（2012）也通过调查问卷的方式整合出农产面临大病、子女教育、农业收入、自然、养老、社会、政策等七类生计风险④，并进一步研究了农户生计资本对生计风险的影响，并且提出生计风险的大小与生计策略有着密切的联系。郭圣乾、张纪伟（2013）利用因子分析法对农户生计资本调查数据进行分析后发现农户生计资本的脆弱性在空间格局上存在差异⑤，尤以金融资本和人力资本上的空间差异性最大，这主要是受到农户家庭可用资金数量、劳动力的就业及教育和职业培训状况。⑥ 郑瑞强、王英等学者在研究易地扶贫搬

---

① 万文玉、赵雪雁、王伟军、薛冰：《高寒生态脆弱区农户的生计风险识别及应对策略》，《经济地理》2017年第37期。
② 潘国臣、李雪：《基于可持续生计框架（SLA）的脱贫风险分析与保险扶贫》，《保险研究》2016年第10期。
③ 孔寒凌、吴杰：《农户生计风险研究：以江西乐安县为例》，《广西民族大学学报》（哲学社会科学版）2007年第6期。
④ 许汉石、乐章：《生计资本、生计风险与农户的生计策略》，《农业经济问题》2012年第10期。
⑤ 郭圣乾、张纪伟：《农户生计资本脆弱性分析》，《经济经纬》2013年第3期。
⑥ 赵雪雁：《生计资本对农牧民生活满意度的影响——以甘南高原为例》，《地理研究》2011年第4期。

迁时，将生计风险细分为丧失发展资源、失去公共服务、社会关系网络受损以及边缘化等，他们认为扶持政策的实施是影响这些生计资本的主要原因，并且将扶持政策梳理为财税政策、投资政策、产业政策、住房政策、土地政策、人口政策[①]等，最后提出要通过政策优化来削弱生计风险。由此可以看出，大部分的学者在研究生计风险的影响因素时，基本都会考虑到生计资本对其的影响，同时也有学者关注到了移民政策对生计风险的影响作用。

第二种研究类型是直接建立在可持续生计分析框架的理论上来分析生计风险问题，如苏芳、尚海洋（2012）在可持续生计方法分析框架基础上，运用多元 Logit 模型对农户风险应对策略的影响因素进行了实证研究，研究发现生计资本对生计风险有着复杂的计量关系。[②] 赵雪雁、赵海莉、赵春凤（2015）研究了石羊河下游农户的生计风险，她们采用 Logistic 模型分析表明人力资本、金融资本和社会资本是影响农户生计风险应对策略最重要的因素。[③] 潘国臣（2016）基于可持续生计框架，将脱贫风险按照内容概括为人力资产风险、自然资产风险、金融资产风险、物质资产风险、社会资产风险和生计策略风险，提出保险扶贫，但并没有从源头上解释生计风险产生的原因，保险扶贫的有效性有待商榷。彭峰、周银珍、李艳萍（2016）实证研究了三峡水库移民生计风险的影响因素，他们基于可持续生计方法分析框架，结合三峡水库移民本身的特点，识别出生计风险的影响因素主要包括生计资本、移民心理感知、地方政府角色定位、产业结构、就业机会、能源利用模式、生态环境、公共服务、社会保障和文化差异，再利用 ISM 模型建立多层次递阶结构深入分析，发现水库移民生计风险程度取决于生计资本变化

---

① 郑瑞强、王英、张春美：《扶贫移民适应期生计风险、扶持资源承接与政策优化》，《华中农业大学学报》（社会科学版）2015 年第 4 期。
② 苏芳、尚海洋：《农户生计资本对其风险应对策略的影响——以黑河流域张掖市为例》，《中国农村经济》2012 年第 8 期。
③ 赵雪雁、赵海莉、赵春凤：《石羊河下游地区农户的生计风险及应对策略——以民勤绿洲区为例》，《地理研究》2015 年第 5 期。

和移民心理感知差异，但深层原因是地方政府的角色定位。[1]

综上所述，根据国内学者对农户生计风险的文献研究，可以梳理出农户生计风险最主要的影响因素为生计资本以及政府制定的相关政策。尤其是生计资本与生计风险之间的研究十分透彻，但是并没有在一个成熟的逻辑体系内完整地将生计风险的影响因素深入挖掘出来。

三　生态移民家庭的生计风险

将生态移民与生计风险联系在一起研究的文献相当有限。迈克尔·M. 赛尼（2002）在其贫困风险理论中讲述，适应期扶贫移民可能遇到生计资产损失，引发致贫风险。[2] 郑瑞强、王英、张春美（2015）将扶贫移民适应期致贫风险按照风险的来源进行划分，总结为丧失原有生产生活资源风险、失去公共财产与服务风险、社会关系网络受损风险、移民健康水平下降风险和社会边缘化风险[3]，通过对江西省扶贫移民的实证研究发现，政策能否有效衔接是产生生计风险的主要因素。金莲等（2015）从国外生计理论研究出发，梳理了国内外生计资本、生计模式和生计风险的研究成果，并结合生态移民总结了相关问题的研究成果。[4] 史俊宏（2015）基于内蒙古牧区生态移民调查数据，构建了生态移民生计转型风险分析框架，研究发现生态移民会面临收入来源、非农就业、生活条件、疾病、生计适应性、农业生产、建房、看病、教育等风险，生态移民的应对措施主要是通过来源多样化收入和各种调整性策略如借贷、补贴等。[5]

四　相关研究述评

国内外学者的研究以生态移民、可持续生计以及生计风险的概念和

---

[1] 彭峰、周银珍、李艳萍：《水库移民生计风险的影响因素研究》，《决策参考》2016年第6期。

[2] 迈克尔·M. 赛尼：《移民与发展：世界银行移民政策与经验》，河海大学出版社2002年版。

[3] 蔡志海：《汶川地震灾区贫困村农户生计资本分析》，《中国农村经济》2010年第12期。

[4] 金莲、王永平、马赞甫等：《国内外关于生态移民的生计资本、生计模式与生计风险的研究综述》，《世界农业》2015年第9期。

[5] 史俊宏：《生态移民生计转型风险管理：一个整合的概念框架与牧区实证检验》，《干旱区资源与环境》2015年第11期。

理论为主，大部分学者研究生计问题时基于可持续生计理论，对农户的脆弱性、生计风险、生计资本以及生计策略等方面都做了深入的定性和定量研究。由于受到可持续生计分析框架的影响，多数研究将生计资本置于移民可持续生计分析的核心：一方面，农户生计风险的影响因素研究集中分析生计资本对生计风险的作用机制；另一方面，认为生计资本决定生计策略，但对两者的决定机制缺乏讨论。另外，可持续生计以及生计风险的研究大多以农户为主体，与生态移民相结合的研究较少。总体来看，相关研究成果对生态移民可持续生计以及精准脱贫的研究具有十分重要的理论价值。

第二节 生态移民家庭生计风险的现状分析

生态移民家庭所面临的生计风险涉及社会、经济、政策、文化、社会保障方方面面，从幼儿的出生、儿童的教育、成人的工作最后到老人的养老，都暗藏着各种各样的生计风险。在风险与脆弱性分析理论中，农户的生计风险就这样贯穿于整个生计活动，从农户一开始的资源禀赋、生计策略到生计目的。生态移民家庭目前面临的生计问题到底有哪些？需要进行风险识别和风险归类。

一 风险识别

（一）风险现状

前文对生计风险的内涵进行文献综述中，很多学者倾向于用实地调查法以及问卷法来识别生计风险，鉴于此，在问卷中，我们将农户的生计风险具体化为"目前您担心哪些生计问题？"根据生态移民家庭受访者的回答，将目前生态移民家庭的生计风险现状梳理为以下十五个具体的生计风险，见表14-1。

从表14-1可以看出，城镇集中安置模式下的生态移民家庭生计风险类型涉及方方面面，并且都在不同程度上有所体现。这十五个具体的生计风险依次为：失业风险（36.20%）、无法耕种原有土地风险（23.70%）、缺乏食物风险（10.94%）、生活成本增加风险（48.70%）、债务增加风险（13.02%）、子女教育风险（25.78%）、自己和家人患重病风险（23.44%）、养老风险（15.89%）、财产损失风险（8.07%）、失去公共资源享有权风险（0.52%）、政策不稳定风险（2.08%）、社会不稳定风险（0.78%）、被边缘化风险（0.26%）、自然灾害风险（9.11%）以及其他风险（5.47%）。

表14-1　　　　　生态移民家庭生计风险现状及分布

生计问题	目前担心的生计问题		生计问题	目前担心的生计问题	
	担心（%）	不担心（%）		担心（%）	不担心（%）
失业	36.20	63.80	财产损失	8.07	91.93
无法耕种原有土地	23.70	76.30	失去公共资源享有权	0.52	99.48
缺乏食物	10.94	89.06	政策不稳定	2.08	97.92
生活成本增加	48.70	51.30	社会不稳定	0.78	99.22
债务增加	13.02	86.98	被边缘化	0.26	99.74
子女教育	25.78	74.22	自然灾害	9.11	90.89
自己和家人患重病	23.44	76.56	其他风险	5.47	94.53
养老	15.89	84.11	—	—	—

图14-1是农户对所有生计风险的分布排序，根据分布比例，首先可以看出生活成本增加是生态移民家庭面临的最广泛的生计问题，有将近一半的移民家庭（48.70%）对生活成本的增加表示担忧，生态移民家庭从生态脆弱地迁出，一般是农村、山区、喀斯特地貌区或者自然灾害多发地带，通过易地搬迁在城镇集中安置，这个过渡是跳跃性的，这可以从侧面表现出城乡之间巨大的贫富差距仍然存在，城镇的生活水平要高于农村生活水平。

其次，分布比例排在第二梯队的生计风险是失业、子女教育、无法耕种原有土地与自己和家人患重病，占比分别为36.20%、25.78%、23.70%、23.44%，仅次于生活成本增加问题。就业、教育和医疗一直是我国最关注的民生问题，"三农"问题中的农民土地矛盾也仍然存在，无法耕种原有土地对农户的冲击很大，曾经"靠山吃山，靠水喝水"的生计策略被迫改变,尤其是在移民之后,这些问题更加凸显出来。

接下来,分布比例排在第三梯队的生计问题是养老(15.89%)、债务增加(13.02%)以及缺乏食物(10.94%),这三个生计风险的占比虽然都低于20%,但大于10%,说明这些风险依旧不容忽视。

最后,最少让生态移民家庭担心的问题依次为自然灾害(9.11%)、财产损失(8.07%)、其他风险(5.47%)、政策不稳定(2.08%)、社会不稳定(0.78%)、失去公共资源享有权(0.52%)和被边缘化(0.26%),这些风险的占比都小于10%,尤其是后三类风险,小于1%,基本可以忽略不计(见图14-1)。

风险类别	百分比(%)
生活成本增加	48.70
失业	36.20
子女教育	25.78
无法耕种原有土地	23.70
自己和家人患重病	23.44
养老	15.89
债务增加	13.02
缺乏食物	10.94
自然灾害	9.11
财产损失	8.07
其他风险	5.47
政策不稳定	2.08
社会不稳定	0.78
失去公共资源享有权	0.52
被边缘化	0.26

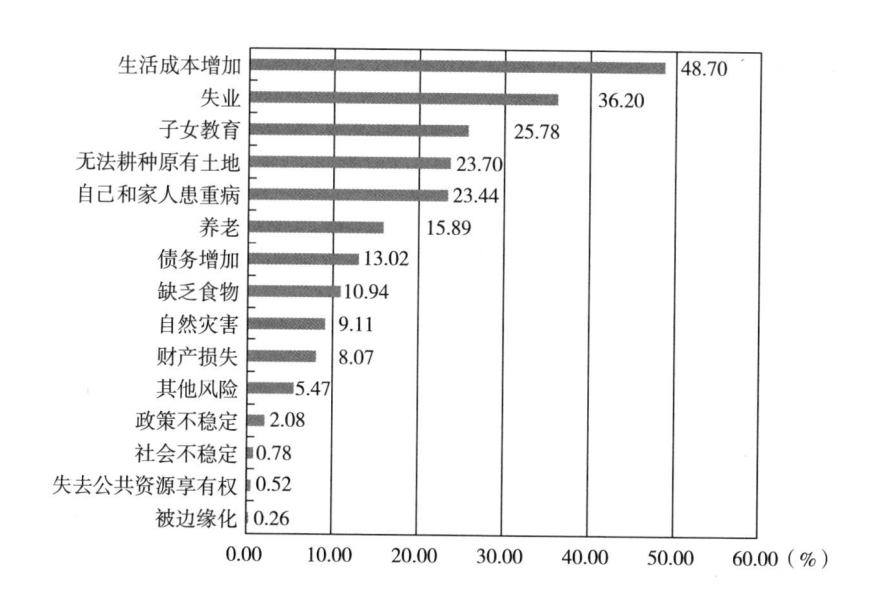

图14-1 生态移民家庭生计风险现状分布排序

(二)识别依据及分类

上述十五个具体的生计风险可以进一步地归纳分类。在Dercon建立的农户风险识别与评估的分析框架中,生计风险被归纳为资产风险、收入风险和福利风险。其中,资产风险包括失业、土地制度、自然灾害、通货膨胀以及信用等;收入风险包括创收、储蓄、投资以及借贷等；福利风险包括营养、健康、教育、社会排斥等。第一，由于资产和收入都是经济问题，可以将理论中的资产风险和收入风险合并为经济风险，具体为生活成本增加、失业、无法耕种原有土地、债务增加、缺乏食物、自然灾害和财产损失这七个生计问题。第二，该理论没有考虑到社会风险，如政策的不稳定、社会的不稳定以及失去公共资源享有权等，因此，需要归纳出社会风险这一类生计风险来补充上述理论忽略的生计问题。最后，参照理论中的福利风险，将子女教育、自己和家人患重病、养老以及被边缘化纳入福利风险。最终形成三大类生计风险（见表14-2）。

表14-2　　　　　　　　　　生计风险的分类

分类	具体风险	占比
经济风险	生活成本增加	48.70%
	失业	36.20%
	无法耕种原有土地	23.70%
	债务增加	13.02%
	缺乏食物	10.94%
	自然灾害	9.11%
	财产损失	8.07%
社会风险	政策不稳定	2.08%
	社会不稳定	0.78%
	失去公共资源享有权	0.52%
福利风险	子女教育	25.78%
	自己和家人患重病	23.44%
	养老	15.89%
	被边缘化	0.26%

二　经济风险

生态移民家庭面临的经济风险指因实施易地扶贫搬迁政策后所产生资产和收入等不确定性的增加。经济风险在实际风险现状中对应的有生活成本增加、失业、无法耕种原有土地、债务增加、缺乏食物、自然灾害以及财产损失这七个具体生计问题，占比从大到小依次为生活成本增加（48.70%）、失业（36.20%）、无法耕种原有土地（23.70%）、债务增加（13.02%）、缺乏食物（10.94%）、自然灾害（9.11%）以及财产损失（8.07%）。

（1）生活成本的增加。生活成本的增加体现在生态移民家庭从农村、山区搬入城镇集中安置，生活水平呈现剧烈的跨越幅度，尤其是小城镇的物价水平、消费水平是高于农村地区的。

（2）失业。易地扶贫搬迁之后，来到新的住处，没有土地耕种，必须通过就业来维持生计。虽然政府会加大当地的产业扶持力度，为一部分生态移民家庭提供就业岗位，但是仍无法全面覆盖所有家庭的就业问题，在就业竞争日益严峻的大环境下，移民农户就业情况更不容乐观。失业问题占比高达36.20%，排在所有风险的第二位，失业问题是切实存在的，可以说，如果生态移民工程能够解决大部分劳动力甚至所有劳动力的就业问题，生计风险解决了一半，就业是生计的最重要的手段，也是目前可持续生态移民的要求。

（3）无法耕种原有土地。土地是农户安身立命之本，既是最基本的重要生产资料之一，也是农业的根基。生态移民家庭将不再拥有耕种的土地，农户以拥有土地为保障，而土地中的财产权利依附于土地，失去土地意味着农户失去了财产权利。从而引发生活水平持续下降，食物供给缺乏，生活处于困境中，未来无保障可言。缺乏基本保障，失地移民处于社会最底层，变成弱势群体中的一员。他们的心理诉求无法得到声张，享受不到公平及公正的待遇，这将造成极大的社会安全隐患。无法耕种原有土地问题和缺乏食物风险是紧密联系在一起的。

（4）债务增加。债务增加表现在为了生存和发展不得不向亲戚朋友、银行借钱贷款而产生的额外的经济损失。

（5）缺乏食物。缺乏食物风险并非指没有食物可吃，而是由于搬迁后远离土地，无法通过自己种植获得食物造成的缺乏食物风险。

（6）自然灾害。自然灾害风险是每个农户都会遭遇的生计问题，农户家庭都有土地，靠种植农作物为主要生计手段。传统农业靠天吃饭，自然灾害对农作物的影响持续时间长、经济损失大、波及范围广，尤其是生态脆弱地区，干旱、暴雨、洪涝、病虫害、冰雹以及凝冻等自然灾害情况时有发生。农作物对于农户来说是非常重要的：第一，农作物可以用来买卖、交换，是农户重要的经济收入来源；第二，农作物是家庭食物的主要来源；第三，农作物是家禽的主要饲料来源；第四，农作物例如玉米、水稻也是种子，可以重新种植。

（7）财产损失。财产损失表现在原居住地的房屋、土地、耐用消费品等资产的损失。

值得注意的是，经济风险中的生活成本增加和失业排在所有生计问题的前两位，可以说，经济风险是生态移民家庭最广泛、最具代表性的生计风险，描述贫困的最佳指标就是家庭收入水平，脱贫的基础就是家庭收入水平的提高并达到标准线上。因此，经济风险是生态移民家庭最重要的生计风险。

三 社会风险

由于缺少社会制度或者社会行为不规范而引发的生态移民家庭的社会风险。社会风险在实际风险现状中对应的有政策不稳定、社会不稳定以及失去公共资源享有权这三个具体生计问题，占比从大到小依次为政策不稳定（2.08%）、社会不稳定（0.78%）以及失去公共资源享有权（0.52%）。

（1）政策不稳定。政策不稳定是指国家政策、当地政府政策的变化对生态移民家庭生计的影响。我国生态移民政策也称为易地扶贫搬迁政策，从1994年实施的"八七扶贫攻坚计划"到2018年国家发展与改革委员会颁布的《中国的易地扶贫搬迁政策》，生态移民政策在逐渐完善，政策内容也从上而下，覆盖了生态移民家庭的住房、土地、医疗、教育、社会保障和养老各个方面。政策的变化、好坏、合适不合适都对生态移民家庭的生计产生直接的影响。政策不稳定风险占比为2.08%，这个比例相对较小，大部分搬迁农户并不是很关心、关注国家政策问题。

（2）社会不稳定。在社会结构上，移民家庭初次来到陌生的生活环境，远离之前熟悉的亲朋好友，会对移民迁入地的社会环境形成怀疑甚至恐慌，社会融入感、参与感低。社会不稳定的占比仅为

0.78%，这个风险是生态移民家庭并不关心的生计问题，可以忽略不计。

（3）失去公共资源享有权。在公共资源的享有权上，一方面，生态移民家庭将无法享有之前的公共资源，如土地资源、水资源等自然资源；另一方面，在新迁入地的基础设施和公共服务上，教育、卫生、医疗等公共资源可能缺乏均等化，生态移民家庭无法共同享有。失去公共资源享有权的占比仅为 0.52%，是生态移民家庭目前最不关心的生计问题，可以忽略不计。

四 福利风险

生态移民家庭面临的福利风险来源于营养、健康、教育、社会排斥等。福利风险在实际风险现状中对应的有子女教育、自己和家人患重病、养老以及被边缘化这四个具体生计问题，占比从大到小依次为子女教育（25.78%）、自己和家人患重病（23.44%）、养老（15.89%）以及被边缘化（0.26%）。

（1）子女教育。生态移民家庭面临的子女教育问题主要是指家中学龄期儿童因各种原因无法完成国家九年义务教育，比如家庭无力承担小孩上学费用。在易地扶贫搬迁之后，随着住处的改变，孩童换校问题凸显出来，换校之后，孩子能否适应学校生活？学习内容是否能够衔接上？这些问题都需要得到重视。子女教育问题的占比高达 25.78%，排到所有风险的第三位，子女教育风险确实牵动着每一户家庭的心。

（2）自己和家人患重病。大病风险，顾名思义，是指生态移民家庭成员遇到大病时，往往无力承担沉重的医疗费用，从而出现"因病致贫""因病返贫"的情况。此外，大病风险或多或少会影响到家庭成员的人力资本，例如家中青少年的教育将得不到保障，成年人的劳动力能力会减弱，无法从事苦力和各种体力劳动，老人更会因为大病而丧失宝贵的生命。自己和家人患重病的问题占比为 23.44%，在所有风险中排第五，由此可见，大病风险作为一大民生问题，在生态移民家庭中仍然占据重要的地位。

（3）养老。老龄化加重了生态移民家庭中养老的负担。青年劳动力纷纷离开贫困家庭,大量转移到异地从事非农工作,留守的老年人占据绝大多数。与儿女异地生活的老人和孤寡老人的生计、养老问题,只能由国家负担并为其提供基本的福利保障。养老问题占比达15.89%,是生态移民家庭必须面对的福利风险之一。

(4)被边缘化。移民家庭初次来到陌生环境会担心被边缘化,被排斥在社交网外围,享受不到基本的社会保障。尤其是老年人,适应能力差,这种社会风险不容忽视。

第三节 生态移民家庭生计风险的影响因素

生态移民生计风险现状的分析结果表明,目前生态移民家庭担心的生计问题涉及方方面面,共有十五种繁杂的生计问题,最后通过重新整合梳理,共将这十五种生计问题归为三大类,即经济风险、社会风险以及福利风险。这些生计风险存在一定的层次性,要分析它们的影响因素,首先依据的是文献综述中国内外学者对生计风险影响因素的研究成果,这些成果都明确阐述了生计资本对生计风险的影响。其次是结合Dercon风险与脆弱性分析理论和可持续生计分析框架理论进行分析,一方面,Dercon风险与脆弱性分析理论体系说明农户的生计活动中的任何一个环节都有可能面临风险的打击。另一方面,可持续生计分析框架理论阐述了生计资本与政策制度之间是相互影响的,生计资本和政策制度又进一步共同影响生计策略。因此,本节在借鉴现有研究和理论的基础上,将生计风险的影响因素识别为生计资本、生态移民政策和生计策略这三大部分,其具体衡量指标及相关分析如下。

一 生计资本

生计资本特指英国国际发展署(DFID)提出的可持续生计分析框架中的生计资本概念,在这个DFID可持续生计分析框架中明确地将生计资本划分为以下五个部分,即人力资本、自然资本、物质资本、金融资本和社会资本。具体而言,共涉及十二个指标,见表14-3。

表 14-3 生计资本指标选取

一级指标	二级指标	变量代码
人力资本	户均受教育时间（年）	A_1
	户均家庭劳动力数量（人）	A_2
自然资本	人均拥有耕种面积（亩）	A_3
	人均实际耕种面积（亩）	A_4
物质资本	住房面积（平方米）	A_5
	生产工具（个）	A_6
	耐用消费品（个）	A_7
金融资本	家庭总收入（万元）	A_8
	筹集所缺资金	A_9
	信贷支持	A_{10}
社会资本	家族参与社会组织数量（人）	A_{11}
	与亲朋好友交往情况	A_{12}

（一）人力资本

1. 指标选择与界定

人力资本对生计风险的影响机制主要表现为劳动力数量和质量对生计风险的冲击。第一，家庭中劳动力数量越多，这个家庭能够耕种更多的农业耕地，即使不从事农业，获得第二、第三产业的就业概率也越大，能够实现就业，家庭收入就有了保障。第二，劳动力质量包含了劳动力健康水平、受教育水平、技能水平、经验程度等，要在当代中国竞争激烈的求职大军中脱颖而出，劳动力质量远远重要于劳动力数量。第三，劳动力质量会直接影响到大病风险，家中劳动力的疾病、死亡或失能，会让整个家庭因为过高的医疗费用加剧贫困。人力资本不会随着易地搬迁而改变，因此，人力资本越丰富，那么农户抵御生计风险的能力也越强。因此，人力资本的指标选取有户均受教育时间（A_1）和户均家庭劳动力数量（A_2）两个指标，见表 14-3。

户均受教育时间（A_1）可以代表一户家庭整体的文化程度，是劳动力质量的重要体现；户均家庭劳动力数量（A_2）是指一户家庭能够参与生计活动的人口数量，是劳动力数量的重要体现。

2. 描述性分析

根据表14-4中对人力资本指标的描述性统计，调研地农户受教育的平均年限为6.65年，勉强能够完成小学学业；一户生态移民家庭，平均的劳动力数量为2.69人，不足3人，劳动力数量较少，农户家庭人力资本相对比较匮乏。

表14-4　　　　　　　　　人力资本指标描述性统计

自变量及其指标		均值
人力资本	户均受教育时间（年）	6.65
	户均家庭劳动力数量（人）	2.69

（二）自然资本

1. 指标选择与界定

生态移民家庭最基础、最重要的自然资本就是土地，这些土地用于农业耕地和建设自己的宅基地。一方面，自然资本越丰富，说明家中粮食作物富裕，能够抵御缺乏食物这类的风险；另一方面，自然资本越丰富，它受到干旱、暴雨、洪涝、病虫害、冰雹以及凝冻等自然灾害之后的损失更大。随着农户易地搬迁，农户将会离开土地，丧失原有耕地，随之而来的便是经济风险，但是，遭受自然风险的概率大幅度降低。因此，自然资本的指标选取人均拥有耕种面积（A_3）和人均实际耕种面积（A_4）两个指标，见表14-4。

土地是衡量自然资本最重要的指标，主要可以体现在每户家庭耕种土地的面积上，耕种土地面积通过人均拥有耕种面积（A_3）和人均实际耕种面积（A_4）来衡量。

2. 描述性分析

表14-5中，自然资本中农户家庭人均拥有耕种面积为4.08亩，而人均实际耕种面积为2.49亩，这种差异主要是以下三个方面的原因造成的：第一，家中务农劳动力短缺，无法耕种家中所有的土地，存在土地搁置的情况；第二，一部分耕地肥力不足或者坡度大于25度的斜耕地，不适宜耕种；第三，部分土地纳入了退耕还林政策。农户家庭耕

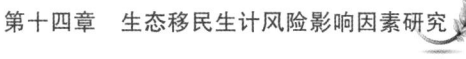

地面积较少,自然资本较匮乏。

表 14-5　　　　　　　　自然资本指标描述性统计

自变量及其指标		均值
自然资本	人均拥有耕种面积（亩）	4.08
	人均实际耕种面积（亩）	2.49

（三）物质资本

1. 指标选择与界定

物质资本包括住房、交通、饮水、卫生、通信等基础设施,农业生产工具和设备以及家庭耐用消费品等。[①] 贫困农户的基本特征之一就是物质资本非常匮乏,迁出地的基础设施一般都较为简单,住房以毛坯房为主,极易坍塌,交通闭塞,饮水一般都是雨水、山泉或者地下水,通信封闭。农户家中耐用消费品很少,农业生产工具也较为简单。这些物质资本原本就十分稀缺,而且它们自身也存在损坏、毁坏的风险,从而进一步加深农户的贫困程度。物质资本的指标选取有住房面积（A_5）、生产工具（A_6）和耐用消费品（A_7）三个指标。

住房面积（A_5）用来衡量基础设施中的房屋财产情况,生产工具（A_6）用来衡量农业生产工具资产情况,耐用消费品（A_7）用来衡量耐用消费品财产情况。

2. 描述性分析

表 14-6 表明生态移民家庭搬迁后,户均住房面积为 118.32 平方米,户均生产工具数量为 0.65 个,户均耐用消费品为 8.75 个。农户住房面积大,房屋资产丰富,但是农业生产工具和耐用消费品资产缺乏。

（四）金融资本

1. 指标选择与界定

金融资本是指家庭收入、储蓄、信贷和外部所筹资金等。农户人均

---

① 潘国臣、李雪:《基于可持续生计框架（SLA）的脱贫风险分析与保险扶贫》,《保险研究》2016 年第 10 期。

纯收入低，收入来源单一，金融资本的存量和流量都很低。另外实践情况表明，小额信贷违约风险的存在使金融机构不愿涉足农户小额信贷业务领域，贫困人口较难得到资金支持，创业想法也往往只能无疾而终，资金的匮乏使脱贫进入"瓶颈"。[①] 因此，金融资本的指标选取有家庭总收入（A_8）、筹集所缺资金（A_9）和信贷支持（A_{10}）三个指标。

表 14-6　　　　　　　　物质资本指标描述性统计

自变量及其指标		均值
物质资本	住房面积（平方米）	118.32
	生产工具（个）	0.65
	耐用消费品（个）	8.75

家庭总收入（A_8）用来衡量农户家庭总体的收入情况，筹集所缺资金（A_9）用来衡量农户家庭外部筹集资金情况，信贷支持（A_{10}）用来衡量农户家庭信贷情况。

2. 描述性分析

表 14-7 表明生态移民家庭在搬迁之后，户均家庭总收入为 4.08 万元，有 87.00% 的农户表示能够顺利筹集到自己所缺的资金，有 62.50% 的农户表示能够得到信贷支持。

表 14-7　　　　　　　　金融资本指标描述性统计

自变量及其指标		均值/赋值	占比（%）
金融资本	家庭总收入（万元）	4.08	—
	筹集所缺资金*	0 = 否	13.00
		1 = 是	87.00
	信贷支持*	0 = 否	37.50
		1 = 是	62.50

注：* 为虚拟变量。

---

① 刘红、马博、王润球：《基于可持续生计视角的阿拉善生态移民研究》，《中央民族大学学报》（哲学社会科学版）2014 年第 5 期。

（五）社会资本

1. 指标选择与界定

社会资本是一种无形资本，主要体现为农户家庭社会组织参与度、信任与互助关系等。生态移民家庭的经济条件较差、教育水平较低、培训经验较少，导致其社交能力普遍较弱，社会关系比较简单，没有太多机会参与重大决策。在易地搬迁之后，很有可能会出现远离亲朋好友的情况，参与决策的机会更少，这对农户的社会资本将是一个打击，可能会直接影响到生态移民家庭的生计风险。因此，社会资本的指标选取有家族参与社会组织数量（A_{11}）以及与亲朋好友交往情况（A_{12}）两个指标。

家族参与社会组织数量（A_{11}）用来衡量农户家庭社会组织参与度，与亲朋好友交往情况（A_{12}）用来衡量信任和互助关系。

2. 描述性分析

表14-8表明在生态移民家庭中，参加社会组织的户均人数为5.8人；18%的农户与亲朋好友交往很频繁，52%的农户与亲朋好友交往较频繁，23%的农户交往频率一般，剩余7%的农户与亲朋好友的交往很少甚至几乎不往来。

表14-8 社会资本指标描述性统计

自变量及其指标		均值/赋值	占比（%）
社会资本	家族参与社会组织数量（人）	5.80	—
	与亲朋好友交往情况**	1＝很频繁	18
		2＝较为频繁	52
		3＝一般	23
		4＝交往较少	6
		5＝几乎不往来	1

注：**为定序变量，可近似地看为定距变量。

二 生态移民政策

贵州省是生态移民重点省、示范省，自1996年以来，贵州省大力实施生态移民工程。① 2012 年，贵州省颁布了《贵州省 2012 年扶贫生态移民工程实施方案》，明确了建设内容、补贴标准和配套政策。自此，为了更好地推进扶贫移民搬迁，综合考虑政府、区域发展资源，针对生态移民生计特征与生计风险，贵州省出台了《贵州省扶贫生态移民规划（2012—2020）》《贵州省 2015 年扶贫生态移民工程实施方案》《关于进一步加强易地扶贫搬迁劳动力就业创业帮扶工作的通知》《贵州省生态扶贫实施方案（2017—2020 年）》等一系列发展扶持政策②，见表 14-9。

表 14-9　　　　　　　贵州省生态移民政策梳理

政策	内容
土地政策	建立健全生态移民土地承包经营权流转制度，扶贫生态移民原有土地承包经营权由集体经济组织统一转包、出租、转让，收益归原农户所有
住房政策	进入县城安置的生态移民住房，按人均 15—20 平方米、户均 80—120 平方米标准，实行统规统建。进入小城镇安置的扶贫生态移民自建住房，户均建房占地面积不超过 80 平方米；住房人均补助 1.2 万元
就业政策	积极引导生态移民尽快实现就业；积极组织移民参加职业技能培训
社会福利政策	搬迁后转为城镇居民的，实行属地管理，与当地城镇居民享有同等的教育、医疗卫生、养老保险、失业保险、社会救助、社会福利和慈善等社会保障政策；搬迁后仍保留农村户籍的，扶贫生态移民在原住地享受的最低生活保障、医疗救助、新农合补助、养老保险等政策不变

通过表 14-9 的生态移民政策梳理，再结合调研地的实际情况，得出表 14-10 的生态移民政策指标体系和实践调研情况。

表 14-10　　　　　生态移民政策指标选取及描述性统计

一级指标	二级指标	变量代码
土地政策	提供耕种的土地	B_1

---

① 张富富：《贵州省民族地区生态移民的生计问题研究》，硕士学位论文，贵州民族大学，2017 年。
② 庞汉：《加快推进高山生态移民对策研究》，《学术论坛》2016 年第 6 期。

续表

一级指标	二级指标	变量代码
住房政策	提供住房	B_2
	提供住房建设补助（元/户）	B_3
就业政策	安排培训	B_4
	安排就业	B_5
社会福利政策	资金补贴	B_6
	提供低保	B_7

（一）土地政策

1. 指标选择与界定

我国生态移民的土地政策主要分为两大部分：第一，如果土地仍然可以耕种利用，则鼓励进行土地流转，以发展新型现代化农业，进行标准划、规模化的农业经营，提高农业效率；如果土地已经无法利用，则全部严格要求退耕还林，恢复当地生态，打造绿水青山。第二，国家规定生态移民家庭在获得安置房后，需要将原来自家的宅基地用来重新复垦复绿。但是，地方政府一般会留足时间给移民家庭缓冲，并且都会对积极配合的农户予以资金奖励。因此，土地政策的选取指标为：提供耕种的土地（B_1），见表14-10。

2. 描述性分析

从表14-11可以看出，土地政策显示全部农户在生态移民之后，将不再拥有耕种的土地。因此，在下一节实证分析土地政策对生态移民生计风险的影响时，应该剔除该指标。

表14-11　　　　　　　土地政策描述性统计

自变量及其指标		赋值	占比（%）
土地政策	提供耕种的土地*	0=否	100
		1=有	0

注：*为虚拟变量。

(二) 住房政策

1. 指标选择与界定

贵州省人民政府在 2014 年颁布的《贵州省扶贫生态移民工程规划 (2012—2020 年)》中,明确规定贵州省的住房政策要求:进入县城、产业园区安置的扶贫生态移民住房,按人均 15—20 平方米、户均 80—120 平方米标准。进入小城镇安置的扶贫生态移民自建住房,执行户均建房占地面积不超过 80 平方米。政府需要协调金融部门帮助农户解决建房贷款,对农户建房贷款按规定给予贴息补助。① 因此,住房政策的选取指标有提供住房(B_2)和提供住房建设补助(B_3),见表 14 - 10。

2. 描述性分析

表 14 - 12 中,住房政策显示全部农户在生态移民之后,政府都提供住房,因此,在下一章节实证分析是否提供住房对生态移民生计风险的影响时,应该剔除该指标。另外,每户家庭有平均 23419 元的住房建

表 14 - 12　　　　　　　　住房政策描述性统计

自变量及其指标		赋值	占比 (%)
住房政策	提供住房*	0 = 否	0
		1 = 有	100
	提供住房建设补助** (元/户)	0 = (<2000)	44.27
		1 = [2000—12000]	7.55
		2 = [12001—22000]	4.69
		3 = [22001—32000]	7.29
		4 = [32001—42000]	4.95
		5 = [42001—52000]	14.32
		6 = [52001—62000]	11.46
		7 = [62001—72000]	3.13
		8 = (>72000)	2.34

注:*为虚拟变量;**为定序变量,可近似地看为定距变量。

---

① 程辉:《易地扶贫搬迁:努力实现扶真贫、真扶贫、真脱贫》,《中国经济导报》2018 年 7 月 19 日。

设补贴。并且将384户移民所得的住房补贴金额分成九个层次，分别为不足2000元/户、2000—12000元/户、12001—22000元/户、22001—32000元/户、32001—42000元/户、42001—52000元/户、52001—62000元/户、62001—72000元/户以及大于72000元/户，所占农户比重依次为44.27%、7.55%、4.69%、7.29%、4.95%、14.32%、11.46%、3.13%以及2.34%，由此可以看出，有将近一半的农户的住房补贴是不足2000元/户，并且农户住房补贴的跨度略大，高金额的住房补贴超过72000元/户。

（三）就业政策

1. 指标选择与界定

贵州省大力实施生态移民就业政策，积极组织移民参加职业技能培训，特别是提高青壮年劳动力就业能力，引导生态移民尽快实现转移就业。因此，就业政策的选取指标有安排培训（B_4）与安排就业（B_5），见表14-10。

2. 描述性分析

从表14-13中可以看出，就业政策显示有98.96%的农户没有安排培训，全部农户均没有安排就业，需要自己解决就业问题。同理，在下一节实证分析是否安排就业对生态移民生计风险的影响时，应该剔除该指标。

表14-13　　　　　　　　就业政策描述性统计

自变量及其指标		赋值	占比（%）
就业政策	安排培训*	0=否	98.96
		1=有	1.04
	安排就业*	0=否	100
		1=有	0

注：*为虚拟变量。

（四）社会福利政策

1. 指标选择与界定

贵州省的生态移民社会福利政策主要体现在社会保障政策上。搬迁后的家庭应当与安置地居民同等享受教育、医疗、养老等社会福利和社会保障政策。对于搬迁仍保留农村户籍的移民，应继续享受原住地的最低生活保障、医疗、养老等政策。① 因此，社会福利政策的选取指标有资金补贴（B_6）和提供低保（B_7），见表 14-10。

2. 描述性分析

从表 14-14 中可以看出，社会福利政策显示有 28.91% 的农户有政府提供资金补贴，6.25% 的农户享受低保政策。

表 14-14　　　　　　　　社会福利政策描述性统计

自变量及其指标		赋值	占比（%）
社会福利政策	资金补贴*	0＝否	71.09
		1＝有	28.91
	提供低保*	0＝否	93.75
		1＝有	6.25

注：＊为虚拟变量。

三　生计策略

生计策略是对资本配置利用和经营活动组合的选择②，在可持续生计分析理论中，生计策略主要有农业集约化、生计多样化和迁移三种类型。本章研究的主题为生态移民家庭移民到城镇所采取的生计策略，农户家庭均采取了生计多样化的生计策略，以纯农型、农兼型、兼农型和非农型为主，其中纯农型很少。

在实际调研的过程中发现仍存在农户家庭整体处在无业、失业或待业（C_1）的情况，因此，也将此作为一种生计策略纳入研究范畴。生计策略对生计风险的影响作用一方面是通过生计资本对生计策略的影响，间接再影响生计风险；另一方面是生计策略对生计风险直接的

---

① 冯伟林、李树茁：《生态移民风险应对策略的选择及影响因素——基于农户禀赋的视角》，《农村经济》2016 年第 9 期。
② 刘红、马博、王润球：《基于可持续生计视角的阿拉善生态移民研究》，《中央民族大学学报》（哲学社会科学版）2014 年第 5 期。

影响。

(一) 指标选择与界定

无业、失业或待业 (C_1) 是指目前农户家庭所有劳动力都处于没有工作的状态;"纯农型"生计策略 (C_2) 是指生态移民家庭成员只从事农产品种植和畜禽养殖等基础的农业生计活动;"农兼型"生计策略 (C_3) 是指生态移民家庭成员虽然同时从事农业生产和非农生产活动,但主要以前者为主,其非农生计活动包含务工、经商和工资性工作,其形式通常为在居住地周边打零工;"兼农型"生计策略 (C_4) 同样是指生态移民家庭成员虽然同时从事农业生产和非农生产活动,但主要以后者为主,其农业生计活动与前两类类似,但种植范围较小,农作物较单一,非农生计活动通常包含打工、经商和商业服务业;"非农型"生计策略 (C_5) 是指生态移民家庭成员从事经商、在本地务工和到外省打工等非农生产活动(见表14-15)。

表 14-15　　　　　　　　　生计策略的指标选取

生计策略	变量代码
无业、失业或待业*	C_1
纯农型*	C_2
农兼型*	C_3
兼农型*	C_4
非农型*	C_5

注：*为虚拟变量。

(二) 描述性分析

从表14-16中可以看出,生态移民家庭生计策略中,仍然存在5.53%的家庭处于无业、失业或待业状态,这种消极的生计策略必然会带来一定的生计风险。"纯农型"和"农兼型"生计策略分别均占比8.95%,这两种生计策略加起来比重仅为17.9%,以农业生产为主导的生计策略在生态移民家庭中成为过去,越来越多的农户开始从事非农生产。在实地调研中,"兼农型"生计策略占比10.26%,非农型生计策略占比高达66.31%,这两种生计策略加起来的比重达到76.57%,大部分的生态移民家庭都采取了非农生产活动。

表14-16　　　　　　　　　　生计策略描述性统计

自变量	赋值	占比(%)
无业、失业或待业*	0 = 否	5.53
	1 = 有	94.47
纯农型*	0 = 否	8.95
	1 = 有	91.05
农兼型*	0 = 否	8.95
	1 = 有	91.05
兼农型*	0 = 否	10.26
	1 = 有	89.74
非农型*	0 = 否	66.31
	1 = 有	33.69

注:*为虚拟变量。

第四节　实证分析

一　模型构建

为了更精确地测量五种生计资本与众多生计风险之间的具体影响作用,将表14-1中的十五个生计风险分别作为因变量(担心赋值为1,不担心赋值为0),表14-3、表14-10和表14-15中的五大生计资本十二个指标、四大类生态移民政策七个指标以及生计策略共二十三个指标为自变量,进行二元Logistic回归分析。建立模型如下:

$$\log\left(\frac{p}{1-p}\right) = \log\left[\frac{p(Y \leq j \mid X)}{1 - p(Y \leq j \mid X)}\right] \tag{14-1}$$

p是取不同值的发生概率,log是自然对数,X是解释变量的向量组，具体为向量组 A、向量组 B 以及向量组 C，$p/(1-p)$ 是发生比，在此处指生计风险担心和不担心的概率比。

二　结构分析

（一）对经济风险的结构分析

通过 SPSS17.0 操作，构建二分类 Logistic 回归模型，运用式（14-1），分别将生计资本、生态移民政策、生计策略与经济风险做二分类 Logistic 回归，结果见表 14-17。

表 14-17　　　　各影响因素对经济风险的二元
Logistic 回归模型参数结果

类型	自变量	生活成本增加	失业	无法耕种原有土地	债务增加	缺乏食物	自然灾害	财产损失
人力资本	户均受教育时间	-0.002	0.530	-0.007	-0.037**	0.017	0.034	-0.043
	户均家庭劳动力数量	0.031	0.016*	0.022	0.083	0.113	0.860	-0.084
自然资本	人均拥有耕种面积	-0.018	-0.006**	0.074*	-0.100	-0.250*	0.023	0.028
	人均实际耕种面积	-0.057	-0.660**	0.008	-0.021	-0.320**	0.002	-0.058
物质资本	住房面积	-0.006***	-0.004***	-0.005*	0.004**	0.002	-0.002	-0.003
	生产工具	-0.089	-0.058	-0.154	0.273	0.024	0.557	0.146
	耐用消费品	0.106**	-0.008**	-0.038	-0.019	-0.057	-0.165	-0.018
金融资本	家庭总收入	-0.068**	-0.058**	-0.018	-0.016	0.028	-0.034	0.101
	筹集所缺资金	0.608*	0.651	0.333	0.438	0.639	-0.555	-0.079
	信贷支持	0.072	0.035	0.937***	-1.122**	1.098**	1.315	-0.822
社会资本	家族参与社会组织数量	-0.025	-0.195	0.005	1.595**	0.992	0.580	-0.410
	与亲朋好友交往情况	0.037	0.240	-0.029	-0.144	-0.202**	0.034	0.037
住房政策	提供住房建设补助	-0.113	-0.061	-0.214***	0.031	-0.124*	-0.265	-0.265**
就业政策	安排培训	-0.098	0.469	-20.068	1.980	-18.920	-18.53	-18.53

续表

类型	自变量	生活成本增加	失业	无法耕种原有土地	债务增加	缺乏食物	自然灾害	财产损失
社会福利政策	资金补贴	0.305	0.514	-0.026	0.112	-0.871	-0.860	-0.860
	提供低保	1.226	0.052	0.328	0.626	-19.496	-19.297	-19.297
生计策略	无业、失业或待业	-0.758	-0.182	-1.087	-1.190	0.499	0.819	-0.893
	纯农型	-0.065	0.511	1.514*	0.048	-1.551	2.049***	-1.394
	农兼型	-0.524	0.185	1.792**	0.157	-0.288	1.643***	-0.193
	兼农型	-0.900	0.041	0.547	-0.111	-0.539	1.153**	0.583
	非农型	0.065	-0.511	1.087	-1.806	-1.946	-0.819	-1.102

注：*代表 $P<0.10$，**代表 $P<0.05$，***代表 $P<0.01$。

由表 14-17 中可以得出，生计资本对经济风险中的生活成本增加、无法耕种原有土地、债务增加、缺乏食物风险具有显著性；生态移民政策对经济风险中的无法耕种原有土地、缺乏食物以及财产损失风险具有显著性；生计策略对经济风险中的无法耕种原有土地、自然灾害风险具有显著性。再根据表 14-17 中各个变量的回归系数，可以看出：

1. 各影响因素对生活成本增加风险的作用机制

人力资本、自然资本、社会资本没有对生活成本增加风险产生显著性影响。物质资本中的住房面积（$B=-0.006$）对生活成本增加风险影响显著，回归系数说明了住房面积越大，生活成本增加的风险越小，这符合现实逻辑，住房面积越大，农户花费在买房的费用相应变少；物质资本中的耐用消费品（$B=0.106$）对生活成本增加风险影响显著，回归系数说明了耐用消费品越多，生活成本增加的风险越大，用在耐用消费品上的维修费用、替代费用、水电煤气等的费用会加大农户的生活成本；金融资本中的家庭总收入（$B=-0.068$）对生活成本增加风险影响显著，回归系数说明了家庭总收入越多，生活成本增加的风险越小，也可以理解为家庭收入越多，农户越有能力抵御生活成本增加的风险；金融资本中的筹集所缺资金（$B=0.608$）对生活成本增加风险影响显著，回归系数说明了越是有机会筹集到资金，生活成本增加的风险越大，这是明显符合现实逻辑的。

2. 各影响因素对失业风险的作用机制

只有生计资本对失业风险产生了显著性影响。人力资本中的户均家庭劳动力数量（B=0.016）对失业风险影响显著，系数表明家中劳动力数量越多，农户担心失业的风险越大；自然资本中的人均拥有耕种面积（B=-0.006）和人均实际耕种的面积（B=-0.660）对失业风险影响显著，回归系数说明了农户拥有的耕种面积越大，实际耕种的面积越大，其遭遇失业的可能性越低；物质资本中的住房面积（B=-0.004）和耐用消费品（B=-0.008）对失业风险影响显著，回归系数说明了住房面积越大，家中耐用消费品越多，生态移民家庭抵御失业风险的能力越强，风险也就越小；金融资本中的家庭总收入（B=-0.058）对失业风险影响显著，回归系数说明了农户家庭总收入越多，其抵御失业的能力就越强，风险越小。

3. 各影响因素对无法耕种原有土地风险的作用机制

生计资本、生态移民政策以及生计策略都对无法耕种原有土地风险产生显著性影响。第一，自然资本中的人均拥有耕种面积（B=0.074）对无法耕种原有土地风险影响显著，回归系数说明了农户拥有的耕种面积越大，其遭遇无法耕种原有土地的可能性也就越大，这是符合现实逻辑的，因为只有拥有了耕地才有可能无法耕种原有土地；物质资本中的住房面积（B=-0.005）对无法耕种原有土地风险影响显著，回归系数说明了住房面积越大，生态移民家庭抵御无法耕种原有土地的能力越强，风险也就越小；金融资本中的信贷支持（B=0.937）对无法耕种原有土地风险影响显著，回归系数说明了农户家庭越是有机会获得信贷支持，其抵御无法耕种原有土地的能力就越弱，风险越大。

第二，住房政策中的提供住房建设补助（B=-0.214）对无法耕种原有土地风险影响显著，回归系数说明了农户家庭住房建设补贴可以帮助农户抵御无法耕种原有土地的风险。

第三，生计策略中的纯农型（B=1.514）对无法耕种原有土地风险影响显著，回归系数说明了农户要是继续采取纯农型生计，那么他无法耕种原有土地的可能性将会变大；生计策略中的农兼型（B=1.792）

对无法耕种原有土地风险影响显著，回归系数说明了农户要是继续采取农兼型生计，那么他无法耕种原有土地的可能性也将会变大。

4. 各影响因素对债务增加风险的作用机制

自然资本、金融资本没有对债务增加风险产生显著性影响。人力资本中的户均受教育时间（B = -0.037）对债务增加风险影响显著，回归系数说明了农户家庭平均受教育时间越长，债务增加的风险越小，文化素质越高的农户对债务的辨别能力和偿还能力越强；物质资本中的住房面积（B = 0.004）对债务增加风险影响显著，回归系数说明了住房面积越大，债务增加的风险越大，房屋越大，农户需要通过借债来进行房屋的内部装修和家具的增添；金融资本中的信贷支持（B = -1.122）对债务增加风险影响显著，回归系数说明了家庭能获得信贷支持的可能性越大，债务增加的风险越小，农户可以通过低息甚至是免息的信贷政策来偿还高息的债务；社会资本中的家族参与社会组织数量（B = 1.595）对债务增加风险影响显著，回归系数说明了家族中参与社会组织的人数越多，债务增加的风险越大。

5. 各影响因素对缺乏食物风险的作用机制

生计策略没有对缺乏食物风险产生显著性影响。第一，自然资本中的人均拥有耕种面积（B = -0.250）和人均实际耕种面积（B = -0.32）都对缺乏食物风险影响显著，回归系数说明了农户家庭拥有的耕种面积越大、实际耕种的面积越大，他们遭遇缺乏食物的风险越小；金融资本中的信贷支持（B = 1.098）对缺乏食物风险影响显著，回归系数说明了家庭越是有机会获得信贷支持，那么他们抵御食物缺乏的能力就越弱，风险就越大；社会资本中农户家庭与亲朋好友交往情况（B = -0.202）对缺乏食物风险影响显著，回归系数说明了农户家庭与亲朋好友交往越密切，他们遭遇食物缺乏的可能性就越小。

第二，住房政策中提供住房建设补助（B = -0.124）对缺乏食物风险影响显著，回归系数表明政府提供住房建设补贴可以有效帮助农户抵御食物缺乏的风险。

6. 各影响因素对自然灾害风险的作用机制

所有的生计资本和生态移民政策都没有对自然灾害风险产生显著性

影响，生计策略对自然灾害风险的影响作用非常显著。其中，纯农型（B=2.049）对自然灾害风险影响显著，回归系数说明了纯农型生计策略的选择会加大自然灾害风险，纯农型生计策略说明农户家庭以种植为生，这必然会加大遭遇自然灾害的可能性；农兼型（B=1.643）和兼农型（B=1.153）生计策略都对自然灾害风险影响显著，理由跟纯农型生计策略是相似的，农兼型和兼农型都具有从事农业活动的特征，只要从事农业活动，遇到自然灾害风险的可能性都是存在的。而系数的递减又从另一方面说明了纯农型生计策略遭遇自然灾害的可能性大于农兼型生计策略，农兼型生计策略遭遇自然灾害的可能性又大于兼农型生计策略。

7. 各影响因素对财产损失风险的作用机制

所有的生计资本和生计策略都没有对财产损失风险产生显著性影响，生态移民政策对财产损失风险的影响作用十分显著。其中，提供住房建设补助（B=-0.265）对财产损失风险影响显著，回归系数说明了政府提供住房建设补助可以帮助农户有效抵御财产损失的风险。

（二）对社会风险的结构分析

通过 SPSS17.0 操作，构建二分类 Logistic 回归模型，运用（14-1），分别将生计资本、生态移民政策、生计策略与社会风险做二分类 Logistic 回归，结果见表 14-18。

表 14-18　　　　各影响因素对社会风险的二元
Logistic 回归模型参数结果

类型	自变量	政策不稳定	社会不稳定	失去公共资源享有权
人力资本	户均受教育时间	-0.020	0.485	0.038
	户均家庭劳动力数量	0.477	-0.003	-0.515
自然资本	人均拥有耕种面积	-0.088	-0.005	-0.987
	人均实际耕种面积	0.140	-1.474	1.160
物质资本	住房面积	-0.001	-0.026	0.008
	生产工具	-1.313	0.36	1.542
	耐用消费品	0.253	0.029	-0.501

续表

类型	自变量	政策不稳定	社会不稳定	失去公共资源享有权
金融资本	家庭总收入	0.196*	0.133	0.034
	筹集所缺资金	-17.930	13.615	13.864
	信贷支持	0.922	15.999	16.268
社会资本	家族参与社会组织数量	-0.128	13.763	13.740
	与亲朋好友交往情况	-0.215	0.094	1.491
住房政策	提供住房建设补助	0.065	0.278	0.124
就业政策	安排培训	-17.109	-15.688	-15.469
社会福利政策	资金补贴	-1.336	-0.170	14.966
	提供低保	-17.272	-15.593	-15.232
生计策略	无业、失业或待业	-17.664	-16.391	0.000
	纯农型	-17.664	1.316	0.000
	农兼型	0.138	-16.391	0.000
	兼农型	-0.099	-16.391	17.565
	非农型	-3.539	-4.812	0.000

注：*代表 $P<0.10$，**代表 $P<0.05$，***代表 $P<0.01$。

根据表 14-18 可以得出生计资本对社会风险中的政策不稳定具有显著性；生态移民政策和生计策略对社会风险都不具有显著性。再根据各个变量的回归系数和显著性水平，可以看出，各影响因素对政策不稳定风险的作用机制。所有的生态移民政策和生计策略都没有对政策不稳定风险产生显著性影响，生计资本对政策不稳定风险的影响作用非常显著。其中，家庭总收入（$B=0.196$）对政策不稳定风险影响显著，回归系数表明了农户家庭总收入越多，他们对政策不稳定的担忧越大。

（三）对福利风险的结构分析

通过 SPSS17.0 操作，构建二分类 Logistic 回归模型，运用式（14-1），分别将生计资本、生态移民政策、生计策略与福利风险做二分类 Logistic 回归，结果见表 14-19。

根据表 14-19 可以得出，生计资本对福利风险中的自己和家人患重病、养老风险具有显著性；生态移民政策对福利风险中的子女教育、自己和家人患重病以及养老风险具有显著性；生计策略对福利风险中的养老具有显著性。再根据各个变量的回归系数和显著性水平，可以看出：

表 14-19　　各影响因素对福利风险的二元 Logistic 回归模型参数结果

类型	自变量	子女教育	自己和家人患重病	养老	被边缘化
人力资本	户均受教育时间	0.796	0.034***	0.004	-2.144
	户均家庭劳动力数量	0.191	-0.015	0.068	2.608
自然资本	人均拥有耕种面积	0.065	0.028	-0.036	0.879
	人均实际耕种面积	0.155	0.000	-0.145**	-5.107
物质资本	住房面积	0.780	-0.003*	-0.008***	0.075
	生产工具	0.201	-0.293	0.000	-26.910
	耐用消费品	2.521	0.03	0.113*	2.465
金融资本	家庭总收入	0.644	0.076**	-0.017	-1.266
	筹集所缺资金	0.072	0.364	-0.271	-26.538
	信贷支持	0.312	-0.836**	0.699*	-12.282
社会资本	家族参与社会组织数量	2.986	-0.181	0.319	10.089
	与亲朋好友交往情况	0.014	0.140	0.093	-4.019
住房政策	提供住房建设补助	-0.118**	-0.195***	-0.231***	0.474
就业政策	安排培训	1.063	1.661	1.367	-14.872
社会福利政策	资金补贴	-0.128	-0.289	-0.980***	17.624
	提供低保	1.261	0.202	-19.846	1.257
生计策略	无业、失业或待业	1.376	-0.440	1.415*	0.000
	纯农型	0.603	-0.956	1.376	0.000
	农兼型	0.897	-0.511	0.603	0.000
	兼农型	1.415	-0.586	0.897	0.000
	非农型	-2.251	-0.693	1.415*	15.694

注：*代表 $P<0.10$，**代表 $P<0.05$，***代表 $P<0.01$。

1. 各影响因素对子女教育风险的作用机制

所有的生计资本、生计策略都没有对子女教育风险产生显著性影响，生态移民政策显著影响到了子女教育风险。其中，住房政策中的提供住房建设补助（B=-0.118）对子女教育风险影响显著，回归系数说明了政府提供住房建设补助可以有效帮助农户减少对子女教育的担忧。

2. 各影响因素对自己和家人患重病风险的作用机制

生计策略没有对自己和家人患重病风险产生显著性影响，而生计资本和生态移民政策对自己和家人患重病风险产生显著性影响。第一，人力资本中的户均受教育时间（B=0.034）对自己和家人患重病风险影响显著，回归系数说明了农户文化程度越高，其遭遇自己和家人患重病的可能性越大，这体现出越有文化的人，对自己和家人的健康状况越关心；物质资本中的住房面积（B=-0.003）对自己和家人患重病风险影响显著，回归系数说明了住房面积越大，生态移民家庭抵御患病的能力越强，风险也就越小；金融资本中的家庭总收入（B=0.076）对患重病风险影响显著，回归系数说明了农户家庭收入越高，对疾病的重视程度越大，风险越大；金融资本中的信贷支持（B=-0.836）对患重病风险影响显著，回归系数说明了农户家庭越是有机会获得信贷支持，其抵御患重病的能力就越强，风险越小。

第二，住房政策中的提供住房建设补助（B=-0.195）对患重病风险影响显著，回归系数说明了农户家庭住房建设补助可以帮助农户抵御患重病的风险。

3. 各影响因素对养老风险的作用机制

生计资本、生态移民政策以及生计策略都对养老风险产生显著性影响。第一，自然资本中的人均实际耕种面积（B=-0.145）对养老风险影响显著，回归系数说明了农户实际耕种的面积越大，其抵御养老问题的能力越强，风险越小；物质资本中的住房面积（B=-0.008）对养老风险影响显著，回归系数说明了住房面积越大，农户家庭抵御养老问题的能力越强，风险也就越小；金融资本中的信贷支持（B=0.699）对养老风险影响显著，回归系数说明了农户家庭越是有机会获得信贷支持，其抵御养老问题的能力就越弱，风险越大。

第二，住房政策中的提供住房建设补助（B=-0.231）对养老风险影响显著，回归系数说明了农户家庭住房建设补贴可以帮助农户抵御养老的风险；社会福利政策中的资金补贴（B = -0.980）对养老风险影响显著，回归系数说明了资金补贴可以帮助农户有效抵御养老的风险。

第三，生计策略中的无业、失业或待业（B = 1.415）对养老风险影响显著，回归系数说明了生态移民家庭若选择不从事就业，那么他们未来的养老风险就越大。

第五节 结论与建议

一 结论

（1）经济风险中的生活成本增加、无法耕种原有土地、债务增加、缺乏食物、自然灾害以及财产损失受生计资本、生态移民政策以及生计策略的影响。第一，物质资本中的住房面积越大，生活成本增加的风险越小；物质资本中的耐用消费品越多，生活成本增加的风险越大；金融资本中的家庭总收入越多，生活成本增加的风险越小；金融资本中越是有机会筹集到资金，生活成本增加的风险越大。第二，自然资本中的人均拥有耕种面积越大，其遭遇无法耕种原有土地的可能性也就越大；物质资本中的住房面积越大，生态移民家庭抵御无法耕种原有土地的能力越强；金融资本中农户家庭越是有机会获得信贷支持，那么其抵御无法耕种原有土地的能力就越弱，风险越大。住房政策中的提供住房建设补助可以帮助农户抵御无法耕种原有土地的风险。农户要是继续采取纯农型生计，那么他无法耕种原有土地的可能性将会变大；农户要是继续采取农兼型生计，那么他无法耕种原有土地的可能性也将会变大。第三，人力资本中的户均受教育时间越长，债务增加的风险越小；物质资本中的住房面积越大，债务增加的风险越大；金融资本中家庭能获得信贷支持的可能性越大，债务增加的风险越小；社会资本中的家族参与社会组织的人数越多，债务增加的风险越大。第四，自然资本中的人均拥有耕种面积和人均实际耕种面积越大，他们遭遇缺乏食物的风险越小；金融资本中家庭越是有机会获得信贷支持，那么他们抵御食物缺乏的能力就越弱，风险就越大；社会资本中农户家庭与亲朋好友交往越密切，他们遭遇食物缺乏的可能性就越小。住房政策中政府提供住房建设补贴可以有效帮助农户抵御食物缺乏的风险。第五，纯农型生计策略的选择会加大自然灾害风险；农兼型生计策略和兼农型生计策略遇到自然灾害风险的可能性都是存在的。最后，政府提供住房建设补助可以帮助农户有效抵御财产损失的风险。

（2）社会风险中政策不稳定受生计资本的影响。农户家庭总收入越多，他们对政策不稳定的担忧越大。

（3）福利风险中的子女教育、自己和家人患重病以及养老风险受生计资本、生态移民政策以及生计策略共同影响。第一，住房政策中的提供住房建设补助可以有效帮助农户减少对子女教育的担忧。第二，人力资本中农户文化程度越高，其遭遇自己和家人患重病的可能性越大；物质资本中的住房面积越大，生态移民家庭抵御患病的能力越强，风险也就越小；金融资本中的家庭总收入越高，对疾病的重视程度越大，风险越大；金融资本中农户家庭越是有机会获得信贷支持，那么其抵御患重病的能力就越强，风险越小。住房政策中提供住房建设补助可以帮助农户抵御患重病的风险。第三，自然资本中的人均实际耕种面积越大，农户家庭抵御养老问题的能力越强，风险越小；物质资本中的住房面积越大，农户家庭抵御养老问题的能力越强，风险也就越小；金融资本中农户家庭越是有机会获得信贷支持，那么其抵御无法耕种原有土地的能力就越弱，风险越大；住房政策中的提供住房建设补助可以帮助农户抵御养老的风险；社会福利政策中的资金补贴可以帮助农户有效抵御养老的风险；生计策略中生态移民家庭若选择不从事就业，那么他们未来的养老风险就越大。

二　政策建议

生态移民反映的是经济问题、政治问题和社会问题，生态移民作为一项反贫困的可持续战略，在实施过程中，生计风险贯穿始终。在DFID可持续生计分析框架中，脆弱性背景也是生计风险的一部分，生计资本是影响生计风险的最深远的因素，生计资本所影响的政策和制度变迁也影响着生计风险,最后的生计策略都和生计风险息息相关。如果忽视生态移民家庭的生计风险问题,可能会影响到我国的反贫困战略目标,不仅经济无法得到解决,而且会影响社会稳定。因此,结合国内外背景与上述结论,本章就规避生态移民家庭生计风险提出以下几点建议。

(一)关于改善生计资本的政策建议

1. 人力资本方面的政策意见

反贫困的主体是贫困人口,通过激发贫困人口的主观能动性,脱贫攻坚任务可以说是已经完成了一半。如何发挥这种内生动力成为了问题关键,同理,生态移民工程也是一项着重发展的反贫困战略,移民不是目的,只是一种手段,只有通过加大人力资本的投资,才能从根本上提高贫困人口的脱贫意识。人力资本投资主要体现在两个方面:第一,加大教育投资,这是对应于学龄期儿童、青少年,这个年龄段是塑造人生观、世界观的关键时期,通过学校教育,可以从整体上提高人口的质量,让他们自愿、自主地脱贫;第二,加大培训投资,这是针对成年劳动力贫困人口的,通过技能培训、就业培训,可以提升贫困人口的人力资本,使其在劳动力市场上提高竞争力,顺利实现就业。结合实证分析结果,加大贫困农户的人力资本投资,可以有效缓解经济风险和福利风险。

2. 金融资本方面的政策建议

第一,加快构建现代农村金融体系。[①] 上一章的实证分析结果表明,目前农村的信贷支持政策虽然可以缓解债务增加、自己和家人患重病的风险,但并不能够缓解所有的生计风险,反而会增加无法耕种原有土地、缺乏食物、养老风险。信贷支持确实可以帮助贫困农户在急需用钱的困境下,能够以最低的利率借到足够使用的现金,杜绝了农村高利贷的非法融资行为,但是,有借必定要还,这为农户后续的发展问题提出挑战,万一无法如期偿还,这对农户来说是又一个风险的产生。这说

---

① 郝文渊、杨东升、张杰:《农牧民可持续生计资本与生计策略关系研究——以西藏林芝地区为例》,《干旱区资源与环境》2014年第10期。

明，目前的农村金融体系仍存在不足，需要不断完善，银行可以在信贷支持前对该农户进行家庭调查，全面了解农户的人力资本、家庭情况、信用水平、社会资本等，再决定是否给予信贷支持。

第二，多渠道提高农户收入水平。提高农户总收入是规避农户生计风险的关键。因此，生态移民在城镇集中安置的模式下，如何实现贫困农户的后续生计是核心。生态移民家庭除了可以继续务农以外，政府也应当帮助农户提供更多的岗位机会。根据上一章的实证分析结果，家庭总收入的增加可以有效缓解生态移民家庭面对经济风险、社会风险以及福利风险的压力。另外，生活成本增加是农户最担心的生计问题，占比高达48.70%，通过提高农户收入水平，可以有效地改善这一最广泛的生计风险。

3. 自然资本方面的政策建议

通过实证研究发现，生态移民家庭拥有的耕种土地越多，他们对经济风险和福利风险的抵御能力就越强，土地在生态移民农户的思想观念里一直占据着十分重要的地位，因此，政府在制定土地政策时，可以适当给予一定面积的自留地，这样可以帮助农户家庭安全度过从农村到城镇的不适期和过渡期。

4. 物质资本方面的政策建议

实证研究表明，生态移民家庭的房屋面积、耐用消费品等工具和设备对经济风险和福利风险会产生影响，房屋面积越大，农户拥有的生产工具和设备越多，他们抵御风险的能力也越强。因此，政府应当改善生态移民家庭社区周边的生产生活条件和发展环境，建设符合政策要求面积的住房和周边必要的基础设施，如饮水、电线、道路交通、通信、垃圾处理、社区居民服务中心、娱乐场地等。

5. 社会资本方面的政策建议

对于在城镇集中安置的生态移民家庭来说，来到一个新居住的地方肯定会难以适应，通过加强社区文化建设和社区支持体系的建立①，可以帮助农户与农户之间产生帮扶作用，而且社区文化建设也可以内化为

---

① 赵靖伟：《农户生计安全问题研究》，博士学位论文，西北农林科技大学，2011年。

生态移民家庭自身的道德感和伦理观。实证研究表明，农户对社区的参与程度和与亲朋好友的交往互动会影响到其对经济风险的抵御能力，这些非正式组织的建立对移民家庭非常重要。因此，政府可以给予农户群体一定的空间和自主权，激发农户的自主性，将农户置于主体地位，这将有利于农户开始新的生活和提高寻找就业成功的可能性。

（二）关于完善生态移民政策的建议

1. 完善当地住房政策，提高住房建设补助

实证结果表明住房政策是影响农户生计风险最为深远广泛的生计政策，有六大风险问题与之产生显著的负相关，这意味着住房建设补助越高，农户的生计风险就越低，抵抗生计风险的能力越强。因此，适当地提高住房补助标准，是非常有效的反贫困措施。政府可以实行差别化补助和奖励政策，小幅提高普通生态移民家庭的住房补助，而对于"三无"人员可以大幅度提高住房补助标准，这将整体提高生态移民家庭的风险防御能力。

2. 改进社会福利政策，建设社会保障体系

实证结果表明社会福利政策对农户的养老风险产生影响，社会福利政策包括资金补贴和低保政策，其中，低保政策针对的就是病残、年老体弱、丧失劳动能力以及生存条件恶劣等原因造成生活常年困难的农村居民。因此，安置地政府应该采取以下措施来加强生态移民农户的风险抵抗能力：第一，提高资金补贴标准，多渠道进行资金补贴。除了住房建设补助外，还可以有教育补贴、医疗补贴、养老补贴、宅基地复垦补贴等。第二，精确识别低保户，保证低保户的审核和进入退出机制。第三，加大医疗卫生以及教育投入，加强与医疗、卫生、教育等机构的合作，切实保障生态移民家庭的基本权利。总的来说，这些社会保障体系的建设和完善都是实现农户可持续生计的重要保证。

（三）关于改进生计策略的政策建议

政府应当引导生态移民家庭拥有正确的就业观和择业观。实证分析结果表明生计策略会对经济风险、社会风险和福利风险都产生影响，一方面，无业、纯农型生计策略、农兼型生计策略和兼农型生计策略都会或多或少降低家庭经济风险的抵御能力；另一方面，无业、失业或待业

会直接影响将来的养老问题。因此，政府应当引导农户抛弃懒惰的就业心理，通过就业辅导以及技能培训，帮助农户拥有一技之长。因此，政府应当多为生态移民家庭提供非农产业就业机会：第一，政府应该架构起生态移民家庭与企业的桥梁，发挥安置地的优势进行招商引资，比如安置地的劳动力价格低廉、土地资源丰富、投资建厂政策优惠等，积极促进当地产业的转型升级，建立有效吸纳移民安置点区域内劳务移民稳定就业的就业平台。① 第二，产业的发展和升级改造需要顺应当地的自然禀赋、宗教文化、社会风俗。在城镇集中安置模式下，进行产业创新，发展特色产业，如生态旅游、"互联网+"电子商务、生态农产品加工运输以及公益性岗位，为农户提供多渠道非农产业的就业机会，以优化调整生态移民家庭生计策略结构。

---

① 周华坤、张超远、邓小方：《三江源区生态移民的困境与可持续发展策略》，《中国人口·资源与环境》2009 年第 S1 期。

第十五章

生态移民生计风险与生计策略选择研究[①]

实施城镇集中安置后,生态移民远离原居住地,难以在原有土地上继续耕种和经营,其生产方式和生活方式随之发生转变,在过渡期内移民将面临来自于经济、社会、政治、文化等多样化的风险。然而,拥有不同生计资本的移民对多样化的风险做出的反应是有差异的,有些移民会把这些风险转化成机遇而迅速地脱离贫困,有些移民则因为这些风险而陷入更加贫困的境地。因此,移民差异化的生计资本与多样化的风险之间可能存在着某种必然的联系。也就是说,由于每个移民家庭拥有的生计资本不一样,而使其面临的风险也不一样,进而所选择的生计策略也可能存在差异。基于此,本章在全面描述移民家庭生计资本的基础上,探讨移民家庭的生计资本是如何影响其生计风险以及如何选择生计策略。

第一节 分析框架与研究进展

一 可持续生计分析框架

20世纪80年代以来,国外学者和国际组织不断丰富生计的内涵,

[①] 本章使用的是2017年2月的调研数据,对394份有效问卷进行认真筛选,最后确定392个样本进行本章分析。

并发展了多个生计分析框架,其中,英国国际发展署(DFID)的可持续生计分析框架(SLA)最具代表性且在发展干预领域内使用得最为广泛。DFID 提出了包括概念、分析框架和原则的可持续生计分析框架,在这个框架中,农户拥有不同的生计资本组合,受生计资本的性质和状况的影响,农户面临不同的风险,并追求不同的生计策略。生计资本包括自然资本、物质资本、金融资本、社会资本和人力资本五种类型。

生态移民家庭都有着各自不同的生计资本组合,这些差异化的组合构成了生计风险和生计策略分析的基础。以此为基础,本章重点考察三个方面的内容:一是影响生态移民家庭面临的生计风险;二是决定着生态移民家庭的生计策略选择;三是通过生计策略的选择规避其面临的生计风险。依此循环,提升生态移民家庭的生计资本质量,实现生计目标,获得可持续发展(见图 15-1)。

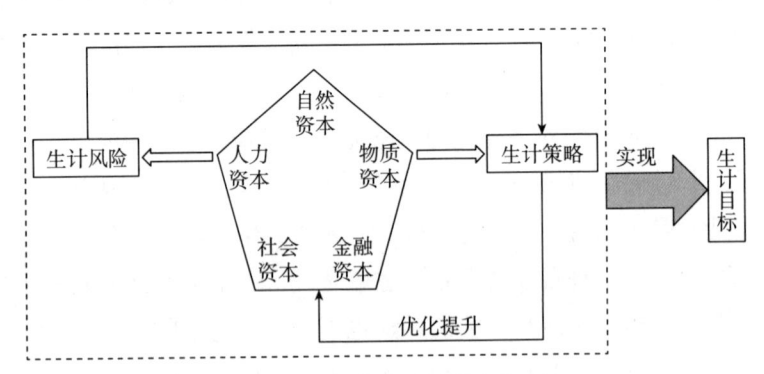

图 15-1 可持续生计分析框架

二 生态移民的生计资本

贾宁凤等(2017)使用英国国际发展署(DFID)提出的可持续生计分析框架对生态移民搬迁前后的生计资本进行对比分析,发现搬迁后移民生计资本增加,其中物质资本大幅度增加,人力资本、自然资本、社会资本和金融资本均有不同程度减少。① 胡业翠等(2016)② 分别构

---

① 贾宁凤、赵烨誉、张学军:《移民搬迁前后生计资本变化的实证研究》,《水利经济》2017 年第 3 期。

② 胡业翠、刘桂真、何鑫茹:《可持续生计框架下生态移民区农户生计资本分析——以广西环江县金桥村为例》,《农业经济》2016 年第 12 期。

建五类生计资本的具体评价指标,发现不同类型农户的生计资本数量存在显著差异,且分布极不均衡,自然资本和金融资本拥有量明显偏低。李聪等(2014)[①]构建了农户生计资本的测度指标,并通过描述性对比和似不相关估计分析了农户生计资本的现状与影响因素。结果发现,与非搬迁农户相比,搬迁农户家庭的生计资本较充足;生计资本的获得和使用与移民搬迁之间存在密切的关系,其中自然资本因搬迁受损,而物质资本、金融资本、社会资本和人力资本却得到提升;同时,集中安置在提升农户生计资本方面表现出一定优势。汪磊、汪霞[②](2016)在分析生态移民搬迁前后生计资本变迁的基础上,定量揭示每一种生计资本对农户增收的贡献力。侯双[③](2016)比较分析移民搬迁前后生计资本的差异以及不同搬迁群体生计发展状况,揭示在政策项目支持下移民多元生计发展背后的深层影响因素。毛谦谦[④](2015)基于农户生计资本视角对项目实施的成效及项目本身的贫困瞄准问题进行研究。冯利盈等[⑤](2015)在可持续生计的理论框架下,运用极差标准化法对比分析农户移民前后的生计资本状况、发生变化的原因并提出相应的生计策略的选择意见。这些研究都是以 SLA 框架为基础,构建五类生计资本的具体评价指标,描述生态移民搬迁前后生计资本变化,为深入探讨影响生计资本的因素、生计资本对农户增收的作用、生计资本与贫困瞄准之间的关系、生计策略选择等方面的问题提供分析基础。

三 生态移民的生计风险与生计策略

专门针对移民风险研究的成果相对集中。从研究视角上看,运用社

---

① 李聪、柳玮、黄谦:《陕南移民搬迁背景下农户生计资本的现状与影响因素分析》,《当代经济科学》2014 年第 6 期。
② 汪磊、汪霞:《易地扶贫搬迁前后农户生计资本演化及其对增收的贡献度分析——基于贵州省的调查研究》,《探索》2016 年第 6 期。
③ 侯双:《生计资本、外部环境与扶贫移民生计发展——以甘肃省 L 县集中安置移民搬迁为例》,硕士学位论文,华中师范大学,2016 年。
④ 毛谦谦:《陕南生态移民生计资本计量及政策贫困瞄准效率的实证研究》,硕士学位论文,西北农林科技大学,2015 年。
⑤ 冯利盈、李金香、王雅俊:《生态移民工程对农户生计资本的影响》,《农业科学研究》2015 年第 4 期。

会学、工程管理研究方法开展的研究较多，运用经济学研究方法开展的研究偏少。从研究对象上看，绝大多数都是针对水库、工程移民这种非自愿移民展开的。从研究内容上看，都在关注移民风险的类型及应对措施。从研究方法上看，一些研究成果是在迈克尔·M.赛尼提出的贫困、风险与重建模型（IRR模型）的基础上首先是识别风险，然后运用AHP模糊评价法进行风险评估，最后根据风险评估的结论提出相应的应对策略；另一些研究成果是以可持续生计理论为基础构建生计资本，探讨生计资本与生计风险的关系以及生计风险与生计策略选择问题。

在移民风险的研究成果中，生态移民风险的研究虽然不多，但研究的视角还是比较多元化的。2008年，李锦[①]指出由于生态移民目标的双重性，使它面临生态环境影响、移民贫困化、传统文化多样性流失的风险。2009年，邹晓娟、周晓兰[②]指出处于过渡期的生态移民面临搬迁风险、生产风险、生活风险和社会边缘化风险，应从提升移民自我发展能力、实行"同伴压力"小额贷款、制定为移民创造脱贫增收机会的政策及完善安置区基础设施与社会服务、引入移民参与决策机制等方面来弱化移民过渡期贫困风险。2011年，姜冬梅等[③]以迈克尔·M.赛尼的贫困风险理论为基础，运用层次分析法，从物质资本、人力资本和社会资本三个方面对牧区生态移民可能面临的贫困风险进行研究。2013年，史俊宏、赵立娟[④]借鉴世界银行风险管理分析框架识别出生态移民面临的风险，考察不同生计模式生态移民生计风险类型及特征，生态移民更为关注的是同质风险——食品价格，迁移到城镇与饲料地两种类型生态移民在干旱、冷冻、沙尘暴、牲畜死亡、牲畜丢失、农

---

① 李锦：《四川横断山区生态移民的风险与对策研究》，《中南民族大学学报》（人文社会科学版）2008年第2期。
② 邹晓娟、周晓兰：《江西省移民过渡期贫困风险和扶贫对策》，《农业现代化研究》2009年第1期。
③ 姜冬梅、隋燕娜、杨海凤：《草原牧区生态移民的贫困风险研究：以内蒙古苏尼特右旗为例》，《生态经济》2011年第11期。
④ 史俊宏、赵立娟：《生计转型背景下少数民族牧区生态移民生计风险研究》，《经济论坛》2013年第10期。

业生产投入增加6种风险冲击下具有十分显著的差异。2015年,郑瑞强等①基于迈克尔·M.赛尼的贫困风险理论综合考虑适应期生态移民生计发展特征,提出适应期生态移民可能面临丧失原有生产生活资源、失去公共财产与服务、社会关系网络受损、移民健康水平下降、社会边缘化五大风险,并进而造成生计资本损失,导致贫困;覃明兴、陈昊②以广西少数民族生态移民为研究对象,分析其在社会整合中面临的风险,认为移民的整合过程是以多种多样的形式克服各种风险以重建社会生活和重聚资本的过程;李芬等③则专门分析了三江源区生态移民的返牧风险。2016年,王伯承、吴晓萍④立足于风险社会的理论研究,从现代社会风险规避的角度,提出生态移民社区治理需要在移民规划、社区服务、社会适应等方面做出努力,最终达成生态移民社会治理和风险应对的技术规避、制度保障和文化维系;刘学武⑤依据各个安置区区位、自然环境、经济发展水平、资源禀赋特色等关键性要素,针对无土安置区资源、环境、经济、社会4个子系统进行风险识别,并运用AHP模型对其进行风险评估,得出了安置区风险因子的风险程度及排序;冯伟林运用Multinomial Logit(MNL)模型实证分析生态移民风险应对策略的影响因素,其中家庭劳动力数量、手艺和技术、外出务工经历人数、家庭耐用资产、家庭现金收入、大笔开支可求助人数、安置点到集镇的距离及是否为集中安置点等因素与风险应对策略选择间呈现出显著的相关性。⑥ 2017年,韩晓佳等基于安置区内不同利益群体对生态风险认知

---

① 郑瑞强、王英、张春美:《扶贫移民适应期生计风险、扶持资源承接与政策优化》,《华中农业大学学报》(社会科学版)2015年第4期。

② 覃明兴、陈昊:《广西少数民族扶贫生态移民社会整合中的风险研究》,《法制与经济》2015年第8期。

③ 李芬、张林波、朱夫静:《三江源区生态移民返牧风险的思考》,《农村经济与科技》2015年第1期。

④ 王伯承、吴晓萍:《风险社会与生态移民社区治理》,《西北民族大学学报》(哲学社会科学版)2016年第6期。

⑤ 刘学武:《宁夏生态移民无土安置区风险评估研究》,《地域研究与开发》2016年第5期。

⑥ 冯伟林、李树苗:《生态移民风险应对策略的选择及影响因素——基于农户禀赋的视角》,《农村经济》2016年第9期。

的差异，运用模糊认知图模型（FCM）和人工神经网络（ANN）开展生态移民安置区生态风险识别；[①] 叶宁[②]运用 SLA 框架构建指标体系，测量浙江省丽水市生态移民的生计总量与构成，并进一步评估其生计风险。

以上这些关于生态移民风险的研究，既有建立在世界银行风险管理分析框架上的风险研究，也有建立在迈克尔·M.赛尼的贫困风险理论上的风险研究，还有的研究是建立在可持续生计理论之上的，更有一些针对特殊风险如返牧、生态、社会整合、社会治理等方面的具体研究，视角虽然丰富，但多数研究都停留在对风险的识别方面，少数研究分析了风险形成的因素，关于风险规避方面的研究非常薄弱，特别是基于生计资本视角开展的生计风险与生计策略方面的研究也非常有限。

第二节 分析方法

一 熵值法

熵值法是根据各项指标值的变异程度来确定指标权数，是一种客观赋权法，避免了人为因素带来的偏差。在测量生态移民生计资本时，本章采用熵值法对每类指标赋权。其步骤如下：

（1）设有 n 个农户和 m 个指标，形成原始指标数据矩阵为 $X = (X_{ij})_{m \times n}$，其中 X_{ij} 为第 i 个方案第 j 个指标的数值。考虑到各指标数量级的差距，采用极差标准化方法对各指标值进行标准化处理，使 $X'_{ij} = (X_{ij} - \overline{X}_j)/S_j$，其中，$\overline{X}_j = \sum_{i=1}^{n} X_{ij}/n$，$S_j = \sum_{i=1}^{n}(X_{ij} - \overline{X}_j)$。通过计算，$X'_{ij}$ 的范围在 -6.5—6.5，为消除零值或负值对取对数的影响，进行坐

[①] 韩晓佳、王亚娟、刘小鹏等：《基于不同利益相关者认知分析的生态移民安置区生态风险识别》，《应用生态学报》2017 年第 9 期。

[②] 叶宁：《浙江丽水"生态移民"可持续生计风险评估与应对策略》，《农家参谋》2017 年第 8 期。

标平移，令 $Y_{ij} = X'_{ij} + 6.5$。

（2）将标准化的数据 Y_{ij} 进行同度量化，计算第 j 项指标下第 i 个农户的指标值的比重 P_{ij}，$P_{ij} = Y_{ij} / \sum_{i=1}^{n} Y_{ij}$。

（3）计算第 j 项指标的熵值 Z_j，$Z_j = -k \sum_{i=1}^{n} P_{ij} \ln P_{ij}$，其中 $k = 1/\ln n$。

（4）计算第 j 项指标的权重 W_j，$W_j = 1 - Z_j/m - \sum_{j=1}^{m} Z_j$。

（5）将标准化的数据 Y_{ij} 与各指标的权重 W_j 进行加权平均，计算每一个生态移民家庭的每一种生计资本值及总生计资本 F_i，$F_i = \sum_{j=1}^{m} W_{ij} Y_{ij}$。

二 二元 Probit 模型

在分析生态移民生计风险和生计策略的影响因素时，以每类生计资本作为主要自变量，以生态移民家庭面临的每类生计风险及选择的每类生计策略作为因变量，因为因变量均为二分变量（面临某类生计风险为 1，否则为 0；选择某类生计策略为 1，否则为 0）。本章采用的是 Probit 模型，原因在于在相关文献中较多地应用了这一模型，这就增强了比较性，尽管 Logit 模型可能比 Probit 模型在计算上更简单些（平狄克和鲁宾费尔德，1999）。在具体应用上，二元 Probit 模型估计的是给定一系列解释变量，生态移民家庭是否面临某类生计风险或选择某类生计策略的概率问题。

第三节 描述性分析

一 生计资本测算

根据已有文献和充分考虑调研数据的可用性，本章选取了 5 类 13 个指标测量生态移民家庭的生计资本，并采用熵值法对这十三个指标进行赋权。具体指标如表 15-1 所示。

表 15-1　　　　　　　　　　生计资本变量选择及测算

指标	变量	权重	资本均值	综合评分
人力资本	家庭中劳动力个数占总人数的比例（%）	0.070	0.455	0.433
	家庭劳动力平均受教育程度（年）	0.069	0.455	
	移民后是否参加过培训	0.060	0.390	
自然资本	人均耕地面积（亩）	0.062	0.390	0.358
	人均林地面积（亩）	0.052	0.325	
物质资本	住房结构	0.064	0.390	0.422
	家庭拥有资产的种类占总资产的比重（%）	0.067	0.455	
金融资本	家庭人均纯收入（元）	0.059	0.390	0.455
	资金困难能否筹集所缺资金	0.078	0.520	
	是否获得过信贷支持	0.070	0.455	
社会资本	家庭成员参加社区组织的数量（个）	0.109	0.715	0.754
	与亲戚朋友的交往情况	0.126	0.836	
	与安置点社区干部（或村干部）的关系	0.114	0.710	

从表 15-1 可以看出，首先，生态移民家庭拥有最多的资本是社会资本（0.754），社会资本能够有效应对各种风险，降低家庭的脆弱性（杨文等，2012[①]；朱建军等，2016[②]；蔡洁等，2017[③]），社会资本对于生计脆弱的生态移民搬迁户是非常重要的。不过这些社会资本基本都是原居住地遗留下来的资本，对于生计策略选择和生计风险规避可能无法产生显著影响。其次是金融资本（0.455），在金融资本中主要依靠向亲朋好友借款，从正规信贷获得支持相比而言较弱。再次是人力资本（0.433），人力资本的数量和质量决定农户运用资本的能力，是维持家

---

① 杨文、孙蚌珠、王学龙：《中国农村家庭脆弱性的测量与分解》，《经济研究》2012 年第 4 期。

② 朱建军、胡继连、安康、霍明：《农地转出户的生计策略选择研究——基于中国家庭追踪调查（CFPS）数据》，《农业经济问题》2016 年第 2 期。

③ 蔡洁、马红玉、夏显力：《集中连片特困区农地转出户生计策略选择研究——基于六盘山的微观实证分析》，《资源环境》2017 年第 11 期。

庭收入增长、促进生计模式创新的主要动力（杨云彦等，2009[①]），并且能够使农户追求不同的生计手段从而取得相应的生计目标（苏芳等，2012[②]）。生态移民家庭的人力资本较少，难以适应搬迁后的生产生活方式，使其面临较大的生计风险，更难以做出合适的生计策略选择。复次是物质资本（0.422），物质资本可以提高贫困人口的生产力，一方面是生态移民家庭的物质资本较少，另一方面是较少的物质资本在生态移民搬迁以后也基本无用武之地。最后是自然资本（0.358），一般而言，农户对自然资源的依赖性普遍很强，但对于生态移民家庭而言，其拥有的自然资本却很少，这充分体现自然资本与脆弱性背景密切相关，因而做出移民搬迁的决策符合现实需要。当然，对大多数移民（两地居住的移民）来说仍然起到生存保障的作用。

二 生计风险识别

拥有不同生计资本的生态移民家庭面临着大小不同的生计风险，这些生计风险涉及生产、生活各个方面，大体可以归纳为经济风险、社会风险、自然风险三类。由于每个生态移民家庭面临的生计风险都不是唯一的，有时甚至难以判断孰轻孰重，因此生态移民家庭可能同时面临多种风险。

生态移民家庭面临的生计风险主要是经济风险，这与移民搬迁正处于搬迁的初期阶段密切相关。在移民搬迁的初期阶段，由于生态移民拥有较低的生计资本，使其无法适应生产生活方式的转变，一方面难以从原有土地上获得支持，另一方面又没有其他稳定的收入来源，因而在经济方面表现得最为脆弱，特别容易受到来自于经济方面风险的冲击。从表15-2可知，生态移民家庭中受到经济风险冲击的家庭明显更多。生态移民家庭面临的第二类风险是社会风险，其中最主要的生计风险类型是子女教育风险，生态移民家庭对于来自社会环境、国家政策等方面的风险冲击感受不强烈。而对于那些没有完全放弃土地耕种的移民而言，自然风险也是他们考虑的重要内容。

[①] 杨云彦、赵锋：《可持续生计分析框架下农户生计资本的调查与分析——以南水北调（中线）工程库区为例》，《资源环境》2009 年第 3 期。

[②] 苏芳、尚海洋：《农户生计资本对其风险应对策略的影响——以黑河流域张掖市为例》，《中国农村经济》2012 年第 8 期。

表15-2　　　　　　　　　生计风险类型及发生概率

风险类型	风险	发生频数（人）	占比（%）
经济风险	失业、找不到工作	143	36.48
	无地可耕	91	23.21
	缺乏食物	43	10.97
	生活成本上升	189	48.21
	债务增加	50	12.76
	自己或家人患重病	92	23.47
	老了以后没有生活保障	61	15.56
	财产丢失或损坏	20	5.1
	子女教育	100	25.51
	政策不稳定	9	2.3
	社会不稳定	2	0.51
	被边缘化	1	0.26
	社会组织结构解体	1	0.26
自然风险	干旱	17	4.34
	暴雨、洪涝灾害	31	7.91
	病虫害	8	2.04
	冰雹	15	3.83
	凝冻	5	1.28

三　生计策略选择

作为理性的经济人，生态移民家庭应对生计风险必然会选择合适的生计策略组合。在七种可供选择的生计策略中，外出打工是首选，占55.36%；其次是贷款或借款，占42.60%；位于第三的是返回原居住地生活，占11.99%；选择出售资产和购买保险策略的农户较少（见表15-3）。

生态移民家庭选择生计策略主要依据其拥有的生计资本和面临的生计风险。首先，生计策略的选择似乎与生计资本之间有着特别的关系，从表15-4可知，选择返回原居住地生活生计策略的家庭的自然资本最多，选择购买保险生计策略的家庭的人力资本和物质资本较多，选择外出打工生计策略的家庭的社会资本较多,而选择出售资产生计策略的家庭金融资本较多。

表 15 – 3　　　　　　　　生计策略及发生概率

生计策略	发生频数（人）	占比（%）
外出打工	217	55.36
贷款或借款	167	42.60
返回原居住地生活	47	11.99
降低消费水平	35	8.93
出售资产	17	4.34
购买保险	3	0.77
其他	68	17.35

表 15 – 4　　　　　生计策略选择与生计资本拥有量

生计策略	自然资本	人力资本	物质资本	社会资本	金融资本	生计资本
外出打工	0.358	0.437	0.422	0.755	0.456	0.500
贷款或借款	0.357	0.436	0.426	0.742	0.460	0.499
返回原居住地生活	0.368	0.430	0.429	0.751	0.443	0.497
降低消费水平	0.348	0.448	0.424	0.748	0.454	0.500
出售资产	0.363	0.452	0.434	0.735	0.484	0.508
购买保险	0.336	0.457	0.456	0.751	0.389	0.491
其他	0.358	0.422	0.421	0.757	0.449	0.496

其次,应对各类生计风险,生态移民家庭都会选择什么样的生计策略呢?从表15-5中可知,无论面临何种风险,外出打工都是首选的生计策略,其次是贷款或借款,紧接着是返回原居住地生活和降低消费水平,选择出售资产特别是选择购买保险应对风险的家庭较少。

当然,生计资本如何影响生计风险和生计策略选择以及所选择的生计策略是否对生计风险产生了影响都需要运用计量经济学的方法进一步加以验证。

表 15-5　　应对生计风险的生计策略选择

生计风险		外出打工	贷款或借款	返回原居住地生活	降低消费水平	出售资产	购买保险
经济风险	失业、找不到工作	89	67	22	11	4	2
	无地可耕	51	35	18	14	2	2
	缺乏食物	23	13	6	8	1	0
	生活成本上升	116	79	32	23	7	2
	债务增加	29	25	5	8	3	0
	自己或家人患重病	55	54	15	4	8	1
	老了以后没有生活保障	43	28	16	6	4	0
	财产丢失或损坏	16	5	6	1	2	0
社会风险	子女教育	66	37	18	10	6	0
	政策不稳定	5	5	4	1	3	0
	社会不稳定	1	0	1	2	0	0
	被边缘化	1	0	0	0	0	0
	社会组织结构解体	1	1	0	0	0	0
自然风险	干旱	10	7	0	3	0	0
	暴雨、洪涝灾害	17	9	3	5	1	1
	病虫害	5	2	0	1	0	0
	冰雹	10	9	2	4	0	0
	凝冻	4	3	2	1	0	0

第四节　实证分析

在 Stata 软件中运用 Probit 回归模型分别对生态移民家庭的生计风险和生计策略选择进行回归分析（见表 15-6 和表 15-7），模型的拟合效果较好，通过统计检验，所有模型有意义，并且一部分解释变量具有统计学意义上的显著影响。

一　生计资本视角下的农户生计风险

以生计资本作为自变量，各类风险作为因变量，运用 Probit 模型分析五类生计资本对生计风险的影响。由于发生频数太少,被边缘化和社会组织结构解体风险无法获得模型结果,各类生计资本也未对社会不稳定风险产生显著影响。具体回归结果如表15-6所示。

表15-6 生态移民家庭生计资本与生计风险的Probit回归模型及参数估计

因变量	自变量	自然资本	人力资本	物质资本	社会资本	金融资本	N	Pseudo R^2
经济风险	失业、找不到工作	0.018	0.535	-0.703	-0.296	-0.048	392	0.048
	无地可耕	1.840***	-0.431	0.086	0.223	-1.791***	369	0.212
	缺乏食物	0.265	-0.290	-0.155	-0.090	-0.412	349	0.120
	生活成本上升	0.313	0.805	-0.541	-0.086	-1.415*	392	0.131
	债务增加	-0.295	0.359	0.355	-0.010	1.171**	332	0.109
	自己或家人患重病	-0.239	-1.302**	0.719	-0.147	1.039*	392	0.244
	老了以后没有生活保障	-1.616**	0.346	-0.592	-0.197	0.165	349	0.164
	财产丢失或损坏	0.108	0.177	0.187	0.065	0.048	231	0.139
社会风险	子女教育	-1.151*	-0.079	-0.074	0.044	-0.008	392	0.135
	政策不稳定	0.099	0.337***	0.103	0.016	-0.033	231	0.172
	社会不稳定	-0.047	-0.022	-0.016	0.039	0.077	94	0.130
自然风险	干旱	0.609	-0.171	0.380	-0.490***	0.721*	211	0.285
	暴雨、洪涝灾害	0.262	0.017	-0.255	-0.269*	-0.053	274	0.205
	病虫害	-0.744	0.362	-0.636	-0.351**	-0.103	116	0.264
	冰雹	0.291	0.302	-0.579	-0.224*	0.692	179	0.139
	凝冻	0.063	0.098	-0.146	-0.060**	0.092	179	0.186

注:*代表$P<0.10$,**代表$P<0.05$,***代表$P<0.01$。

(1)自然资本。自然资本变量对无地可耕、老了以后没有生活保障和子女教育产生了显著影响。拥有越多的自然资本,越容易陷入无地可耕的风险,越不容易陷入老了以后没有生活保障及子女教育的风险。

(2)人力资本。人力资本变量对自己或家人患重病以及政策不稳定产生显著的影响。拥有的人力资本越多越不容易面临自己或家人患重病的风险，以及越容易面临政策不稳定的风险。

（3）物质资本。物质资本变量未对各类风险产生显著性影响。

（4）社会资本。社会资本变量对各类自然风险产生显著负影响，即拥有的社会资本越多，越不容易陷入自然风险。

（5）金融资本。金融资本变量对无地可耕、生活成本上升、债务增加、自己或家人患重病和干旱产生显著性影响。拥有的金融资本越多，越不容易面临无地可耕、生活成本上升的风险，越容易面临债务增加、自己或家人患重病及干旱的风险。

二 生计资本视角下的农户生计策略选择

以各类生计策略作为因变量，以生计资本为自变量，并将各类生计风险以虚拟变量引入模型，运用 Probit 模型分析五类生计资本和各类生计风险对生计策略的影响。由于发生频数太少，购买保险无法获得模型结果，被边缘化风险、社会组织结构解体风险、社会不稳定风险以及各类自然风险中的回归结果均存在缺失。具体回归结果如表 15-7 所示。

表 15-7　　生计策略选择的 Probit 回归模型及参数估计

自变量 \ 因变量	外出打工	返回原居住地生活	出售资产	贷款或借款	降低消费水平
自然资本	0.151	0.066	0.183	0.132	-0.560
人力资本	0.787	-0.757	0.075	0.264	0.777**
物质资本	0.847	0.603	-0.008	0.207	-0.172
社会资本	0.296	-0.169	-0.044	-0.723**	-0.061
金融资本	-0.250	-0.068	0.104	0.378	0.089
失业、找不到工作	0.127**	0.083*	-0.015	0.045	-0.013
无地可耕	-0.001	0.174***	-0.012	-0.019	0.095**
缺乏食物	0.073	-0.055	-0.009	-0.101	0.096*
生活成本上升	0.067	0.004	-0.019	-0.012	0.038
债务增加	0.066	-0.069	0.032	0.091	0.042
自己或家人患重病	-0.087	0.083	0.010	0.274***	-0.060**
老了以后没有生活保障	0.175**	0.033	0.014	0.065	-0.014
财产丢失或损坏	0.297**	0.036	0.062	-0.131	-0.053

续表

自变量＼因变量	外出打工	返回原居住地生活	出售资产	贷款或借款	降低消费水平
子女教育	0.237***	0.040	0.015	-0.056	-0.011
政策不稳定	-0.116	0.559***	0.377***	0.135	-0.019
社会不稳定	-0.309	0.562*	—	—	—
干旱	-0.057	—	—	-0.055	-0.034
暴雨、洪涝灾害	-0.207	0.020	0.241*	-0.182	0.183*
病虫害	0.067	—	—	-0.227	-0.051
冰雹	0.147	—	—	0.430**	0.269
凝冻	0.078	—	—	0.013	-0.040
N	390	277	261	388	322
Pseudo R^2	0.153	0.227	0.323	0.122	0.243

注：*代表 $P<0.10$，**代表 $P<0.05$，***代表 $P<0.01$。

（一）生计资本变量

五类生计资本中，只有人力资本和社会资本变量对生态移民家庭的生计策略选择产生影响。人力资本对降低消费水平产生显著正影响，即拥有越多人力资本的家庭，更可能以降低消费水平作为生计策略。社会资本对贷款或借款产生显著负影响，即拥有越多社会资本的家庭，越不会选择贷款或借款作为生计策略。

（二）经济风险变量

与社会风险和自然风险相比，经济风险变量对生计策略选择的影响更大，显著性更强。总体而言，面临经济风险的家庭，所选择的生计策略并不聚焦，也就是不会集中在某一个生计策略，更多的情况是选择多个生计策略共同规避生计风险。

（1）失业、找不到工作。失业、找不到工作对外出打工和返回原居住地生活产生显著正影响，即面临失业、找不到工作风险的家庭，更会选择外出打工及返回原居住地生活。

（2）无地可耕。无地可耕对返回原居住地生活和降低消费水平产生显著正影响，即面临无地可耕风险的家庭，更会选择返回原居住地生活和降低消费水平的生计策略。

（3）缺乏食物。缺乏食物对降低消费水平产生显著正影响，即面临缺乏食物风险的家庭，越会做出降低消费水平的选择。

（4）自己或家人患重病。自己或家人患重病对贷款或借款产生显著正影响，即面临自己或家人患重病风险的家庭，更会以贷款或借款作为生计策略；自己或家人患重病对降低消费水平产生显著负影响，即面临自己或家人患重病风险的家庭，更无法降低消费水平。

（5）老了以后没有生活保障和财产丢失或损坏。面临这两类风险的家庭，都更愿意选择外出打工作为生计策略，呈现出显著正影响。

（三）社会风险变量

社会风险变量对生计策略选择的影响较小，只有子女教育、政策不稳定及社会不稳定三个风险变量对生计策略选择产生显著影响，被边缘化和社会组织结构解体两个风险变量由于样本量太小而被剔除。

（1）子女教育。面临子女教育风险的家庭，都更愿意选择外出打工作为生计策略，呈现出显著正影响。

（2）政策不稳定。面临政策不稳定风险的家庭，更会选择返回原居住地生活及出售资产的生计策略，呈现出显著正影响。

（3）社会不稳定。面临社会不稳定的家庭，更会选择返回原居住地生活，呈现出显著正影响。

（四）自然风险变量

由于城镇集中安置后，移民家庭主要依托非农产业维持生计，自然风险相对较少。因此，自然风险变量对生计策略选择的影响最小，只有暴雨、洪涝灾害以及冰雹风险对生计策略的选择产生了显著的影响。

（1）暴雨、洪涝灾害。面临暴雨、洪涝灾害风险的家庭，更愿意以出售资产及降低消费水平作为生计策略，呈现出显著正影响。

（2）冰雹。面临冰雹风险的家庭，更会选择贷款或借款作为生计策略，呈现出显著正影响。

第十五章 生态移民生计风险与生计策略选择研究

第五节 结论与政策含义

一 结论

从理论上讲，城镇集中安置模式下，生态移民搬迁以后将会面临来自经济、社会和自然方面的风险；但从现实状况来看，远离土地造成自然风险的弱化；大多数社会风险需要经历一个较长时间才能得以体现，因而在短期内社会风险的影响力不足；现阶段，生态移民家庭主要面临来自经济方面的风险，直接导致其没有足够的经济来源去摆脱脆弱的生活状况。究其主要原因，与生态移民家庭拥有的生计资本存在着一定的相关性。

五类生计资本中，除物质资本以外，其余四类生计资本对生态移民家庭面临的生计风险都或多或少存在着显著性的影响。影响最大的是金融资本，其次是自然资本，然后是人力资本和社会资本。可见，金融资本由于其能够直接解决生态移民家庭的短期经济问题（如解决建房所需资金等），在移民搬迁初期是五大资本中非常重要的一类生计资本，也是抵御经济风险过程中最为重要的一类生计资本。城镇集中安置模式下，生态移民群体存在着典型的两栖现象，自然资本仍然占据比较重要的地位，对于抵御风险特别是经济风险上的作用无法发生改变，还保有其作为农民最后一道防线的职责。人力资本是五类生计资本中最具创造力的资本，它的高与低可能会影响其他生计资本的提升或降低，目前，生态移民群体的人力资本不足，无法带动其他生计资本的提升，更难以抵御生计风险。在五类生计资本中，生态移民家庭拥有的社会资本水平最高，但其在抵御经济风险和社会风险方面没有表现出显著影响，只是在应对自然风险方面表现出显著影响，但随着远离土地、远离农村，这种影响也显得无关紧要了。

在现有生计资本水平下，为了应对各类生计风险，生态移民家庭会选择合适的生计策略。这些生计策略主要包括五类：外出打工、返回原居住地生活、贷款或借款、降低消费水平以及出售资产。五类生计资本对生计策略选择的影响较弱，基本没有产生显著影响。同一类风险对于不同的生计策略都会产生显著的影响，即农户会选择多种生计策略去规避风险。在五种生计策略中，各类生计风险对外出打工的影响最大，即更多的家庭会以外出打工作为生计策略，它可以规避失业、没有生活保障、财产丢失和子女教育的风险，虽然普遍采用但也不能马上解决所有问题，这与生态移民外出打工时间、从事的职业及收入有关。在城镇"无土安置"模式下，返回原居住地生活是生态移民家庭普遍选择的一种生计策略，不仅能够保留农业收入，而且还能规避失业找不到工作、政策不稳定及社会不稳定的风险。借款或贷款虽然也是常用的生计策略，但各类生计风险似乎对其并未产生明显的影响，这可能是因为这种生计策略虽然可以解决燃眉之急，但如果在短期内无法偿还债务又无法获得新的收入来源的情况下，便会加重家庭负担，反而造成负面影响。移民搬迁至安置点，生活成本明显上升，降低消费水平是一种非常直接的规避风险的生计策略，面临缺乏食物、无地可耕、暴雨洪涝灾害以及自己或家人患重病风险的家庭更愿意选择这种生计策略，但消费水平本就很低而且基本属于必需消费的生态移民家庭想通过降低消费水平来解决困难，其作用是极为有限的。出售资产策略面临的困难与降低消费水平类似，在物质资本相对缺乏的情况下，出售资产又何以应对生计风险呢？

总之，生态移民家庭由于其自身拥有的生计资本不足，使其必然面临来自于经济、社会和自然方面的生计风险，为了应对这些生计风险可以采取相应的生计策略加以规避，但这些生计策略想要发挥作用也应以具备一定的生计资本为基础，否则也无法规避风险，实现生态移民可持续发展。

二 政策含义

根据上述结论，本章认为规避生计风险、选择合适生计策略的基础就是提升优化生态移民的生计资本，进而达到生计目标，实现可持续发展。基于此，应从政策层面想方设法提升生态移民的生计资本数量，尤其是提升金融资本和人力资本的数量。首先，深化农村金融体制改革，完善农村金融体系，促进信贷供给服务多元化发展，繁荣农村金融市场，为生态移民金融资本的增加提供体制机制保障。其次，通过教育培训提升人力资本，一是进一步加大农村教育投入，提高基础教育质量，提升生态移民群体的整个受教育水平；二是推进农村职业教育，加大技能培训力度，对移民进行有针对性的非农技术和职业培训，提高移民的择业能力和就业能力，促进其自身能力的良性循环。再次，进一步完善农村社会保障体系，深化教育和卫生体制改革，促进公共服务均等化和社会公平。最后，多渠道增加生态移民的收入来源，如可结合"三变"改革，盘活移民现有资产，同时借助农村产业革命，促进农村产业发展，提高吸收就业的能力。

第五篇 结论

第十六章

主要结论

通过总论、评价、机制、专题及结论五个篇章的研究，本书将理论分析、实践成效、评价体系、机制构建及专题讨论充分结合，系统描述生态移民可持续发展的现状与特征，分别从经济、社会和生态三个层面评估生态移民可持续发展的水平，归纳总结生态移民可持续发展模式、发展意愿及发展重点，认清生态移民可持续发展的困境，提出生态移民可持续发展的路径，构建生态移民可持续发展的政策保障体系，并通过对就业适应性、生计资本、生计风险及生计策略等有关生态移民可持续发展的关键问题进行专题讨论，呈现出理论框架清晰、评价体系完整、实证分析细致、机制构建完整、专题探讨深入的风格，通过系统研究获得以下主要结论。

（1）可持续发展问题是政府、社会和个人普遍关注的焦点，实施易地扶贫搬迁是为了让贫困农户彻底摆脱贫困的代际传递，但这不是最终目标，最终目标是可持续发展，不仅涉及经济上的可持续发展，还涉及社会、生态等方面的可持续发展，需要可持续发展理论、可持续生计理论、反贫困理论、人口迁移理论及人力资本理论等作为理论基础，支撑本书的相关研究工作。

（2）国外关于生态移民的研究是从生态移民的内涵和可持续生计理论方面展开的，但国内的研究更多的是从实践出发，研究的焦点放在了生态移民可持续发展方面，包括生态移民可持续发展的意义、生态移民可持续发展的评价及生态移民可持续发展的策略等。

(3) 易地扶贫搬迁作为一项非常重要的反贫困措施,对于降低贫困发生率,减少贫困人口,改善贫困人口生活质量,加强民族团结,促进小城镇发展,加快迁出地脆弱的生态环境恢复等,都具有非常重要的作用。但是,大规模生态移民的迁出必然也会引发一些问题,如生态移民可持续发展问题、社会融入问题及迁出区重建问题等,这些问题的存在使生态移民实现可持续发展面临现实挑战。但在整个易地扶贫搬迁实施推进过程中,成效还是显著的,特别是对帮助贫困人口脱贫、改善恶劣的生存环境做出了极大贡献。

(4) 生态移民家庭收入水平普遍不高,约半数家庭在移民搬迁后的收入水平处于中等以下;与收入的变化不同,消费支出特别是生活性的消费支出明显增加;为了修建新居,生态移民家庭都或多或少地存在家庭债务负担,与搬迁前相比,这些家庭的债务负担也明显增大;移民搬迁后的就业状况也令人担忧,产业园区、公益性岗位解决就业的能力有限,自主创业虽然占有一定的比例但发展吃力,外出打工仍是主要的就业方式;就业的不充分,可能是由于培训的不到位造成的,培训的内容主要倾向于种植技术培训,不利于移民在安置点就业;移民子女可以公平地享受安置地的教育资源;公立医院(卫生所)、私人诊所和药店等医疗服务机构基本能覆盖各个生态移民安置点,能够为移民提供较为便利的医疗卫生服务。移民搬迁以后可以获得可持续发展,但这种发展较为脆弱,随时可能陷入不可持续的状态。

(5) 影响移民家庭收入水平的因素很多,其中家庭劳动力数量、从事的职业及是否参加过技术技能培训等因素都产生了显著的影响,并且还获得了一致的结论。生态移民搬迁以后的家庭收入水平、家庭债务负担、就业状况、培训状况、子女就学状况及医疗卫生状况等与其实现经济可持续发展有着极为密切的关系,其中收入水平是反映移民经济可持续发展最重要的方面,家庭劳动力数量、从事的职业及是否参加过技术技能培训等因素对收入都产生了显著的影响。因此,获得持续稳定的收入来源是移民实现经济可持续发展的前提和保障,从政策上帮助移民就业,让移民参与有利于就业的技术技能培训,是实现移民可持续发展的重要途径。

（6）通过对生态移民社会可持续发展状况开展综合评价发现，虽然居住环境、生活质量、社会关系以及面临的困难状况等方面社会可持续发展状况呈现出较好的趋势，但是最关键的就业状况和人口综合素质状况整体比例低且综合指数下降，说明在短期内贵州省生态移民社会可持续发展的整体现状不乐观，需要重点解决就业问题和整体人口素质问题，进而实现移民自身的循序渐进的可持续发展。

（7）易地扶贫搬迁政策实施以后对迁出区和迁入区的生态环境都产生了一定的影响，一些地区的生态脆弱问题和土地退化问题得到大幅度改善，但要彻底改善移民区的生态环境现状，从源头上解决生态环境的根本性问题，就必须转变这些地区原来的生产、生活方式，扼制人类活动对生态环境的破坏。

（8）贵州省已经形成了以小城镇发展模式为主，多种模式互为补充的发展态势。小城镇发展模式通过移民的聚集带动安置区域的经济增长，推进城镇化进程，并进而带动移民摆脱贫困、增收致富。低碳发展模式遵循"既要金山银山又要绿水青山"的理念，走出了一条实现"脱贫"和"生态"可持续发展的新路。特色产业发展模式充分利用资源优势，全力发展特色产业，促进特色产业不断发展壮大，为社会提供更多的就业机会，带动移民脱贫致富。走小城镇发展模式的安置区域，也必须兼顾生态优先、绿色发展，将低碳发展理念贯穿易地扶贫搬迁的全过程，并充分结合全省特色产业发展趋势，既解决移民后续发展问题，又促进小城镇快速发展，也驱动特色产业转型升级，一举三得，有效提升易地扶贫搬迁政策的实施效果。

（9）移民在就业、就医、就学、政策及生产上都存在强烈的需求意愿，从某种程度上对易地扶贫搬迁政策的顺利实施具有正面的积极效应，但也能看到这些需求意愿的满足程度和满足水平还与移民的预期存在着一定的差距。因此在实现生态移民可持续发展的道路上，需要把握生态移民可持续发展的重点：坚持生态移民与城镇化发展相结合、扶持生态移民后续产业、完善生态移民政策体系和加强移民教育培训，使移民能快速从原来的传统生活生产方式中顺利转产转业，适应新环境，增加就业机会，消除对维持生计压力的忧患，最终实现自身可持续发展。

(10) 影响生态移民可持续发展的因素既有来自生态移民内部的因素，也有来自生态移民外部的因素，概括起来包括政策执行不力、角色转换困难、资金投入不足、移民技能欠缺、社保覆盖面低、社区服务滞后、基础设施薄弱、土地调整困难等。针对这些问题，本书从政策支持、产业发展、素质提升、社保体系、社区环境、配套建设及生态修复等方面提出了实现生态移民可持续发展的路径，并从就业创业、医疗卫生、教育、社会福利、区域产业和生活环境改善六大方面构建了生态移民可持续发展的政策保障体系，为生态移民可持续发展提供一套完整的实现机制。

(11) 就业是获得稳定收入来源的可持续方式，生态移民的就业适应性越强就越能获得稳定的收入来源并促进自身的可持续发展。生态移民就业所从事的职业以外出打工和务农为主，自主创业的比重也在逐渐增加。外出打工以省外打工为主，务农以回原居住地为主，自主创业以商业服务业、餐饮服务业为主。生态移民中有69.8%对就业适应性较好，移民就业能力、就业政策和制度、就业环境对生态移民就业适应性产生显著影响。当务之急，必须为生态移民提供满足移民自身需求和市场需求的就业创业培训，最大限度地提升生态移民的就业能力，获得稳定的收入来源，增强就业适应性；尽可能扩大各项政策对生态移民的惠及力度，同时完善有利于就业的社会保障制度；应强化产业支撑能力，想方设法推动产业更快更好发展，优化生态移民的就业环境，提供满足需求的就业岗位。

(12) 生态移民面临经济风险、社会风险和福利风险。经济风险中的生活成本增加、无法耕种原有土地、债务增加、缺乏食物、自然灾害以及财产损失会受到生计资本、生态移民政策以及生计策略的影响。社会风险中政策不稳定受生计资本的影响。福利风险中的子女教育、自己和家人患重病以及养老风险受生计资本、生态移民政策以及生计策略（按就业状况分类：无业、失业或待业、纯农型生计策略、农兼型生计策略、兼农型生计策略、非农型生计策略）共同影响，可以通过改善生计资本构成，完善生态移民制度，改变生计策略来提高生态移民抵御风险的能力。

（13）生态移民面临的生计风险与其拥有的生计资本存在一定的相关性，除物质资本之外，其余四类生计资本对生态移民家庭面临的生计风险都或多或少存在着显著性的影响，影响最大的是金融资本，其次是自然资本，然后是人力资本和社会资本。为了应对各类生计风险，生态移民家庭会选择合适的生计策略（按具体措施分类：外出打工、返回原居住地生活、贷款或借款、降低消费水平以及出售资产）。两种生计策略的分类方式不同，但其与生计资本、生计风险之间的关系呈现出一致性，即规避生计风险与生计策略的选择密切相关。在现有生计资本水平下，五类生计资本对生计策略选择的影响较弱，基本没有产生显著影响。同一类风险对于不同的生计策略都会产生显著的影响，即农户会选择多种生计策略去规避风险。生态移民家庭由于其自身拥有的生计资本不足，使其必然面临来自于经济、社会和自然方面的生计风险，为了应对这些生计风险可以采取相应的生计策略加以规避，但这些生计策略想要发挥作用也应以具备一定的生计资本为基础，否则也无法规避风险，实现生态移民可持续发展。所以规避生计风险、选择合适生计策略的基础就是提升优化生态移民的生计资本，进而达到生计目标，实现可持续发展。基于此，应从政策层面想方设法提升生态移民的生计资本数量，尤其是提升金融资本和人力资本的数量。

第十七章

研究展望

尽管本书从理论层面和实践层面对生态移民的可持续发展问题做了较为系统的研究,揭示了生态移民可持续发展的现状及水平,构建了生态移民可持续发展的机制,探讨了与生态移民可持续发展相关的其他重要问题,既有理论分析也有实践讨论,但还存在一些不足:

(1) 易地扶贫搬迁政策并非一项立竿见影的政策,而是一项具有持久效应的政策,政策实施以后的生态移民是否能够实现可持续发展也需要经历一定的时间阶段才有可能见成效,目前的一手调研数据资料只涉及2015年和2017年的,只能获得易地扶贫搬迁政策实施的阶段性成果,而对于"搬得出、稳定住、能致富"目标的最终实现还存在一定的差距。

(2) 几个时间点的调研样本都是不一致的,导致不同年度的数据缺乏可比性。在评价指标选取方面,指标不够全面,涉及面相对狭隘,造成计算结果存在一定的局限性;特别是在进行生态移民可持续发展评价的过程中,由于数据不充足,造成定量分析受阻,而以案例分析代替。

(3) 易地扶贫搬迁是一项利国利民的好政策,搬迁后的移民最终都会实现可持续发展,从这个角度上来说,在实现最终目标的过程中,我们是需要评价可持续发展现状的,但更为重要的关注点是在实现可持续发展过程中将要面临的问题、困难或是障碍。本书的研究也确实对生态移民可持续发展面临的困境、发展的路径及政策保障进行了认真分析，但是这种分析还多处于概括性的，对今后解决每一个实际问题的参考价值有限。

随着易地扶贫搬迁政策的推进，移民的发展状况、心态、诉求、困难都会随之发生变化，因此，对于易地扶贫搬迁移民的研究内容和研究对象也会随之发生变化。当前，易地扶贫搬迁已经全面转战后续扶持发展阶段，新的阶段必然面临新的课题，移民后续发展研究就是一个庞大的系统研究，涉及移民培训就业、公共服务、社区治理、社会融入、社会保障等问题，每一方面既相互独立又相互关联，在移民后续发展的过程中，每个方面的问题都会呈现出不同的特征，并面临不同的困境，需要从理论层面和实践层面共同寻求解决之道，因此每个方面都需要进行深入而系统的研究。具体而言，其深入研究的内容可涉及以下几个方面：

（1）移民培训就业问题。在移民培训方面，侧重于培训效果的评价、培训方式方法的改进、培训适用性等问题；在移民就业方面，涉及就业能力的提升、就业环境的构建、就业质量的评价及就业稳定性适应性等方面。

（2）移民社会融入问题。从移民自身、社会因素、经济因素、政治因素及文化因素等方面去探讨影响移民社会融入的原因；从心理干预、社会帮扶、政策支持等角度探讨促进移民融入的方式、方法及手段；探讨移民社会融入与安置点经济社会发展的相互关系，以及对稳定脱贫的重要意义等方面。

（3）移民社区治理问题。研究移民社区治理的痛点、难点及重点；分析完善社区治理体系的障碍；创新移民社区治理的模式和机制；做好移民社区治理的政策措施等。

（4）移民公共服务问题。分析研究移民公共服务需求特征及意愿；如何构建完善的教育、医疗、交通、信息等公共服务体系；如何提升为移民提供公共服务的能力；公共服务的公平获得水平及实现效果评价等都是值得深入研究的。

可以说，易地扶贫搬迁以后所形成的庞大的移民群体，将在今后的较长的一段时间内，完成身份的转变，完成生产生活方式的转变，其后续发展成为其中最为关键的一环,虽然从国家和地方政府层面都设计了一系列较为完整的体制机制以保障移民的后续发展,但移民在后续发展过程中必然会涌现出各种各样的问题,并非一套完整的政策体系能够全部囊括在内,比如心理调适、公平效率、实施效果、形成原因、机制体制等方面的问题,都需要分别从心理学、人类学、社会学、管理学、经济学等不同学科入手,综合考虑并深入分析才能获得理论上的论证及实践上的破解。总之,关于易地扶贫搬迁移民的研究范围极其丰富,无论从理论层面还是从实践层面都有太多可以选择的研究方向,是一个值得去深入探讨的研究对象。

附 录

附录一

生态移民家庭调查问卷

一 移民家庭基本情况及人力资本调查

1. 家庭成员基本情况（家庭成员定义：在家居住6个月以上，以及虽然常年在外6个月以上但与家庭经济关系密切的人。不包括分家、出嫁、参军和户口迁出去的学生）

	性别	民族	与户主的关系	年龄	文化程度	婚姻状况	健康状况	个人特长	目前从事职业（2016年）	对选择3—8答案的追加提问		
										如选"3.在产业园区就业"，具体是：	如选"4.在政府安排的公益性岗位就业"，具体做是：	如选"5.自己创业"，具体做：| 如选"外出打工"，从事的行业是：
	1.男 2.女	1.汉 2.苗 3.布依 4.侗 5.土家 6.彝 7.仡佬 8.水 9.其他	（见"户主关系代码表"）	（见"生与关肖岁代系码表"）	（见"文化程度代码"）	1.已婚 2.未婚 3.离异 4.丧偶	1.很好 2.较好 3.一般 4.不太好 5.很不好（请注明各种原因生活不能自理的）	1.木匠 2.铁匠 3.工艺品制作 4.医生 5.兽医 6.其他（请注明）	1.安置点务农 2.回原居住地务农 3.在安置点产业园区就业 4.在政府安排的公益性岗位就业 5.自己创业 6.在省外打工 7.在省内县外打工 8.在县内乡外打工（镇）9.无业/失业/待业 10.其他（请注明）	①管理人员 ②技术人员 ③销售人员 ④工人 ⑤保安 ⑥其他	①社区管理 ②社区保安 ③环卫工人 ④绿化 ⑤幼儿教师 ⑥其他	①商业服务 ②餐饮服务 ③交通运输 ④工艺品 ⑤家具 ⑥其他	①建筑装修 ②制造业 ③商业服务 ④餐饮业 ⑤农业 ⑥其他行业
家庭成员 成员1													

续表

家庭成员	性别	民族	与户主的关系	年龄	文化程度	婚姻状况	健康状况	个人特长	目前从事职业（2016年）	对选择3—8答案的追加提问		
	1.男 2.女	1.汉 2.苗 3.布依 4.侗 5.土家 6.彝 7.仡佬 8.水 9.其他	（见"与户主关系代码表"）	（见"生肖岁周代码表"）	（见"文化程度代码"）	1.已婚 2.未婚 3.离异 4.丧偶	1.很好 2.较好 3.一般 4.不太好 5.很不好（指因各种原因生活不能自理的）	1.木匠 2.铁匠 3.工艺品制作 4.医生 5.兽医 6.其他（请注明）	1.安置点务农 2.回原居住地务农 3.在安置点产业园区就业 4.在政府安排的公益性岗位就业 5.自己创业 6.在家外打工 7.在省内县外打工 8.在县内乡（镇）外打工 9.无业/失业/待业 10.其他（请注明）	如选"3.在产业园区就业"，具体是：①管理人员 ②技术人员 ③销售人员 ④工人 ⑤保安 ⑥其他 如选"4.在公益性岗位就业"，具体是：①社区管理 ②社区保安 ③环卫工人 ④绿化 ⑤幼儿教师 ⑥其他	如选"5.自己创业"，具体做：①商业服务 ②餐饮服务 ③交通运输 ④工艺品 ⑤家具 ⑥其他	如选"外出打工"，从事的行业是：①建筑装修 ②制造 ③商业服务 ④餐饮服务 ⑤农化 ⑥其他行业
成员2												
成员3												
成员4												
成员5												
成员6												

2. 移民搬迁相关情况调查

问题	搬迁缘由	搬迁距离	目前您家的户口登记地	目前您家的户口登记状况	政府为您家提供的安置条件	政府住房建设补助标准		除政府补助外，您家在住房建设上自筹了多少资金？	目前您认为您家面临的最大困难是什么？
		安置点到您家原来的居住地有多远？				如果是按户补助，户均多少？	如果是按人补助，人均多少？	自筹资金来源：	
答案选项及代码	1. 自愿 2. 强制 如果是"自愿搬迁"，原因是： 1. 原居住地生活条件太差 2. 没有土地或土地很少 3. 移民搬迁政策吸引人 4. 借机闯荡 5. 随大流 6. 其他（请注明） （单选）	(填数据) ＿＿千米	1. 安置点所在地 2. 移民前居住地 3. 其他（请注明） （单选）	1. 农业户口 2. 非农业户口 3. 没有户口 4. 其他（请注明） （单选）	1. 耕种的土地 2. 住房 3. 资金 4. 培训 5. 就业 6. 低保 7. 其他（请注明） （可多选）	(填数据) ＿＿元/户	(填数据) ＿＿元/人	自筹资金（存款） 1. 家庭积蓄 2. 子女资助 3. 亲戚朋友借款 4. 向银行贷款 5. 民间高利率借款 6. 其他（请注明） （可多选） (填数据) ＿＿元	1. 缺发展资金 2. 债务负担重 3. 住房面积小 4. 就地就业困难 5. 生活成本增加、压力大 6. 子女教育 7. 看病就医 8. 技术缺乏 9. 无地可耕 10. 其他（请注明） （可多选）
填代码或数据									

续表

问题	移民安置以来您家参加培训的情况				与移民前相比,您家的生活水平有什么变化?	搬到这里居住和生活,您是否满意?	要把移民工作做好,您认为政府应从哪些方面提供更大的帮助?
	是否参加了培训?	如果已经"参加"参加了多少次?	参加培训的内容是:	如果"未参加",希望政府提供哪些方面的培训?			
答案选项及代码	1.参加 2.未参加	1.5次及以上 2.4次 3.3次 4.2次 5.1次 6.0次	1.就业、创业培训 2.种植技术培训 3.养殖技术培训 4.其他(请注明)	1.就业培训 2.种植技术培训 3.养殖技术培训 4.其他(请注明)	1.上升很多 2.略有上升 3.没有变化 4.略有下降 5.下降很多	1.满意 2.不满意 如"满意",原因是: 1.住房条件好 2.居住环境好 3.配套设施与社会治安等 4.就业、务工渠道多 5.子女上学方便 6.看病就医方便 7.耕种的土地资源条件优越 8.其他原因(请注明) (按程度多选) 如"不满意",原因是: 1.补助标准低 2.住房条件差 3.居住环境差(配套设施与社会治安等) 4.就业、务工渠道少 5.子女上学不方便 6.看病就医不方便 7.耕种的土地资源条件差 8.其他原因(请注明) (按程度多选)	1.提高住房建设补助标准 2.提供针对性更强的专业技术培训 3.将移民户籍的人迁入地管理 4.加强配套基础设施建设 5.加大产业扶持力度 6.加大金融机构对移民贷款的支持力度 7.对困难移民家庭给予教育扶持 8.其他(请注明) (限选3—4项)
	(单选)	(单选)	(可多选)	(可多选)	(单选)	(单选)	
填代码或数据							

二 移民家庭自然资本调查

1. 家庭拥有的土地资源状况（实际利用面积：指实际经营并产生经济效益的面积）

土地类型	计量单位	目前拥有面积	目前实际利用面积
1. 耕地面积	亩		
＃水田面积	亩		
旱地面积	亩		
＃坡耕地（>25°）	亩		
＃退耕还林面积	亩		
2. 耕地外的其他土地	亩		
＃林地面积	亩		
果园面积	亩		
＃水果面积	亩		
干果面积	亩		
茶园面积	亩		
草地面积	亩		
鱼塘面积	亩		
其他（ ）	亩		

2. 土地流转情况

问题	2.1 目前您家是否将原居住地承包土地流转给他人经营？			2.2 您家搬迁后，原有土地/山林是如何处置的？	2.3 目前您家是否从其他人手中流转土地来经营？		
		如果回答"是"				如果回答"是"	
答案选项及代码	1. 是 2. 否	流转了多少亩给他人？	流转的方式是： 1. 出租 2. 抵押 3. 入股 4. 无偿送人耕种 5. 其他（请注明）	1. 全部自家使用 2. 部分自家使用，部分闲置 3. 部分自家使用，部分退耕还林 4. 全部闲置 5. 全部退耕还林 6. 全部收归集体 7. 其他（请注明）	1. 是 2. 否	从其他人手中流转了多少亩？	流转的方式是什么？ 1. 付租金租入 2. 抵押租入 3. 对方入股 4. 对方送 5. 其他（请注明）
填代码或数据		＿亩				＿亩	

三 移民家庭物质资本调查

1. 目前家庭住房情况

住房结构（从"1. 混凝土；2. 砖瓦；3. 砖木"中选择）：_____	
住房面积（不含圈舍等附属用房）：_____平方米（_____间）	
圈舍等附属用房面积：_____平方米（_____间）	
住房年限：_____年建（已有_____年）	入住时间：_____年

2. 目前家庭固定资产情况

生产工具	卡车：_____辆		耐用消费品	电动自行车：_____辆
	农用车：_____辆			电脑：_____台
	大中型拖拉机：_____辆			电视机（彩色）：_____台
	小型拖拉机：_____辆			固定电话：_____台
	小轿车：_____辆			移动电话（手机）：_____台
	摩托车：_____辆			空调：_____台
	犁耕机：_____台			电冰箱（冰柜）：_____台
	收割机：_____台			洗衣机：_____台
	其他（_____）：_____			照相机：_____台
牲畜	牲畜圈舍：_____平方米_____间			影碟机：_____台
	能繁母畜*：_____头			热水器：_____台
	耕牛：_____头			燃气灶：_____台
	役马：_____头			电饭煲：_____个
	其他（_____）：_____			其他（_____）：_____

注：*能繁母畜指专门用于繁殖仔畜的母畜（猪、牛）。

四 移民家庭金融资本调查

1. 家庭收入情况调查

1.1 2016年种植业和林果业收入

作物/产品（填代码）	播种面积	总产量	销售量	市场价格	总产值
	亩	千克	千克	元/千克	元

作物代码：	
1. 水稻	14. 烤烟
2. 玉米	15. 花生
3. 小麦	16. 蔬菜（不含辣椒）
4. 马铃薯	17. 辣椒
5. 红薯	18. 中药材
6. 黄豆	19. 苹果
7. 高粱	20. 柑橘
8. 小米	21. 梨子
9. 蚕豆	22. 核桃
10. 芸豆	23. 板栗
11. 苦荞	24. 樱桃
12. 薏苡米	25. 桃子
13. 油菜籽	26. 李子
	27. 其他（注明）

2016 年种植业和林果业投入

投入品	金额（元）	投入品	金额（元）
1. 种子（包括自己的种子）		8. 除草剂	
2. 尿素		9. 杀虫剂、杀菌剂	
3. 碳铵		10. 塑料薄膜和地膜	
4. 二铵		11. 雇工、雇机械费	
5. 磷肥		12. 生产资料租金	
6. 钾肥		13. 灌溉费	
7. 复合肥		14. 其他（请注明）	

1.2　2016 年畜牧业收入

项目			出售	自己食用	赠送	其他（注明）	项目			出售	自己食用	赠送	其他（注明）
猪	数量	头					禽	数量	只				
	价值	元						价值	元				
牛	数量	头					蛋	数量	斤				
	价值	元						价值	元				
羊	数量	只					鱼	数量	斤				
	价值	元						价值	元				
其他（_____）								数量					
								价值	元				

＊ 如果宰杀的畜禽 50% 以上出售，整头（只）统计为销售；50% 以上自食，则统计为食用。

2016 年养殖业投入（单位：元）

1. 饲料：玉米：＿＿＿千克＿＿＿元	2. 种苗：＿＿＿元
红薯：＿＿＿千克＿＿＿元	3. 医药费：＿＿＿元
糠麸：＿＿＿千克＿＿＿元	4. 放牧费：＿＿＿元
油饼：＿＿＿千克＿＿＿元	5. 其他（＿＿＿）：＿＿＿元
购买其他饲料：＿＿＿元	

1.3　2016 年家庭其他收入

收入项目	金额（元）	收入项目	金额（元）	收入项目	金额（元）
非农收入		转移性收入		赠送收入	
#工资收入		#种田补贴		其他转移收入	
外出打工收入		养殖补贴		财产性收入	
经商收入		就业补贴		#利息收入	
餐饮服务收入		土地流转补贴		租金收入	
运输收入		生态补偿		投资分红收入	
办厂收入		农村低保收入		财产增值收益	
其他非农收入		政府救济		其他财产收入	

说明：工资收入指在当地单位就业所获得的工资（外出打工的工资收入不计算其中）；农民种田补贴包括种粮补贴、良种补贴、农机具购置补贴、农资综合补贴等。

2. 移民家庭金融资本其他相关问题调查

问题	如果您家遇到资金困难，能否通过银行、亲朋好友筹集到所缺资金？	您家是否获得过信贷支持（包括正规渠道和非正规渠道）？	
			如果回答"是"
			获得的途径是：	已经还了多少？
答案选项及代码	1. 能 2. 不能	1. 是 2. 否	1. 银行（信用社） 2. 民间高利贷 3. 亲戚朋友借款 4. 其他（请注明） （可多选）	
填代码或数据				＿＿＿元

五 移民家庭社会资本调查

问题	选项		目前	搬迁前
家庭成员参加社区组织的数量（包括合作经济组织）（单选）	1. 5个及以上 3. 3个 5. 1个	2. 4个 4. 2个 6. 0个		
当遇到困难时，您家获得了来自哪些方面的帮助？（可多选）	1. 政府（含村委会） 3. 亲戚 5. 现在的邻居 7. 其他村民	2. 金融机构 4. 朋友 6. 搬迁前的邻居 8. 其他途径（请注明）		
当遇到困难时，您家获得了哪些方面的帮助？（可多选）	1. 获得资金方面的帮助 2. 获得物质方面的帮助 3. 获得技术方面的帮助 4. 获得劳动力方面的帮助 5. 其他帮助（请注明）			
您家与安置点社区干部（或村干部）的关系如何？（单选）	1. 很好 3. 一般 5. 很差	2. 较好 4. 较差		
您家与亲戚朋友的交往情况（单选）	1. 很频繁　2. 较为频繁　3. 一般 4. 交往较少　5. 几乎不往来			
亲戚朋友中，能给您家以实质性帮助的人有哪些？（可多选）	1. 县级及以上领导干部 3. 村级干部 5. 医生 7. 老板	2. 乡镇级领导干部 4. 政府部门一般工作人员 6. 教师 8. 其他（请注明）		
您家距离县城有多少千米？（填具体数据）			__千米	__千米

六 移民家庭生计风险调查

1. 移民家庭面临的生计风险（或者说最担心的是什么？在对应位置打"√"）

风险类型	目前	搬迁前	风险类型	目前	搬迁前
失业（找不到工作）			国家政策不稳定		
丧失土地（无地可耕）			社会不稳定（社会动荡）		
缺乏食物			被边缘化		
生活成本上升			社会组织结构解体		
债务增加			干旱		
子女教育			暴雨、洪涝灾害		
自己或家人患重病			病虫害		
老了以后没有生活保障			冰雹		
财产丢失（或损坏）			凝冻		
失去公共资源享有权			其他风险（请注明）		

2. 如果风险来临，您准备如何应对？（在对应位置打"√"）（可多选）

应对措施	外出打工	返回原居住地生活	出售资产	贷款或借款	降低消费水平	购买保险	其他（请注明）
目前							
搬迁前							

增加一个问题：

你家在老家的宅基地是否已进行了复垦：____。如果复垦了，政府补贴了多少？____元。如果没有复垦，原因是：_____，下一步是否准备复垦？____。

七　被访者联系方式

谢谢您参与我们的调查。我们非常希望能与您保持联系，希望您能告诉我们您的联系方式，以便将来与您保持联系。我们今后可能还将对您进行回访，以便进一步了解你们家发生的变化。我们会严格遵守科学研究的伦理及我国的有关法律法规，对您提供的信息严格保密。您的信息仅用于研究，绝不会向任何单位和个人泄露。我们为您信息保密承担法律责任。

谢谢您的理解和支持！

您的姓名是：_____　您的手机号码是：_____

您家的固定电话是：_____　您的 E‑mail 地址是：_____

附录二

移民安置点基本情况调查问卷

安置点：_____县（区、市）_____乡（镇）_____安置点
访谈对象：_____时间：_____调查员（签名）：_____

1. 该安置点基本情况

移民安置点概况	到县城的距离：_____千米	安置点所在乡镇概况	经济发展在全县的地位（从"好""中""差"三个答案中选择）：_____
	到所在乡镇政府所在地的距离：_____千米		2016年农民人均纯收入：_____元
	到最近的乡镇政府所在地的距离：_____千米		最重要的工业企业（填最重要的3个）　1.　2.　3.
	规划安置移民：_____户_____人		
	规划总投资：_____万元		最重要的农业主导产业（填最重要的3个）　1.　2.　3.
	首批移民安置时间：_____年		
	首批安置移民：_____户_____人		
	安置点是否通自来水？_____		有无产业园区？_____
	安置点是否通电？_____		有无农业园区？_____
	安置点是否通公路？_____		有无高中？_____
	安置点是否通电话？_____		有无初中？_____
	安置点是否有农贸市场？_____		有无医院？_____

2. 该安置点基础设施建设情况

329

2015年前移民住房建设补助：_____元/人	安置点目前已投入资金：_____万元
户均住房建设面积：_____平方米	#移民住房建设：_____万元
其中：户均门面：_____平方米	征地费用：_____万元
户均自筹住房资金（含装修）：_____万元	基础设施建设：_____万元
移民自筹资金的主要来源：_____	公共服务设施建设：_____万元
2016年移民住房建设补助：_____元/人	产业发展：_____万元
户均住房建设面积：_____平方米	技术技能培训：_____万元
其中：户均门面：_____平方米	其他（1._____）：_____万元
户均自筹住房资金（含装修）：_____万元	其他（2._____）：_____万元
移民自筹资金的主要来源：_____	其他（3._____）：_____万元

3. 该安置点移民就业情况

项目	公益性岗位就业	产业园区就业	在安置点务农	回原居住地务农	外出打工	无业/失业/待业	其他（请注明）
人数（人）							

4. 该安置点的其他情况

移民户口是否已迁到安置点（"是"或"否"）：2015年_____；2016年_____	
2015年前安置移民：_____户_____人	2016年前安置移民：_____户_____人
其中：贫困人口_____人	其中：贫困人口_____人
#享受低保的贫困人口_____人	#享受低保的贫困人口_____人
离安置点最近的公共服务设施距离	
最近的幼儿园：_____千米	最近的小学：_____千米
最近的初中：_____千米	最近的高中：_____千米
最近的医院：_____千米	最近的银行：_____千米
最近的邮局：_____千米	最近的农贸市场：_____千米

5. 搬迁安置以来，政府部门对移民及迁入地居民给予了哪些方面的支持？政策执行情况如何？

附录三

贵州省扶贫生态移民工程实施效果评估调查问卷

A. 移民搬迁相关情况调查

A1. 移民搬迁缘由_____ 1. 自愿 2. 强制

如果自愿，原因是_____ 1. 原居住地太穷、生活条件太差 2. 没有土地或土地很少 3. 移民搬迁政策吸引人 4. 借机闯荡 5. 随大溜 6. 其他（请注明）_____

A2. 目前您家的户口登记地是_____

1. 安置点所在地 2. 移民前居住地 3. 其他（请注明）_____

A3. 目前您家的户口登记状况_____ 1. 农业户口 2. 非农业户口 3. 没有户口 4. 其他（请注明）_____

A4. 政府为您家提供的安置条件_____（多选）1. 耕种的土地 2. 住房 3. 资金 4. 培训 5. 低保 6. 其他（请注明）_____

A5. 除政府补助外，您家在住房建设上自筹了多少资金？_____

自筹资金来源是_____（多选）1. 家庭积蓄（存款） 2. 子女资助 3. 亲戚朋友借款 4. 向银行贷款 5. 民间高利率借款 6. 其他（请注明）_____

A6. 目前您认为您家面临的最大困难是什么？_____ 1. 缺发展资金 2. 债务负担重 3. 住房面积小 4. 就地就业困难 5. 生活成本增加、压力大 6. 子女教育 7. 看病就医 8. 技术缺乏 9. 无地可耕 10. 其他（请注明）_____

B. 移民政策执行情况

B1. 移民政策满意度

问题	是否了解下列政策？1. 了解 2. 不了解	若了解，了解这些政策的渠道是什么？1. 电视、广播 2. 报纸、杂志 3. 网络 4. 村负责宣传 5. 亲朋好友 6. 其他（请注明）	是否享受下列政策？1. 享受 2. 不享受	对下列政策是否满意？1. 满意 2. 一般 3. 不满意	如果不满意，为什么？1. 政策没兑现 2. 政策标准低 3. 政策执行不力 4. 政策内容缺失 5. 其他（请注明）（多选）
住房政策					
土地政策					
就业政策					
产业政策					
创业政策					
社保政策					

B2. 移民工作负责部门对移民政策的落实积极吗？_____ 1. 积极 2. 很敷衍 3. 还行 4. 置之不理

B3. 政府发放的各种惠农补贴及时到位吗？_____ 1. 很及时 2. 一般 3. 老是拖 4. 不足额

B4. 具体的补贴和保障的满意度

问题	是否享受下列政策？1. 享受 2. 不享受	对下列政策是否满意？1. 满意 2. 一般 3. 不满意 4. 不了解
粮食直补		
农作物良种补贴		
农资综合补贴		
农机具购置补贴		
设施农业补贴		
畜禽良种补贴		
基础母牛补贴		

续表

问题	是否享受下列政策？1. 享受 2. 不享受	对下列政策是否满意？1. 满意 2. 一般 3. 不满意 4. 不了解
农业政策性保险补贴		
新型农村合作医疗		
农村居民最低生活保障		
新型农村社会养老保险		

C. 移民生产生活状况

C1. 土地状况

C1.1 搬迁前后土地资源状况（实际利用面积：指实际经营并产生经济效益的面积）

土地类型	计量单位	目前（搬迁后）		移民搬迁前	
		拥有面积	实际利用面积	拥有面积	实际利用面积
1. 耕地面积	亩				
#水田面积	亩				
旱地面积	亩				
#坡耕地（>15°）	亩				
#退耕还林面积	亩				
2. 耕地外的其他土地	亩				
#林地面积	亩				
果园面积	亩				
#水果面积	亩				
干果面积	亩				
茶园面积	亩				
草地面积	亩				
鱼塘面积	亩				

C1.2 您现在拥有的土地是否能符合生产需要？＿＿＿＿＿ 1. 符合 2. 差不多 3. 不符合（搬迁后如果没有分配土地，这道题不回答）

C1.3 搬迁后,您家是否将承包的土地流转给他人经营?_____ 1. 是   2. 否

如果是,流转方式是_____ 1. 出租   2. 抵押   3. 入股   4. 其他(请注明)_____

C1.4 搬迁后,您家原有土地/山林是如何处置的?_____ 1. 全部自家使用   2. 部分自家使用,部分闲置   3. 部分自家使用,部分退耕还林   4. 全部闲置   5. 全部退耕还林   6. 全部收归集体   7. 其他(请注明)_____

C1.5 搬迁后,您家原有宅基地是否进行复垦整治?_____ 1. 是   2. 否

C1.6 搬迁后,您家是否从其他人手中流转土地来经营?_____ 1. 是   2. 否

如果是,流转方式是_____ 1. 付租金租入   2. 抵押租入   3. 对方入股   4. 其他(请注明)_____

C2. 移民生产生活环境

C2.1 现在您家是否能够饮用到经过集中消毒处理的自来水?_____ 1. 是   2. 否

C2.2 安置点的道路路面状况是_____ 1. 水泥混凝土路   2. 柏油路   3. 沙土路   4. 其他(请注明)_____

C2.3 安置点是否有休闲健身设施?_____ 1. 有   2. 还在建设中   3. 没有   4. 不清楚

C2.4 安置点的健身设施能否满足移民的需求?_____ 1. 能满足   2. 基本满足   3. 勉强够用   4 不能满足

C2.5 安置点的环境卫生、绿化水平如何?_____ 1. 整洁干净、绿化水平高   2. 较干净、绿化程度较高   3. 不干净、绿化程度低   4. 脏、没有绿化

C2.6 安置点的治安如何?_____ 1. 很好、十分安全   2. 不安全   3. 一般   4. 较安全

C2.7 安置点的生态环境是否适合进行农业生产?_____ 1. 适合   2. 不适合

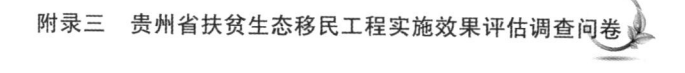

C2.8 安置点进行农业生产的基础设施条件是否具备？_____ 1. 具备 2. 不具备

C2.9 搬迁后，您家新购置了哪些固定资产？

调查项目		单位	数量	调查项目		单位	数量
生产工具	卡车	辆		耐用消费品	电动自行车	辆	
	农用车	辆			电脑	台	
	大中型拖拉机	辆			电视机（彩色）	台	
	小型拖拉机	辆			固定电话	台	
	小轿车	辆			移动电话（手机）	台	
	摩托车	辆			空调	台	
	犁耕机	台			电冰箱（冰柜）	台	
	收割机	台			洗衣机	台	
	其他（请注明）				照相机	台	
牲畜	牲畜圈舍	平方米			影碟机	台	
		间			热水器	台	
	能繁母畜*	头			燃气灶	台	
	耕牛	头			电饭煲	个	
	役马	头			其他（请注明）		

注：*能繁母畜指专门用于繁殖仔畜的母畜（猪、牛）。

C3. 移民就业情况

C3.1 您的家庭主要劳动力的工作是什么？_____ 1. 务农 2. 个体工商户 3. 在当地或外出打工 4. 私营企业主 5. 其他（请注明）_____

C3.2 您的家庭是否有人在产业园区就业？_____ 1. 有 2. 没有

如果有，具体是什么职业？_____ 1. 管理人员 2. 技术人员 3. 销售人员 4. 工人 5. 保安 6 其他（请注明）_____

C3.3 您的家庭是否有人在公益性岗位就业？_____ 1. 有 2. 没有

如果有，具体是什么职业？_____ 1. 社区管理 2. 社区保安 3. 环

卫工人　4. 绿化　5. 幼儿教师　6. 其他（请注明）_____

C3.4　您的家庭是否有人自己创业？_____ 1. 有　2. 没有

如果有，具体做什么？_____ 1. 商业服务　2. 餐饮服务　3. 交通运输　4. 工艺品　5. 家具　6. 皮鞋加工　7. 其他（请注明）_____

C3.5　您的家庭是否有人外出打工？_____ 1. 有　2. 没有

如果有，具体做什么？_____ 1. 建筑装修　2. 制造业　3. 商业服务　4. 餐饮服务　5. 农业　6. 其他行业（请注明）_____

C4. 移民家庭收入水平

C4.1　2014 年，您家的家庭年人均纯收入是_____？1. 1200 元及以下　2. 1201—4000 元　3. 4001—5000 元　4. 5001—10000 元　5. 10001 元及以上

C4.2　您家纯收入中_____。1. 农业收入占一半以上　2. 非农业收入占一半以上　3. 农业收入和非农业收入各占 50%　4. 主要靠后期扶持资金或政府救济补助

C4.3　您的家庭收入在搬迁后有什么变化？_____ 1. 上升很多　2. 略有上升　3. 没有变化　4. 略有下降　5. 下降很多　6. 不好说

C4.4　搬迁后，您的家庭收入是否能满足基本的生活所需？_____ 1. 完全足够　2. 有部分剩余　3. 勉强可以　4. 不能

C5. 移民家庭债务负担

C5.1　与搬迁前相比，如果您家遇到资金困难，能否通过银行、亲朋好友筹集到所缺资金？_____ 1. 能　2. 不能　3. 一样

C5.2　搬迁前，您家是否获得过信贷支持（包括正规渠道和非正规渠道）？_____ 1. 是　2. 否

如果是，获得的途径是_____ 1. 银行（信用社）　2. 民间高利贷　3. 亲戚朋友借款　4. 其他（请注明）_____

C5.3　搬迁后，您家是否获得过信贷支持（包括正规渠道和非正规渠道）？_____ 1. 是　2. 否

如果是，获得的途径是_____ 1. 银行（信用社）　2. 民间高利贷　3. 亲戚朋友借款　4. 其他（请注明）_____

C6. 移民家庭生活水平

C6.1 与搬迁前相比,您家的生活水平有什么变化?_____ 1. 上升很多 2. 略有上升 3. 没有变化 4. 略有下降 5. 下降很多 6. 不好说

C6.2 与搬迁前相比,您家的消费水平有什么变化?_____ 1. 上升很多 2. 略有上升 3. 没有变化 4. 略有下降 5. 下降很多 6. 不好说

C6.3 搬迁后,您家的家庭生活支出中哪个方面占比最大?_____ 1. 孩子读书 2. 赡养老人 3. 日常生活用品 4. 看病 5. 其他(请注明)_____

C7. 移民子女就学情况

C7.1 您的家庭中是否有学龄前儿童?_____1. 有 2. 没有

如果有,是否已安排上幼儿园?_____1. 安排 2. 没安排

如果安排,是否满意?_____1. 满意 2. 不满意

如果不满意,为什么?_____1. 条件差 2. 距离远 3. 价格高 4. 其他(请注明)_____

如果没安排,是什么原因?_____1. 还没来得及安排 2. 没有幼儿园 3. 不给安排 4. 自己不去 5. 其他(请注明)_____

C7.2 您的家庭中是否有学龄儿童?_____1. 有 2. 没有

如果有,是否已安排上学?_____1. 安排 2. 没安排

如果安排,是否满意?_____1. 满意 2. 不满意

如果不满意,为什么?_____1. 条件差 2. 距离远 3. 价格高 4. 其他(请注明)_____

如果没安排,是什么原因?_____1. 还没来得及 2. 附近没有学校 3. 不给安排 4. 自己不去 5. 其他(请注明)_____

C8. 移民医疗卫生状况

C8.1 搬迁后,最近的公立卫生所离您家有多远?_____(千米)

这个卫生所是什么级别?_____1. 村级 2. 乡(镇)级 3. 县级 4. 其他(请注明)_____

C8.2 安置点是否有药店?_____1. 有 2. 没有

如果有,有几家?_____

C8.3 在安置点所在地,除了公立的卫生所以外,是否有私人办的诊所?_____ 1. 有 2. 没有

C9. 移民培训状况

C9.1 您参加过培训吗?_____ 1. 参加过 2. 听过但未参加过 3. 没听说过

C9.2 如果参加,参加了多少次培训?_____ 1.5 次及以上 2.4 次 3.3 次 4.2 次 5.1 次 6.0 次

C9.3 参加培训的内容是_____(多选)1. 就业、创业培训 2. 种植技术培训 3. 养殖技术培训 4. 其他(请注明)_____

C9.4 如果未参加,您希望参加哪一类型的培训?_____(多选)1. 职业技能培训 2. 农业实用技术培训 3. 职业教育培训 4. 其他(请注明)_____

C9.5 您参加培训后最大的收获是什么?_____ 1. 就业容易了 2. 技能提高了 3. 收入增加了 4. 其他(请注明)_____

D. 移民满意度调查

D1. 搬到这里居住和生活,您是否满意?_____ 1. 满意 2. 不满意

如果满意,原因_____(多选)1. 住房条件好 2. 居住环境好(配套设施与社会治安等) 3. 就业、务工渠道多 4. 子女上学方便 5. 看病就医方便 6. 耕种的土地资源条件优越 7. 政策扶持力度大 8. 其他原因(请注明)_____

如果不满意,原因_____(多选)1. 住房条件不好 2. 居住环境不好(配套设施与社会治安等) 3. 就业、务工渠道少 4. 子女上学不方便 5. 看病就医不方便 6. 耕种的土地资源条件差 7. 政策扶持力度小 8. 其他原因(请注明)_____

D2. 您对自己现在从事的职业是否满意?_____ 1. 满意 2. 一般 3. 不满意 4. 不知道

如果不满意,为什么?_____ 1. 收入低 2. 距离远 3. 工作时间长 4. 岗位不对口 5. 其他(请注明)_____

D3. 您对安置点的交通条件是否满意?_____ 1. 满意 2. 不满意

如果不满意，原因是什么？_____ 1. 路况不好　2. 距离集市远　3. 班车少　4. 其他（请注明）_____

D4. 您对安置点的医疗卫生条件是否满意？_____ 1. 满意　2. 不满意

如果不满意，原因是什么？_____ 1. 医疗设备落后　2. 医生水平较差　3. 药品不足　4. 医院住院条件差　5. 其他（请注明）_____

D5. 您对安置点的通信条件是否满意？_____ 1. 满意　2. 不满意

如果不满意，原因是什么？_____ 1. 通信网络单一　2. 通信网络不稳定　3. 交费不方便　4. 其他（请注明）_____

D6. 您对安置点的文化生活条件是否满意？_____ 1. 满意　2. 不满意

如果不满意，原因是什么？_____ 1. 形式单一　2. 没人组织　3. 缺少场地　4. 其他（请注明）_____

D7. 您对现在的居住条件是否满意？_____ 1. 满意　2. 不满意

如果不满意，原因是什么？_____ 1. 住房面积小　2. 没有院子　3. 周边自然环境差　4. 基础设施不足　5. 认识人少　6. 其他（请注明）_____

D8. 您对现在的生产条件是否满意？_____ 1. 满意　2. 不满意

如果不满意，原因是什么？_____ 1. 土地质量差　2. 土地数量少　3. 土地离家太远　4. 生产成本上涨　5. 其他（请注明）_____

D9. 您是否感觉到当地人的排斥？_____ 1. 经常　2. 偶尔　3. 有时　4. 不会

D10. 您是否常与当地人交流？_____ 1. 经常　2. 偶尔　3. 有时　4. 不会

D11. 您是否已经适应了安置点的生产生活方式？_____ 1. 适应　2. 不适应

如果不适应，原因是什么？_____（多选）1. 被边缘化　2. 没有土地　3. 找不到工作　4. 缺乏食物　5. 生活成本上升　6. 债务增加　7. 子女教育　8. 老了以后没有生活保障　9. 财产丢失（或损坏）　10. 失去公共资源享有权　11. 国家政策不稳定　12. 社会不稳定　13. 其他

（请注明）_____

  D12. 您是否对未来充满信心？_____ 1. 是　2. 否　3. 不知道

  D13. 要把移民工作做好，您认为政府应从哪些方面提供更大的帮助？_____（多选）1. 提高住房建设补助标准　2. 提供针对性强的专业技术培训　3. 将移民户籍纳入迁入地管理　4. 加强配套基础设施建设　5. 加大产业扶持力度　6. 加大金融机构对移民贷款的支持力度　7. 对困难移民家庭给予教育扶持　8. 其他（请注明）_____。

参考文献

[1] Bilsborrow, R. E., Ogendo, H., "Population-driven Changes in Land Use in Developing Countries", *Ambio*, 1992, 21 (1): 37-45.

[2] Cernea M. M., "Public Policy Responses to Development-induced Population Displacements", *Economic and Political Weekly*, 1996, 31 (24): 1515-1523.

[3] Chad Dear, Steve McCool, "Causes and Consequences of Displacement Decision-Making in Banhine National Park, Mozambique", *Conservation and Society*, 2010, 8 (2).

[4] Chambers, R., Conway, G., "Sustainable Rural Livelihood: Practical Concepts for the 21st Century", IDS Discussion Paper 296. Brighton: Institution of Development Studies, 1992.

[5] Costanza, R., Darge, R. C., De Groot, R. et al., "The Value of the World's Ecosystem Services and Natural Capital", *Nature*, 1997, 387 (6630): 253-260.

[6] Davis, J., Lopezcarr, D., "The Effects of Migrant Remittances on Population-environment Dynamics in Migrant Origin Areas: International Migration, Fertility and Consumption in Highland Guatemala", *Population and Environment*, 2010, 32 (2): 216-237.

[7] Du, Y., Park, A., Wang, S., "Migration and Rural Poverty in China", *Journal of Comparative Economics*, 2005, 33 (4): 688-709.

[8] Dukhina, T. N., Tarasova, S. I., Taranova, E. V., et al., "Problematization of Social-and-ecological Aspects in Adaptation of the Forced Migrants in Stavropol Krai", *Asian Social Science*, 2015, 11

(8).

[9] El-Hinnawi, E., *Environmental Refugees*, Nairobi: United Nations Environment Programme, 1985: 1-3.

[10] Ethan Goffman, "Environmental Refugees: How Many, How Bad?", *CSA Discovery Guides*, 2006, 7: 1-15.

[11] Frank Biermann, Ingrid Boas, "Prapering for a Warmer World: Towards a Global Government System to Protect Climate Refugees", *Global Environmental Politics*, 2010 (1): 60-88.

[12] Grau, H. R., Aide, T. M., "Are Rural-Urban Migration and Sustainable Development Compatible in Mountain Systems?", *Mountain Research and Development*, 2007, 27 (2): 119-123.

[13] Gurung, Y. B., "Migration from Rural Nepal: A Social Exclusion Framework", *Himalaya: The Journal of the Association for Nepal and Himalayan Studies*, 2012, 31 (1).

[14] Henry Chandler Cowles, "The Ecological Relations of the Vegetation of the Sand Dunes of Lake Michigan", *Adopted from The New Encyclopedia Britannica, Micropedia*, Volume Ⅲ, Ready Reference and Index, Chicago University Press, 1899.

[15] Ian Scoones, "Sustainable Rural Livelihood: A Framework for Analysis", IDS Working Paper 72, Brighton: IDS, 1998.

[16] Jackson, S., Sleigh, A., "Resettlement for China's Three Gorges Dam: Socio-economic Impact and Institutional Tensions", *Communist and Post-communist Studies*, 2000, 33 (2): 223-241.

[17] Jared Diamond, Collapse, *How Societies Choose to Fail or Succeed*, New York: Viking Penguin Publishers, 2005.

[18] Jokisch, B. D., "Migration and Agricultural Change: The Case of Smallholder Agriculture in Highland Ecuador", *Human Ecology*, 2002, 30 (4): 523-550.

[19] Justin Lyle, "Resettlement of Ecological Migrants in Georgia: Recent Developments and Trends in Policy, Implementation, and Perception",

Flensburg: The European Centre for Minority Issues (ECMI) Working Paper, No. 53.

[20] Kai Schmidt-Soltau, Dan Brockington, "Protected Areas and Resettlement, What Scope for Voluntary Relocation?", *World Development*, 2007, 35 (12).

[21] Kees van der Geest, "North-South Migration in Ghana: What Role for the Environment?", http://geest.socsci.uva.nl/publications/vd_geest_ 2008a.

[22] Kothari, S. P., Laguerre, T. E., Leone, A. J., "Capitalization Versus Expensing: Evidence on the Uncertainty of Future Earnings from Capital Expenditures Versus R&D Outlays", *Review of Accounting Studies*, 2002, 7 (4): 355-382.

[23] Lester Brown, McGrath Patricia, Bruce Stokes, "Twenty-Two Dimensions of the Population Problem", Worldwatch Institution Worldwatch Paper 5, 1916.

[24] Marybelle Mitchell, *From Talking Chiefs to a Native Corporate Elite: The Birth of Class and Nationalism among Canadian Inuit*, Montreal: McGill-Queen's University Press, 1996.

[25] Myers, N., "*Environmental Refugees: An Emergent Security Issue*", 13th Economic Forum, Prague, 2005, 5: 23-27.

[26] Sabine Henry, Victor Piché, Dieudonné Ouédraogo, Eric F. Lambin, "Descriptive Analysis of the Individual Migratory Pathways According to Environmental Typologies", *Population and Environment*, 2004, 25 (5).

[27] Sophie Kimura, "Environmentally Displaced Persons", *Jackson School Journal of International Studies*, 2010, 1 (1): 10-21.

[28] Springer, J., "Addressing the Social Impacts of Conservation: Lessons from Experience and Future Directions", *Conservation and Society*, 2009, 7 (1).

[29] [瑞典] 冈纳·缪尔达尔:《世界贫困的挑战——世界反贫困大

纲》，北京经济学院出版社 1991 年版。

[30] 《贵州省国民经济和社会发展第十三个五年规划纲要》，《贵州日报》2016 年 2 月 17 日。

[31] 巴娜：《三峡库区移民就业问题研究》，硕士学位论文，中央民族大学，2010 年。

[32] 宝鲁：《浑善达克沙地牧区生态移民工程效益研究》，硕士学位论文，内蒙古师范大学，2006 年。

[33] 保罗·萨缪尔森、威廉·诺德豪斯、萧琛：《宏观经济学》（第 6 版），华夏出版社 2003 年版。

[34] 蔡洁、马红玉、夏显力：《集中连片特困区农地转出户生计策略选择研究——基于六盘山的微观实证分析》，《资源环境》2017 年第 11 期。

[35] 蔡志海：《汶川地震灾区贫困村农户生计资本分析》，《中国农村经济》2010 年 12 月。

[36] 陈晶：《区域生态补偿视阈下宁夏生态移民可持续发展问题研究》，《甘肃农业》2014 年第 24 期。

[37] 陈卫洪、漆雁斌：《喀斯特贫困地区生态建设与林业可持续发展对策研究——以贵州省为例》，《林业经济》2012 年第 11 期。

[38] 陈西风、何淑玲：《宁夏生态移民"政校企镇"四方联动培训就业模式探讨》，《当代畜牧》2015 年第 21 期。

[39] 陈昀、向明、陈金波：《嵌入视角下的生态移民可持续发展》，《管理学报》2014 年第 6 期。

[40] 陈政：《贵州扶贫生态移民工程实施中的问题和路径选择》，《贵州民族报》2013 年 11 月 11 日。

[41] 程辉：《易地扶贫搬迁：努力实现扶真贫、真扶贫、真脱贫》，《中国经济导报》2018 年 7 月 19 日。

[42] 初春霞、孟慧君：《生态移民与内蒙古经济可持续发展》，《农业现代化研究》2006 年第 2 期。

[43] 狄良川：《西部生态移民地区可持续发展模式研究——以宁夏吴忠孙家滩为例》，《宁夏农林科技》2014 年第 2 期。

[44] 董晓燕：《基于生态文明视角的高山生态移民效益评价研究——以武陵山片区石阡县为例》，《现代经济信息》2017年第21期。

[45] 杜发春：《三江源生态移民研究》，中国社会科学出版社2014年版。

[46] 杜慧莹、陈延、董宏林、周蕾：《宁夏生态移民可持续发展问题研究》，《安徽农业科学》2012年第18期。

[47] 冯利盈、李金香、王雅俊：《生态移民工程对农户生计资本的影响》，《农业科学研究》2015年第4期。

[48] 冯伟林、李树茁：《生态移民风险应对策略的选择及影响因素——基于农户禀赋的视角》，《农村经济》2016年第9期。

[49] 管雪梅、王立明：《甘肃河西生态移民就业问题初探——以酒泉市"两西"移民区为例》，《甘肃高师学报》2014年第3期。

[50] 《省人民政府关于印发贵州省2012年扶贫生态移民工程实施方案的通知》，《贵州省人民政府公报》，2012年6月。

[51] 郭圣乾、张纪伟：《农户生计资本脆弱性分析》，《经济经纬》2013年第3期。

[52] 郭执玺：《精准扶贫的实践困境与出路——基于陕西M县的调研》，《农村实用技术》2018年第12期。

[53] 国家统计局：《中国城镇居民贫困问题研究课题组和中国农村贫困标准课题组研究报告》（1990）。

[54] 韩立：《农业移民开发效益实证分析——基于对宁夏红寺堡灌区的调查》，《西北人口》2006年第4期。

[55] 韩沐汶、庄逐舟、马超等：《基于生态绿当量的生态移民区生态效益评价——以盐池县移民区为例》，《水土保持研究》2014年第6期。

[56] 韩晓佳、王亚娟、刘小鹏等：《基于不同利益相关者认知分析的生态移民安置区生态风险识别》，《应用生态学报》2017年第9期。

[57] 郝晓辉：《可持续发展指标体系初探》，《世界环境》1996年第1期。

[58] 洪银兴：《可持续发展经济学》，商务印书馆2000年版。

[59] 侯钧生：《西方社会学理论教程》，南开大学出版社2006年版。

[60] 侯双：《生计资本、外部环境与扶贫移民生计发展——以甘肃省L县集中安置移民搬迁为例》，硕士学位论文，华中师范大学，2016年。

[61] 胡业翠、刘桂真、何鑫茹：《可持续生计框架下生态移民区农户生计资本分析——以广西环江县金桥村为例》，《农业经济》2016年第12期。

[62] 黄海燕、王永平：《城镇安置生态移民可持续发展能力评价研究——基于贵州生态移民家庭的调研》，《农业现代化研究》2018年第4期。

[63] 黄娅：《生态移民社会适应性研究综述》，《佳木斯职业学院学报》2015年第8期。

[64] 嵇雷、刘晶晶：《水库移民社会适应性的多层次综合评价研究》，《人民长江》2015年第13期。

[65] 贾宁凤、赵烨誉、张学军：《移民搬迁前后生计资本变化的实证研究》，《水利经济》2017年第3期。

[66] 贾若祥、刘毅：《中国区域可持续发展状态及类型划分》，《地理研究》2003年第5期。

[67] 贾耀锋：《中国生态移民效益评估研究综述》，《资源科学》2016年第8期。

[68] 姜冬梅、隋燕娜、杨海凤：《草原牧区生态移民的贫困风险研究：以内蒙古苏尼特右旗为例》，《生态经济》2011年第11期。

[69] 蒋瑶、陈文波、吴雍琴、陈其兵：《黔东南生态移民效益评价研究》，《凯里学院学报》2016年第6期。

[70] 解彩霞：《三江源生态移民的社会适应研究》，硕士学位论文，兰州大学，2009年。

[71] 解彩霞：《三江源生态移民社会适应与回迁愿望分析》，《攀登》2010年第6期。

[72] 金莲、王永平、黄海燕等：《贵州省生态移民可持续发展的动力

机制》,《农业现代化研究》2013 年第 4 期。

[73] 金莲、王永平、马赞甫等:《国内外关于生态移民的生计资本、生计模式与生计风险的研究综述》,《世界农业》2015 年第 9 期。

[74] 金莲、王永平、周丕东、黄海燕:《贫困地区大规模生态移民可持续发展初探》,《经济研究导刊》2012 年第 24 期。

[75] 金莲、王永平、周丕东、黄海燕:《制约少数民族生态移民可持续发展的因素探究》,《生态经济》2012 年第 11 期。

[76] 金莲、王永平:《贵州省生态移民经济可持续发展研究》,《山地学报》2019 年第 1 期。

[77] 靳小怡、李成华、杜海峰等:《可持续生计分析框架应用的新领域:农民工生计研究》,《当代经济科学》2011 年第 3 期。

[78] 景文超:《西部生态脆弱区可持续发展模式研究》,硕士学位论文,西北师范大学,2013 年。

[79] 柯振发、廖玲华:《就业适应性问题研究综述》,《学理论》2010 年第 23 期。

[80] 孔寒凌、吴杰:《农户生计风险研究:以江西乐安县为例》,《广西民族大学学报》(哲学社会科学版)2007 年第 6 期。

[81] 寇淋:《可持续生计文献综述》,《改革与开放》2012 年第 6 期。

[82] 朗特里:《贫困与进步:对约克镇的第二次社会调查》,朗曼出版公司 1941 年版。

[83] 黎洁、李亚莉、邰秀军、李聪:《可持续生计分析框架下西部贫困退耕山区农户生计状况分析》,《中国农村观察》2009 年第 5 期。

[84] 李聪、柳玮、黄谦:《陕南移民搬迁背景下农户生计资本的现状与影响因素分析》,《当代经济科学》2014 年第 6 期。

[85] 李芬、张林波、朱夫静:《三江源区生态移民返牧风险的思考》,《农村经济与科技》2015 年第 1 期。

[86] 李锦:《四川横断山区生态移民的风险与对策研究》,《中南民族大学学报》(人文社会科学版)2008 年第 2 期。

[87] 李利锋、郑度:《区域可持续发展评价:进展与展望》,《地理科

学进展》2002年第3期。

[88] 李宁、龚世俊：《论宁夏地区生态移民》，《哈尔滨工业大学学报》（社会科学版）2003年第1期。

[89] 李培林、王晓毅：《移民、扶贫与生态文明建设——宁夏生态移民调研报告》，《宁夏社会科学》2013年第3期。

[90] 李群、郭慧秀、贾科利：《基于GIS的生态脆弱移民区生态环境质量评估——以宁夏红寺堡区为例》，《安徽农业科学》2016年第13期。

[91] 李若建：《香港的新移民及其社会适应问题》，《当代港澳》1996年第1期。

[92] 李水林、李少文：《整体近迁移民的社会适应性分析——武汉市金口新建镇区移民的个案研究》，《湖北社会科学》2002年第10期。

[93] 李晓红、孙红、郭蓉等：《贵州集中连片特殊困难地区贫困现状研究》，《生态经济评论》2012年第3期。

[94] 李耀松、许芬、李霞：《宁夏生态移民可持续发展研究》，《宁夏社会科学》2012年第1期。

[95] 联合国开发计划署：《1998年人类发展报告》，中国财政经济出版社1999年版。

[96] 梁福庆：《中国生态移民研究》，《三峡大学学报》（人文社会科学版）2011年第12期。

[97] 廖赤梅：《贫困与反贫困若干问题的探讨》，《广西师范学院》（哲学社会科学版）2002年第1期。

[98] 刘红、马博、王润球：《基于可持续生计视角的阿拉善生态移民研究》，《中央民族大学学报》（哲学社会科学版）2014第5期。

[99] 刘诗宇：《贵州省扶贫生态移民工程与城镇化推进政策研究》，《贵阳学院学报》（社会科学版）2015年第2期。

[100] 刘小强、王立群：《国内生态移民研究文献评述》，《生态经济》（学术版）2008年第1期。

[101] 刘学武：《宁夏生态移民无土安置区风险评估研究》，《地域研究

与开发》2016 年第 5 期。

[102] 刘英、闫慧珍：《生态移民——西部农村地区扶贫的可持续发展之路》，《北方经济》2006 年第 6 期。

[103] 刘玉侠：《精准扶贫中异地搬迁政策执行效果评估》，硕士学位论文，郑州大学，2019 年。

[104] 卢超：《生态移民迁入区区域可持续发展研究——以疏勒河流域瓜州县移民点为调研样本》，硕士学位论文，兰州大学，2010 年。

[105] 鲁顺元：《三江源区生态移民社会适应问题的调查与思考》，《青海师范大学学报》（哲学社会科学版）2009 年第 5 期。

[106] 逯长春：《扶贫生态移民就业保障机制研究》，《传承》2016 年第 6 期。

[107] 罗慧、霍有光、胡彦华等：《可持续发展理论综述》，《西北农林科技大学学报》（社会科学版）2004 年第 1 期。

[108] 罗秀英：《论少数民族贫困地区农民的可持续生计》，《青春岁月》2016 年第 15 期。

[109] 马斌：《内蒙古阿拉善盟生态移民工程效益评价研究》，硕士学位论文，中央民族大学，2013 年。

[110] 马晓梅：《宁夏生态移民社会适应性问题的调查研究》，《中共银川市委党校学报》2013 年第 2 期。

[111] 迈克尔·M. 赛尼：《移民与发展：世界银行移民政策与经验》，河海大学出版社 2002 年版。

[112] 毛谦谦：《陕南生态移民生计资本计量及政策贫困瞄准效率的实证研究》，硕士学位论文，西北农林科技大学，2015 年。

[113] 孟宪玲、张爱国、尹惠敏：《吉县生态移民水土保持效应的价值评估》，《中国水土保持》2013 年第 7 期。

[114] 潘国臣、李雪：《基于可持续生计框架（SLA）的脱贫风险分析与保险扶贫》，《保险研究》2016 年第 10 期。

[115] 庞汉：《加快推进高山生态移民对策研究》，《学术论坛》2016 年第 6 期。

[116] 彭峰、周银珍、李艳萍:《水库移民生计风险的影响因素研究》,《决策参与》2016年第6期。

[117] 彭豪祥、谭平、张国兵:《三峡工程移民的社会适应性调查》,《统计与决策》2008年第24期。

[118] 冉茂文:《移民搬迁时解决特困人口温饱问题的有效途径——贵州省移民搬迁成效、经验、问题与对策措施》,《贵州民族研究》2001年第2期。

[119] 任善英、朱广印、王艳:《牧区生态移民社会适应研究述评》,《生态经济》2014年第9期。

[120] 任耀武、袁国宝、季风瑚:《试论三峡库区生态移民》,《农业现代化研究》1993年第1期。

[121] 沈茂英:《基于农户可持续生计能力提升的生态政策研究》,《西部发展评论(2014)》2015年。

[122] 盛国滨:《论"三江源"地区生态移民与可持续发展》,《青海民族学院学报》2006年第1期。

[123] 史俊宏、赵立娟:《生计转型背景下少数民族牧区生态移民生计风险研究》,《经济论坛》2013年第10期。

[124] 史俊宏:《基于PSR模型的生态移民安置区可持续发展指标体系构建及评估方法研究》,《西北人口》2010年第4期。

[125] 史俊宏:《少数民族牧区生态移民可持续发展战略研究》,《生态经济》2015年第10期。

[126] 史俊宏:《生态移民生计转型风险管理:一个整合的概念框架与牧区实证检验》,《干旱区资源与环境》2015年第11期。

[127] 世界银行:《1990年世界发展报告》,中国财政经济出版社1990年版。

[128] 束锡红:《宁夏南部山区回族聚居区生态移民的社会适应研究》,《北方民族大学学报》(哲学社会科学版)2015年第4期。

[129] 税伟、徐国伟、兰肖雄等:《生态移民国外研究进展》,《世界地理研究》2012年第1期。

[130] 苏芳、尚海洋:《农户生计资本对其风险应对策略的影响——以

黑河流域张掖市为例》,《中国农村经济》2012年第8期。

[131] 孙曼莉:《迁入区生态移民项目的效益评估》,硕士学位论文,陕西师范大学,2008年。

[132] 覃明兴、陈昊:《广西少数民族扶贫生态移民社会整合中的风险研究》,《法制与经济》2015年第8期。

[133] 覃志敏:《社会网络与移民生计的分化发展——以桂林西集中安置扶贫移民为例》,博士学位论文,华中师范大学,2014年。

[134] 田成川:《低碳发展:贫困地区可持续发展的战略选择》,《宏观经济管理》2016年第6期。

[135] 田晓娟:《同心县生态移民的生活状况与社会适应研究——以石狮管委会惠安村移民点黄家水为例》,《宁夏社会科学》2012年第4期。

[136] 万文玉、赵雪雁、王伟军、薛冰:《高寒生态脆弱区农户的生计风险识别及应对策略》,《经济地理》2017年第37期。

[137] 汪磊、汪霞:《易地扶贫搬迁前后农户生计资本演化及其对增收的贡献度分析——基于贵州省的调查研究》,《探索》2016年第6期。

[138] 汪秀芬:《农户生计脆弱性研究——以广西长岗社区为例》,硕士学位论文,中国农业大学,2007年。

[139] 王伯承、吴晓萍:《风险社会与生态移民社区治理》,《西北民族大学学报》(哲学社会科学版)2016年第6期。

[140] 王朝良:《吊庄式移民开发——回族地区生态移民基地创建与发展研究》,中国社会科学出版社2005年版。

[141] 王承云:《三江库区移民就业及相关影响因素研究》,博士学位论文,武汉大学,2012年。

[142] 王放、王益谦:《论生态移民与长江上游可持续发展》,《人口与经济》2003年第4期。

[143] 王宏新、付甜、张文杰:《中国易地扶贫搬迁政策的演进特征——基于政策文本量化分析》,《国家行政学院学报》2017年第3期。

[144] 王静、胡业翠、武淑芳：《广西环江移民迁入区生态移民的环境影响研究》，《山地学报》2018年第1期。

[145] 王黎明、杨燕风、关庆锋：《三峡库区退耕坡地环境移民压力研究》，《地理学报》2001年第6期。

[146] 王乾丰：《解决三峡移民就业促进库区经济发展——以重庆市万州区为例》，《才智》2009年第20期。

[147] 王应政、戴斌武：《民族地区生态移民社会适应性研究——以贵州扶贫生态移民工程为例》，《贵阳学院学报》（社会科学版）2014年第9期。

[148] 王永平、陈勇：《贵州生态移民实践：成效、问题与对策思考》，《贵州民族研究》2012年第5期。

[149] 王永平、刘希磊、黄海燕、周丕东：《生态移民可持续发展对策探讨：基于城镇集中安置模式的思考》，《贵州农业科学》2013年第12期。

[150] 王永平、周丕东、黄海燕等：《生态移民与少数民族传统生产生活方式的转型研究——基于贵州世居少数民族生态移民的调研》，科学出版社2014年版。

[151] 魏向前：《集中连片特困地区生态移民可持续发展研究》，《长春市委党校学报》2014年第5期。

[152] 吴纪树：《生态移民若干法律问题初探——以贵州省"扶贫生态移民工程"引入》，《公民与法》（法学版）2013年第2期。

[153] 武国友：《"八七扶贫攻坚计划"的制定、实施及其成效》，《北京党史》2011年第5期。

[154] 席建超、张楠：《乡村旅游聚落农户生计模式演化研究——野三坡旅游区苟各庄村案例实证》，《旅游学刊》2016年第7期。

[155] 许汉石、乐章：《农户的养老风险及其规避——基于生计资本视角的实证研究》，《中南财经政法大学研究生学报》2010年第3期。

[156] 许汉石、乐章：《生计资本、生计风险与农户的生计策略》，《农业经济问题》2012年第10期。

[157] 许学强、张俊军:《广州城市可持续发展的综合评价》,《地理学报》2001年第1期。

[158] 薛立娟:《藏族移民社会适应性研究》,硕士学位论文,青海大学,2014年。

[159] 严琼:《三江源地区生态移民就业问题研究》,《青海民族大学学报》(社会科学版)2013年第1期。

[160] 岩佐茂:《环境的思想》,中央编译出版社1997年版。

[161] 杨梦蓉:《可持续生计框架下生态移民生计变迁研究》,硕士学位论文,贵州财经大学,2016年。

[162] 杨文、孙蚌珠、王学龙:《中国农村家庭脆弱性的测量与分解》,《经济研究》2012年第4期。

[163] 杨显明、米文宝、齐拓野、程子彪:《宁夏生态移民效益评价研究》,《干旱区资源与环境》2013年第4期。

[164] 杨彦平、金瑜:《社会适应性研究述评》,《心理科学》2006年第5期。

[165] 杨颖、胡娟:《贵州扶贫开发成效、历程及挑战思考》,《开发研究》2013年第2期。

[166] 杨云彦、赵锋:《可持续生计分析框架下农户生计资本的调查与分析——以南水北调(中线)工程库区为例》,《资源环境》2009年第3期。

[167] 杨忠秀、沙马打各:《生态移民——彝族经济可持续发展的必由之路》,《安徽农业科学》2007年第30期。

[168] 叶宁:《浙江丽水"生态移民"可持续生计风险评估与应对策略》,《农家参谋》2017年第8期。

[169] 尹秀娟、罗亚萍:《制约三江源地区生态移民迁入地可持续发展的因素》,《西北人口》2006年第5期。

[170] 俞刚:《可持续发展观视角下的民勤县生态移民问题研究》,《财会研究》2010年第3期。

[171] 张富富:《贵州省民族地区生态移民的生计问题研究》,硕士学位论文,贵州民族大学,2017年。

[172] 张建军:《塔里木河流域生态移民实践与可持续发展的对策探析》,《新疆农垦经济》2015年第10期。

[173] 张俊莉:《少数民族地区生态移民可持续发展制度创新的特征分析》,《贵州民族研究》2014年第11期。

[174] 张丽君:《中国牧区生态移民可持续发展实践及对策研究》,《民族研究》2013年第1期。

[175] 张美珍:《论圣彼得堡中亚劳务移民的社会适应问题》,《安徽文学》(下半月)2014年第5期。

[176] 张梦媛:《我国生态移民模式及可持续性研究》,硕士学位论文,北京林业大学,2015年。

[177] 张鹏:《体外冲击波治疗上尿路结石的疗效预测:人工神经网络和Logistic回归模型的建立与比较》,博士学位论文,南方医科大学,2012年。

[178] 张涛、袁辕、张志良:《移民效益评估理论与方法》,《中国人口科学》1997年第6期。

[179] 张铁军:《生态移民社会适应问题研究》,《中国井冈山干部学院学报》2012年第4期。

[180] 张文彤、董伟:《SPSS统计分析高级教程》,高等教育出版社2004年版。

[181] 张小明:《西部地区生态移民研究》,博士学位论文,西北农林科技大学,2008年。

[182] 张焱:《云南南部边境山区农户种植业结构调整决策行为研究》,博士学位论文,昆明理工大学,2016年。

[183] 张瑜:《少数民族生态移民可持续发展的动力机制研究——以贵州小城镇集中安置模式为例》,《经济视角》(下)2011年第12期。

[184] 张玉、程文燕、孙美伦、杨雷:《江西省重点生态功能区生态扶贫政策效果评价研究》,《经济研究导刊》2019年第32期。

[185] 张志强、孙成权、程国栋、牛文元:《可持续发展研究:进展与趋向》,《地球科学进展》1999年第6期。

[186] 赵庚:《宁夏生态移民可持续发展研究》,硕士学位论文,东北大学,2014年。

[187] 赵靖伟:《农户生计安全问题研究》,博士学位论文,西北农林科技大学,2011年。

[188] 赵雪雁、赵海莉、赵春凤:《石羊河下游地区农户的生计风险及应对策略——以民勤绿洲区为例》,《地理研究》2015年第5期。

[189] 赵雪雁:《生计资本对农牧民生活满意度的影响——以甘南高原为例》,《地理研究》2011年第4期。

[190] 郑宝华、张兰英:《中国农村反贫困词汇释义》,中国发展出版社2004年版。

[191] 郑瑞强、王英、张春美:《扶贫移民适应期生计风险、扶持资源承接与政策优化》,《华中农业大学学报》(社会科学版)2015年第4期。

[192] 钟水映、冯英杰:《生态移民工程与生态系统可持续发展的系统动力学研究——以三江源地区生态移民为例》,《中国人口·资源与环境》2018年第11期。

[193] 周超:《贵州重建移民迁出区生态环境的问题与对策》,《贵阳市委党校学报》2015年第3期。

[194] 周华坤、张超远、邓小方:《三江源区生态移民的困境与可持续发展策略》,《中国人口·资源与环境》2009年第S1期。

[195] 周华坤、赵新全、张超远等:《三江源区生态移民的困境与可持续发展策略》,《中国人口·资源与环境》2010年第3期。

[196] 周鹏:《试论中国生态移民可持续发展的思路与原则》,《财经界》(学术版)2014年第3期。

[197] 周鹏:《中国西部地区生态移民可持续发展研究》,博士学位论文,中央民族大学,2013年。

[198] 周宇:《三江源生态移民与后续产业可持续发展——以青海省格尔木昆仑民族文化村为例》,硕士学位论文,四川师范大学,2010年。

[199] 周玉婷:《农业生物多样性利用和农民选择空间塑造》,博士学

位论文，中国农业大学，2015 年。

［200］朱柏生：《我国西部贫困地区小城镇发展模式研究》，硕士学位论文，四川大学，2007 年。

［201］朱建军、胡继连、安康、霍明：《农地转出户的生计策略选择研究——基于中国家庭追踪调查（CFPS）数据》，《农业经济问题》2016 年第 2 期。

［202］朱杰：《人口迁移理论综述及研究进展》，《江苏城市规划》2008 年第 7 期。

［203］朱丽：《环境脆弱区生态移民问题研究》，硕士学位论文，甘肃农业大学，2008 年。

［204］朱儒顺、史俊宏：《草原牧区生态移民可持续发展问题研究——以内蒙古乌拉特中旗为例》，《干旱区资源与环境》2007 年第 3 期。

［205］朱霞梅：《反贫困的理论与实践研究——基于人的发展视角》，博士学位论文，复旦大学，2010 年。

［206］邹晓娟、周晓兰：《江西省移民过渡期贫困风险和扶贫对策》，《农业现代化研究》2009 年第 1 期。

后　记

从 2012 年参与《贵州省扶贫生态移民工程总体规划（2012—2020）》编制开始接触易地扶贫搬迁的实践和研究工作，至今已快 10 年了，其间我承担了王永平老师国家社会科学基金项目"生态移民与少数民族传统生产生活方式的转型研究——基于贵州世居少数民族生态移民的调研"、贵州省扶贫生态移民实施效果评估、国家自然科学基金项目"城镇集中安置下生态移民家庭生计变迁与风险防范研究"、贵州省"三大战略行动"重大专项招标课题"贵州易地扶贫搬迁"六个坚持"的实践成效和理论价值研究"的主要研究工作，又主持了贵州省科技厅软科学研究项目"贫困地区大规模生态移民可持续发展研究——基于贵州 200 万生态移民的研究"、贵州省"十四五"规划前期重大问题研究招标课题"贵州省深化易地扶贫搬迁后续扶持发展及生态宜居搬迁研究"、贵州省哲学社会科学规划课题"贵州易地扶贫搬迁农户就业质量及影响因素研究"，可以说，在某种程度上，我与我所在团队的成员见证了贵州省实施易地扶贫搬迁最艰苦也最辉煌的过程。

2012 年贵州省启动大规模扶贫生态移民工程，经过近 8 年的艰苦奋战，贵州省已经全面完成 188 万人易地扶贫搬迁。作为全国搬迁规模最大、搬迁任务最重的省，无疑是贵州乃至中国脱贫攻坚史诗中的壮丽一篇。我们的研究工作也从关注易地扶贫搬迁"搬得出"转到"稳得住"进而转变为"能致富"，在此过程中出现的安置模式、生产生活适应性、可持续生计、可持续发展评价、就业适应、就业质量等方面的研究主题，也恰好映射了这种变化。

本书是在贵州省科技厅软科学研究项目"贫困地区大规模生态移民可持续发展研究——基于贵州 200 万生态移民的研究"的基础上，结合

后 记

近期有关易地扶贫搬迁方面的相关研究成果整合而成的一本学术专著。其中，第一章、第二章、第三章、第四章、第五章、第六章、第十一章、第十五章、第十六章、第十七章由金莲教授撰写完成；第七章由王先玉同学撰写，马添苗同学修改完成；第八章由魏露露同学撰写，马添苗同学修改完成；第九章、第十章、第十三章由黄婷同学撰写，金莲教授修改完成；第十二章由马添苗同学撰写完成；第十四章由任汶灏同学撰写，金莲教授修改完成。附录中所有涉及易地扶贫搬迁的调查问卷都由王永平教授设计，并组织课题组开展调研；此外，王永平教授还全程指导本书的撰写，为本书的完成提供了非常有价值的建议。

本书能够顺利出版，除了编写人员的参与外，还离不开学校领导、学院领导的关心和支持，离不开同事的帮助，离不开同学们的努力，离不开调研人员的辛苦工作，离不开团队成员王永平老师、周丕东老师、冯应斌老师、黄海燕老师、王世尧老师、刘希磊老师等多年的合作，谢谢各位领导、同人和同学的帮助！

本书的出版并不是研究的终结，相反，更是一个全新的起航。当前，易地扶贫搬迁工作全面转战后续扶持发展阶段，与我们关于易地扶贫搬迁可持续发展的主体不谋而合，本书主要是从多个角度评价易地扶贫搬迁移民在搬迁安置过程中可持续发展的状况，在易地扶贫搬迁后续发展阶段更需要关注其可持续发展状况，因此我们的研究工作也转移到对就业问题、社区治理问题、文化传承等方面的关注中来。所以，对于易地扶贫搬迁移民的可持续发展研究是永无止境的，我们也将不断探索，潜心专研，努力为易地扶贫搬迁后续发展提供更为有价值的政策建议和决策参考。当然，由于笔者的学术水平有限，对于书中存在的不足还请广大读者海涵，并诚恳接受批评和指正。

金　莲　王永平
2020 年 6 月